근현대한국총서 1

동서 철학사상의 만남

동서 철학사상의 만남
(근현대한국총서 1)

초판 1쇄 인쇄 2019년 12월 25일
초판 1쇄 발행 2019년 12월 31일

지은이 / 양일모, 김재현, 이봉규, 강중기, 엄연석
인 쇄 / 북토리

펴낸곳 / 도서출판 동과서
경기 고양시 일산서구 송파로 151번길 24
등록번호 / 제22 - 405호

D.K.S. Publishing Co.
24, Songpa-ro 151 beon-gil, Ilsanseo-gu,
Goyang-si, Gyeonggi-do, Korea

전화 / (02)333-7533
팩스 / (02)6280-2353

값 25,000원

ISBN 978-89-6525-125-5 (94100)
978-89-6525-124-8 (세트)

동서 철학사상의 만남

양일모, 김재현, 이봉규, 강중기, 엄연석 저

동과서

이 저서는 2014년 대한민국 교육부와 한국학중앙연구원(한국학진흥사업단)의 한국학총서사업의 지원을 받아 수행된 연구임(AKS-2014-KSS-1230004)

* 연구팀 소개 (가나다순)

강중기(姜重奇) :

서울대학교에서 철학박사학위를 취득하고, 현재 인하대학교 철학과와 성균관대학교 유학대학 강사로 일하고 있다. 저서로 『동양고전 속의 삶과 죽음』(공저, 2018), 『중국문명의 다원성과 보편성』(공저, 2014) 등이 있고, 「근대 이행기 중국의 유교 연구」(2018), 「근대 중국에서 미신의 비판과 옹호」(2012), 「현대 중국의 유교 논쟁」(2011) 등의 논문이 있다. wooriang@naver.com

김재현(金載賢) :

서울대학교에서 철학박사학위를 취득하고, 경남대학교 철학과 교수(1986-2018)로 재직했으며 현재 경남대학교 명예교수이다. 저서로 『한국 근현대 사회철학의 모색』(2015), 『한국 사회철학의 수용과 전개』(2002), 『하버마스의 사상』(공저, 1996) 이 있고, 「중국에서 '철학哲學' 개념의 번역과 수용」(2016), 「철학의 제도화, 해방 전후의 연속성과 단절」(2011), 「하버마스의 해방론 연구」(박사논문,1995) 등의 논문이 있다. kjaehyun@kyungnam.ac.kr

양일모(梁一模) :

도쿄대학교에서 박사학위를 취득하고, 현재 서울대학교 자유전공학부 교수로 재직하고 있다. 저서로 『옌푸(嚴復): 중국의 근대성과 서양사상』 등이 있고, 번역으로 『천연론』(공동), 『관념사란 무엇인가』(공역) 등이 있고, 「유교적 윤리 개념의 근대적 의미 전환 −20세기 전후 한국의 언론잡지 기사를 중심으로」, 「중국 철학사의 탄생 −20세기 초 중국철학사 텍스트 성립을 중심으로」, "Translating Darwin's Metaphors in East Asia" 등의 논문이 있다. yimoy@snu.ac,kr

엄연석(嚴連錫) :

서울대학교에서 철학박사학위를 취득하고, 현재 한림대학교 태동고전연구소 교수로 재직하고 있다. 저서로 『조선전기역철학사』(2013)가 있고, 「예기 텍스트의 개념지도 분석을 통한 사회적 덕목으로서 신뢰연구」(2012), 「퇴계의 역학사상에서 상수와 의리의 가역적 전환문제」(2011), 「정이 『역전』의 역학 이론에 관한 연구」(박사논문, 1999) 등의 논문이 있다. yseom05@nate.com

이봉규(李俸珪) :

서울대학교에서 철학박사학위를 취득하고, 현재 인하대학교 철학과 교수로 재직하고 있다. 저서로 『다산 정약용 연구』(공저, 2012)가 있고, 「규범의 근거로서 혈연적 연대와 신분의 구분에 대한 고대유가의 인식」(1993), 「『연평답문』 논의를 통해 본 퇴계학의 지평」(2008), 「명청교체기 사상변동으로부터 본 다산학의 성격」(2014) 등의 논문이 있다. aaji@daum.net

이원석(李遠碩) :

서울대학교에서 철학박사학위를 취득하고, 현재 전남대학교 철학과 교수로 재직하고 있다. 역서로 『주희의 역사세계』(2015), 『이 중국에 거하라』(2012), 『주자와 양명의 철학』(2012) 등이 있고, 「『대학』 〈정심(正心)장〉에 대한 이황과 박세채의 해석」(2019), 「이고(李翶)의 성선정악설(性善情惡說) 연구」(2018), 「만국공법의 두 가지 지평과 구한말 유학」(2018) 등의 논문이 있다. ophil91@jnu.ac.kr

한정길(韓正吉) :

연세대학교에서 철학박사학위를 취득하고, 현재 한림대학교 태동고전연구소 연구교수로 재직하고 있다. 저서로 『동양고전 속의 삶과 죽음』(공저, 2018) 등이 있고, 역서로 『전습록』(공역, 2001) 등이 있으며, 「태주학파 왕간의 '안신'설에 기초한 경세사상」(2019), 「정제두 「대학설」의 특성과 그 경학사상사적 의미」(2019), 「왕수인의 경세사상」(2017) 등의 논문이 있다. philohan@hanmail.net

| 간행사 |

2014년 4월 어느 따스한 봄날이었다. 춘천의 엄연석 박사가 거대한 연구 계획을 들고 서울로 찾아왔다. 18~20세기 한국에서 동서양의 철학사상이 접촉하고 변이해 간 양상을 상호 교착하는 지평과 함께 기본가치를 담은 보편개념을 중심으로 분석해 보자는 것이었다. 즉 중층적이고 융합적인 시각에서 한국의 사상문화를 조감할 수 있는 시야를 만들어보자는 제안이었다. 한국의 근현대철학에서 서양철학과의 만남 혹은 상호 영향 관계가 매우 중요한 사안이라는 점을 일단 인정하더라도, 이를 지평의 교착과 기본개념의 의미 변용이라는 관점에서 체계적으로 연구한다는 것은 결코 용이한 일은 아니었다.

동서철학의 만남은 단순히 서로 다른 두 지역의 철학이 만나는 정도의 문제가 아니다. 서양철학이 수용되기 이전에 동아시아에서는 일찍부터 다양한 사상유파들이 발생하고 성장했으며, 서양 또한 다른 문화적 토양 위에서 다양한 철학이 전개되었다. 따라서 서양철학이 동아시아에 수용되면서 시작된 동서의 철학적 대화를 분석하는 작업은 동서고금의 지적 전통에 대한 해박한 지식뿐만 아니라 이를 꿰뚫어볼 수 있는 혜안이 요청되는 일이다.

이봉규 박사와 강중기 박사가 이 이야기를 듣고 단번에 우리의 역량을 넘어서는 과분한 작업이라고 머리를 설레설레 흔들었다. 그렇지만 우리는 한국철학 연구가 주로 조선시대의 철학사상 연구에 머물고 철학사적 연구에 매몰되는 한계를 극복하면서 이른바 근현대 철학사상까지 연구 영역을 확대해야 한다는 주장에는 뜻을 같이했다. 이때부터 한국의 근현대철학사를 동서의 철학적 지평의 교착이라는 관점에서 분석하기 위한 기초 연구를 시작하기로 하고 함께 공부하는 모임을 갖기로 했다. 조선의 양명학을 연구하는 한정길 박사와 중국의 주자학을 전공하는 이원석 박사가 이 모임에 합류하여 천군만마의 역량을 보태주었다.

우리는 머리를 맞대고 엄연석 박사의 초안을 숙성해서 6월 한국학중앙연구원의 한국학총서(근현대한국총서) 사업에 지원했다. 한국학중앙연구원 심사단은 이 연구팀이 동양철학 전공자들로만 구성되어 있다는 점을 지적하면서 동서철학의 접변을 심도 있게 연구하기 위해서는 서양철학 연구자와의 공동연구가 바람직하다는 의견을 제시해주었다. 이러한 배려로 사회철학을 연구하는 김재현 교수가 이 사업에 동참할 수 있었고, 우리 연구팀은 동서철학 전공자가 대화할 수 있는 귀중한 기회를 얻었다.

이 책은 지난 5년 동안 동서철학 연구자들이 공동으로 진행한 「근현대 한국의 동서철학사상 접변양상 연구」를 토대로 기획되었다. 그동안 이 연구에 참여한 7명의 연구자와 4명의 보조연구원은 매달 한 번씩 모여서 연구를 구상하고 발표할 때마다 열띤 논쟁을 벌였다. 동서철학의 만남이라는 구도는 평범한 도식이라고도 할 수 있지만, 이러한 만남을 통해 형성된 한국의 텍스트에 대한 이해와 분석은 지난

한 과업이었다. 동서의 철학적 지평의 교착이라는 관점은 가다머를 비롯한 해석학에서 제시된 이해와 지평융합의 방법론을 원용하고자 했다. 그렇지만 서양의 철학적 전통에서 제시된 텍스트에 대한 이해와 해석 방법을 한국의 근현대 시기의 텍스트 분석에 그대로 적용하는 데는 여러 가지 난점이 따랐다. 동서 철학사상의 만남은 고금이라는 시간적 지평뿐만 아니라 동서양이라는 공간적 지평의 융합을 모색해야 했기 때문이다.

동서양의 철학사상 사이에 전개되었던 대화와 그것을 기록한 텍스트에 대한 분석은 수용과 전파를 넘어서는 새로운 방법론을 요청했다. 우리의 연구는 우선 한국의 근현대 철학사상의 역사 속에서 동서양의 개념적 접변의 흔적을 탐색하기 위한 새로운 텍스트를 발굴하는 데 초점을 두었다. 이 과정에서 우리는 연구자 스스로 폭넓은 시야를 확보하고 지평을 확대해야 한다는 것을 깨달았다. 연구자 자신의 새로운 시야 확보와 텍스트에 대한 발굴, 텍스트에 대한 해석의 문제를 둘러싸고 의미 있는 논쟁을 전개하면서, 연구계획은 초기부터 적지 않은 진통을 겪으면서 새로운 연구 시야와 방법론을 모색하고자 노력했다.

1년차 연구보고서를 제출하면서 2차년도 연구계획을 대대적으로 수정하였다. 다행히 한국학중앙연구원은 공동연구팀의 의욕과 연구계획의 수정에 대해 문제점을 지적하면서도 계속해서 격려를 보내주었다. 2년차 연구보고서를 제출하면서도 3차년도 연구계획을 수정하지 않을 수 없었다. 한정된 연구지원 기간이 끝날 때까지 논쟁적 보고회가 지속되었지만, 오히려 이러한 논쟁을 통해 연구팀은 한국의 근현대 철학사상을 나름대로 지평의 교착이라는 관점에서 정리할 수 있게 되었다. 연구지원 기간이 끝나고도 2년 동안이나 보고와 논쟁이라는 인고의 시간을 감내하면서 이러한 성과를 상재(上載)할 수 있게 되어 감개무량하다. 대열에서 벗어나지 않고 진지하게 연구에 참여한 공동 연구원 모두에게 연구책임자로서 심심한 감사의 뜻을 전한다.

동양철학 연구자들이 서양철학 전공자와 함께 대화하면서 지적 고민을 심화시킬 수 있는 계기를 마련해 준 한국학중앙연구원의 지원과 격려에 깊은 감사를 드리고 싶다. 이러한 장기적 지원은 학문 공동체를 형성할 수 있는 귀중한 기회가 되었다. 공동연구원들은 이 벅찬 작업에 도전하면서 시대와 현실을 함께 고민하는 동인(同仁)이 될 수 있었다. 그리고 동서양철학이 복합적으로 등장하는 다소 어렵게 보이는 전문 연구 서적의 출판을 기꺼이 간행하겠다고 허락해준 동과서 출판사의 황병기 박사님께 고마운 마음을 금할 수 없다. 출판사 대표라기보다도 동양철학을 전공한 동학이라 할 황병기 박사로부터 이 책의 구성과 내용에 관한 전문적인 자문을 받을 수 있었던 것은 더할 나위 없는 행운이었다.

지난 5년 동안 우리 연구팀은 「근현대 한국의 동서철학사상 접변 양상 연구」를 진행하였고 그간의 연구성과를 모아 일곱 권의 단행본을 발간하게 되었다. 그 내용은 다음과 같다.

제1권은 동서철학의 만남이라는 주제 아래 동서 철학사상의 접변 양상을 조감할 수 있는 새로운 시야를 확보하기 위해 개념의 접변과 지평의 확대라는 측면에서 텍스트를 분석하는 방법론과 그 사례를 제시하였다.

제2권은 조선시대에 연행사절 혹은 다른 방식을 통해 서양의 종교와 학문을 수용한 사상가들을 중심으로 서학의 충격과 접변이라는 관점에서 조선시대 후기 사상가들이 서학을 형상화하는 방식, 서학의 세계상에 대해 보인 반응을 조명하였다.

제3권은 19세기 말 이후 '서기(西器)'의 충격과 도전이 격화되던 시대적 전환기에 지식인들이 '동도(東道)'를 기초로 한 '서기'의 수용이라는 소극적 대응으로부터 '서도(西道)'까지 보다 적극적으로 수용하게 되는 동서문명의 지평융합과 역전의 과정을 탐색하였다.

제4권은 서양 정치사상의 유입이 유교의 철학적·사상적·이론적 지평에 어떤 변화를 불러왔는지를 살펴보고, 서양 근대 정치사상에 대한 반성과 유교 전통사상의 현대적 의의를 성찰하는 기회를 제공하였다.

제5권은 19~20세기 초 동아시아에 사회진화론, 무정부주의 등 서양의 다양한 사회사상 혹은 기독교 등의 사상적 조류가 급속도로 확산되는 시점에 조선의 학자들이 전통사상의 토대에서 자유와 민주, 평등과 같은 서양적 가치를 이해하고 대응하는 문법을 검토하였다.

제6권에서는 20세기 이후 서양 철학사상이 제도로서 동아시아에 권위를 구축하는 시점에서, 전통사상이 서양철학과의 불균등한 대화 속에서 자신의 인류사적 가치를 확인하고 회양(晦養)하면서 창출하는 과정에 나타난 동서철학의 접변 양상을 살펴보았다.

제7권에서는 이 연구가 시도한 방법론에 대한 종합적인 점검과 철학적 성찰을 통해 동서철학 접변연구를 평가하고 전망하면서 한국 근현대철학의 방향을 모색하는 계기를 마련하였다.

각 권에 실린 「부록」은 공동연구팀이 지난 5년 동안 연구하는 과정에서 발굴한 자료를 토대로 현대 한국의 동서 철학사상 접변 양상을 살펴볼 수 있는 동아시아 지역의 텍스트를 선정하여 함께 강독하면서 번역하고 정리한 자료를 묶었다.

이 연구는 동서양의 철학적 대화라는 관점에서 근현대 시기 한국의 철학사상을 정리하면서 현재 우리의 지평과 시야를 확대하고자 한 시론적인 구상이다. 시기구분, 방법론, 텍스트 분석 등에서 적지 않은 문제가 포함되어 있을 것이다. 학계의 기탄없는 비판과 질정을 기대한다.

2019.12.

연구팀을 대표하여

양일모 씀

차 례

III. 동서 철학의 기본 개념

Ⅳ. 유교와 천주교의 만남

I. 서 론

한국 근현대철학사 서술을 위한 구상

양일모

****

21세기에 들어오면서 ‘아시아의 시대’라는 말이 회자되고 있다. 유럽에서는 근대적 이성과 주체적 인간을 전제하는 사유 방식이 위기를 노정하기 시작했고, 동아시아에서는 자신의 지적 전통을 호의적으로 바라보게 되었다. 중국은 세계정치의 중심에 진입하면서 유교를 세계사적 문제해결의 대안으로 포장하고 있다. 위축되어 있던 ‘동양철학’도 새롭게 조명을 받게 되었다. 그러나 동양철학과 서양철학은 양자택일적으로 선택할 수 있는 것이 아니다. 왜냐하면 지난 몇 세기 이래로 동서철학이 혼재하면서 만들어진 사유의 흔적이 이미 현재 우리들의 인식지평을 형성하고 있기 때문이다.

전통과 근대, 동양과 서양을 이분법적으로 구분하는 종래의 연구에 대한 비판이 제시되었지만, 이를 극복할 만한 방법론은 아직 제시되지 않고 있다. 이 연구의 출발점은 바로 여기에 있다. 즉 동서양 철학을 이분법적으로 구분하지 않고 동서철학사상의 접변이라는 관점에서 한국 나아가 동아시아의 근현대철학사상을 서술하고자 한다. 따라서 이 연구는 동서철학의 만남 속에서 형성된 개념의 접변과 지평의 확대에 주목하여, 한국의 근현대철학사상을 단순히 외국 사상의 수용사로서의 철학사가 아니라 동서양의 가치를 아우르는 철학적 대화라는 관점에서 새롭게 구상해보고자 한다.

동서철학의 대화에 주목하는 이 연구는 한국의 근현대철학사상이 안고 있는 내재적 문제를 극복할 수 있는 방안을 모색하기 위한 일종의 도전적 시도이다. 따라서 본서에서는 먼저 다음과 같은 세 가지 문제를 고려하고자 했다. 첫째, 왜 한국의 근현대 철학사상에서 서양사상과의 만남이라는 계기를 강조하는가 하는 문제이다. 둘째, 한국의 근현대 철학사상을 서양철학사상의 수용사가 아닌 측면에서 서술한다면, 동서 철학사상의 만남과 접촉을 어떻게 해석할 것인가 하는 방법론의 문제이다. 그리고 셋째 '한국의 근현대철학사상'의 출발을 어디에 설정할 것인가 하는 시기구분의 문제이다.

동서철학의 만남이라는 관점에서 동아시아 근현대 시기의 철학적 사유를 정리하는 작업은 무엇보다도 실제로 동서철학이 만나는 시점과 텍스트로부터 출발하지 않을 수 없다. 따라서 이 연구는 17세기 예수회 선교사들이 동아시아의 지적 공간에 등장하면서 동서철학사상의 만남과 대화가 본격적으로 이루어진 시점에서 출발하고, 그 과정에서 만들어진 텍스트, 그리고 텍스트의 저자와 독자들에 주목하고자 한다. 이 시기에 주목한 까닭은 이 시기의 텍스트를 통해서 비로소 동서철학이 접촉하고 변용하는 초기적 흔적을 발굴할 수 있기 때문이다.

동서철학의 만남을 체계적으로 정리하기 위해서는 서로 다른 문화적 토대에서 출발한 이질적인 사유의 만남을 어떻게 해석할 것인가 하는 '해석'의 문제가 제기되기 마련이다. 본서에서는 동서철학이 접촉하는 계기를 통해서 우선 개념의 차원에서 서로 만남이 일어나고, 이러한 개념과 개념 사이의 접촉을 통해 개념상의 변화가 발생한다는 점에 주목하였다. 아울러 동서철학의 개념이 생성되는 문화적 배경과 지적 지평이 충돌하고 교착하는 과정도 함께 고찰하였다. 이러한 개념의 접변과 지평의 확대 속에서 생성될 수 있는 창조적 접변 양상을 발견하는 것이 이 연구과제의 목적이기도 하다.

본서는 이러한 문제의식 속에서 동서양철학자들이 함께 모여 지난 5년 동안 공동으로 연구한 성과를 모아 출판하는 7권의 총서(叢書) 가운데 첫 번째 작품이다. 따라서 이 권에서는 동서철학사상의 접변 양상을 조망할 수 있는 올바른 시야를 확보하기 위하여 개념의 접변과 지평의 확대라는 텍스트 분석의 방법론을 검토하였다. 나아가 동서철학사상 접변 양상을 탐구하기 위한 초보적 연구로서 동서양의 기본 개념을 선정하여 개념사적으로 정리하고, 아울러 동서철학사상의 접변 양상에 대한 시론적 연구를 통해 근현대 한국철학사상을 서사(敍事)할 수 있는 기틀을 모색해보았다.

본서의 내용을 세부적으로 살펴보면 다음과 같다.

2부(II)에서는 텍스트의 역사성뿐만 아니라 텍스트 연구자의 역사성을 중시하면서 '철학으로서의 개념사'를 주장하는 가다머(Hans Georg Gadamer, 1900~2002)의 철학적 해석학에서 사용한 텍스트, 개념, 지평 등의 용어를 설명함으로써 동서 철학사상 접변 양상을 탐구할 수 있는 개념적 이론적 기초를 세우고자 하였다. 가다머는 해석학적 현상학을 제시하면서 해석학적 원리로서 이해의 역사성을 강조하였다. 따라서 이 글에서는 지평융합과 이해의 대화구조, 해석학에서 중시하는 번역의 문제를 살펴보았다. 마지막으로 동서철학사상의 접변 양상을 연구하기 위한 하나의 방편으로서 가다머의 철학적 해석학의 방법론을 적용할 때, 고려해야 할 몇 가지 문제를 제기함으로써 총서 전체 연구를 위한 이론적 토대를 모색하였다.

3부(III)에서는 동서철학사상의 역사 속에서 작동해온 각각의 기본 개념을 예시로 들어 동서철학의 만남이 형성되기 이전에 독자적으로 형성된 사유의 특징을 서술하였다. 동양철학사상에서는 태극(太極)과 리(理), 그리고 서양철학사상에서는 신(God) 개념을 선정하여, 각각의 사상사적 맥락 속에서 가진 의미를 개념사적 측면에서 분석하였다.

3부의 첫 번째 글은 먼저 선진시대부터 송대에 이르기까지 태극과 리(理) 개념의 다층적 의미를 개념사적 관점에서 검토한 것이고, 두 번째 글은 명말청초 서양 선교사들이 천주교를 전파할 때 사용했던 교부철학과 스콜라철학의 신 개념을 분석한 것이다. 이러한 개념 분석은 동서양철학사상에서 작동했던 기본 개념 그 자체에 대한 연구라기보다는 4부(IV)에서 시도할 「유교와 천주교의 만남」 연구를 위한 준비 작업이다. 이와 같이 동서양 철학사상의 기본 개념에 대한 개념사적 분석을 사전에 시도한 것은, 동서철학사상의 접변이 이루어지기 전에 형성된 동서양 각각의 독자적 지평에 대한 이해가 선행되어야 비로소 접촉을 시작한 시기 이후 동서철학사상의 접변을 파악할 수 있기 때문이다.

4부(IV)에서는 동서철학사상 접변 양상이라는 방법론에 근거해 시론적인 연구 사례를 실었다. 17세기 경 유럽의 선교사들이 동아시아 지역에 출현하여 기독교를 선교하면서 동서철학사상의 만남이 시작되었다는 점에 착안하여 유교와 천주교의 대화를 주제로 잡았다. 그리고 동아시아적 시야를 갖기 위해 중국에서 시작된 동서철학사상의 대화가 확산되는 한국과 일본의 사례에 주목한 두 연구를 실었다.

첫 번째 글은 마테오 리치의 『천주실의』에서 제시한 마테오 리치의 유교의 리에 대한 이해를 검토하고 나서, 이에 대한 동아시아적 반향을 살펴보기 위해 17세기 초 일본에서 천주교를 비판한 후칸사이 하비안(不干齋巴鼻庵, 1565~1621)의 『파제우자(破提宇子)』(1620), 하야시 라잔(林羅山,

1583~1657)의 『배야소(排耶蘇)』(1605), 청대에 활동한 서창치(徐昌治)의 『성조파사집(聖祖破邪集)』(1639) 등을 고찰하였고, 청대의 대진(戴震, 1724~1777)과 조선의 정약용(丁若鏞, 1762~1836)을 비교 분석하였다. 두 번째 글은 조선시대 후기의 신후담(愼後聃, 1702~1761)의 사례를 선정하여 신후담의 상제관이 마테오 리치의 천주 또는 상제관과 만나면서 교착되는 양상을 살펴보았다.

마지막으로 5부(Ⅴ) 부록에서는 유교와 기독교의 대화 속에서 동서철학의 접변을 살펴볼 수 있는 자료를 일본, 중국, 한국에서 선정하여 시대순으로 배열하고 한국어로 번역했다. 첫 번째 자료는 일본의 승려로서 천주교도로 개종한 후칸사이 하비안의 『파제우자』이다. 이 저작은 그가 천주교에서 배교한 뒤 천주교를 비판한 글이다. 두 번째 자료는 하야시 라잔이 『천주실의』를 읽고서 후칸사이 하비안과 논쟁을 벌였던 논쟁 기록인 『배야소』이다. 세 번째 자료는 이익(李瀷, 1682~1763)이 『천주실의』를 읽고 자신의 소감을 적은 「『천주실의(天主實義)』 발문」이다. 네 번째 자료는 영남지역 퇴계학파의 맥을 이은 남한조(南漢朝, 1744~1809)가 이익의 「천주실의 발문」에 대해 자신의 의문을 제기하고 비판한 글이다. 부록에 실린 자료는 모두 동서철학의 접변양상을 공동으로 연구하는 과정에서 발굴한 것들이다.

이상의 연구를 통해 동서철학의 접변이라는 관점에서 한국의 근현대철학사상을 서술하기 위한 방법론을 모색하고 시론적 연구사례를 제시하였다. 동서철학의 만남을 중시했기 때문에 연구의 출발점이 17세기경 유학과 동아시아의 만남이 되었다. 그렇다고 해서 이 연구가 근대의 출발점에 대한 시기 구분 논쟁에 가담하여 한국의 근현대철학사상이 17세기부터 시작되었다는 또 하나의 주장을 제시하고자 하는 것은 아니다. 동아시아의 근현대를 동서철학사상의 대화의 시기로 규정할 수 있다면, 동서철학의 대화가 시작하는 시점에서 현재까지를 연속적으로 볼 필요가 있기 때문에 17세기의 유학과 천주교의 만남이라는 사건에 주목한 것이다.

마테오 리치는 중국에 선교하기 위해 기독교의 천주 개념을 제시하였고, 실체-속성의 범주론을 이용하여 천주의 실체성을 주장하였을 뿐만 아니라 리(理)를 속성으로 해석하면서 리학의 사유문법에 균열을 야기했다. 천주, 리 등의 관련성에 관한 마테오 리치의 해석은 이후 그를 비판하는 동아시아 지식인들에게 적지 않은 개념상의 혼란을 불러왔을 뿐만 아니라, 동서철학사상의 대화에 본격적으로 참여할 수 있는 계기를 마련했다고 할 수 있다. 한편으로 리치의 관점은 한편으로 체용론에 근거한 보수적 대응으로, 다른 한편으로 유교의 개념체계를 체용의 개념 틀에서 벗어나 새롭게 정당화하는 방법으로 활용되면서 근현대 동아시아 철학사상에 새로운 방향을 제시했다.

한편 신후담은 마테오 리치가 천주와 동일한 위상을 가진다고 본 상제가 주재성(主宰性)은 가지지만, 만물을 제작하는 위치에 있지 않다고 하여 그 지위를 낮춘 반면, 의존자로 규정한 리에 대해서는 만물을 낳아 기르는 근원이자 사물의 근거라고 하여 그 위상을 높인다. 이렇게 하여 그는 마테오 리치가 제작자와 의존자로 위계지운 리와 상제의 지위를 완전히 전도시켜 리를 사물의 존재근거로, 상제를 리에 의존하여 만물을 주재하는 것으로 이해하였다. 이는 신후담이 마테오 리치의 천주, 상제 개념에 반대하면서 유학의 리, 상제 개념을 새롭게 해석하는 측면이라고 할 수 있다.

이처럼 동서철학사상의 만남과 접변에 주목하는 연구는 전통적 인륜도덕과 근대적 과학기술문명의 만남으로부터 지평이 융합되거나 교착되고 역전되거나 전환되는 양상을 입체적으로 규명할 수 있다는 장점을 지니고 있다. 따라서 이러한 연구는, 동서 문명사와 문화사적 시각에서 볼 때, 한편으로 다원화되면서도 다른 한편 초연결성을 가지는 현대사회의 여러 문제를 탐구하는 데 새로운 방법론을 정립해 준다고 할 수 있다.

II. 방법론의 이론적 기초

해석학에서 이해의 역사성과 지평융합
: 동서사상 접변양상 연구의 이론적 기초

김재현

1. 방법론으로서 해석학

이 글에서는 동서사상 접변양상의 탐구를 위한 이론적 모색을 위해 가다머(1900~2002)의 철학적 해석학의 핵심적 내용을 충실하게 파악하고자 한다. 그리고 이를 바탕으로 동서철학사상 접변 양상에 대한 사례를 간략히 검토하여 동서사상 접변양상 연구에 대한 이론적 기초를 제공하려 한다.

가다머는 후설의 현상학적 기술의 철저성을 바탕으로 하고 또한 딜타이가 모든 철학적 사유에 제기한 역사적 지평의 넓이 그리고 이 두 요소가 관통하는 하이데거로부터 영향을 받아 자신의 철학적 해석학을 전개하고 있다.

가다머는 『진리와 방법』(1960)에서 "텍스트의 이해와 해석은 학문의 관심사일 뿐 아니라 명백히 인간의 세계경험 전체에 속한다"[1)]고 말하면서 철학, 예술, 역사학의 경험들과 밀접한 관계가 있는 정신과

1) Hans-Georg Gadamer, *Wahrheit und Methode*, Tübingen 1975(4Auflage). Einleitung, s.27. 가다머/ 이길우 외 옮김, 『진리와 방법』 2012,1권. 9쪽(이하 인용은 *Wahrheit und Methode*와 『진리와 방법』(1)로 함)

학적 탐구영역은 과학의 방법적 수단으로는 검증될 수 없는 진리가 개현(開顯)되는 경험방식들을 다루는 것이라고 주장한다.

그는 "정신과학의 모든 형태에서 우리의 역사적 전승은 사실 연구의 대상이 되기도 하지만 그것은 동시에 스스로 그 자신의 진리에서 말을 한다"[2]고 본다. 그리고 해석학적 현상에서는 이러한 진리의 경험을 인정하는 것이 중요하다. 진리경험으로서 이해 행위는 하나의 사건으로서 우리 현존재의 존재방식이다. "모든 이해에 생기(生起, Geschehen)가 얼마나 많은 작용을 하는지, 그리고 우리가 속해있는 전통이 현대의 역사적 의식에 의해 거의 약화되지 않았다"[3]는 것을 입증하려는 것이 『진리와 방법』의 목표이다.

이를 위해 그는 해석학의 역사를 역사적으로 철저하게 다루고 있다. 그는 그리스어 개념들이 라틴어화하고 라틴어의 개념적 언어가 근대 언어들에 편입됨으로써 나타나게 된 서양의 철학적 사유의 변형들을 검토한다. 그리고 이러한 사유의 변형이 중대한 결과를 야기하고 또 철저하게 이루어졌다 하더라도, 17세기 이후 몇 세기에 걸쳐 이루어진 해석학의 발전이 우리의 역사의식 성립에 큰 영향을 미치고 있음을 해명한다. 오늘날 우리는 해석학의 역사적 발전과정을 알고 있고 또 이 바탕 위에서 사유를 하기 때문에 우리가 이 역사에 사로잡혀 있음을 의식하는 것이 바로 우리의 사유를 철저하게 하는 것이다.

가다머에 의하면 "철학적 사유가 전개되는 개념의 세계는 오히려 우리가 그 안에 살고 있는 언어가 우리를 규정하는 것과 같은 방식으

2) *Wahrheit und Methode*, Einleitung, s.29. 『진리와 방법』(1) 11쪽.

3) *Wahrheit und Methode*, Einleitung, s.29. 『진리와 방법』(1) 12쪽.

로 항상 우리를 이미 사로잡고 있다"[4]는 것을 자각할 필요가 있으며 이처럼 언어가 우리의 사유를 규정한다는 것을 분명히 자각함으로써 "언어에 얽매어 끌려 다니지 않고, 역사적으로 정초된 자기이해에 애쓰는 사람은 끊임없이 낱말과 개념의 역사에 대한 물음을 제기하지 않을 수 없음을 알게 된다."[5]

우리는 2장에서 해석학적 원리로서 이해의 역사성을 다루고 3장에서는 지평융합과 이해의 대화구조의 문제를 검토하며, 4장에서는 해석학에서 번역의 문제를 다루고, 5장에서는 철학적 해석학의 핵심 내용을 정리하며, 6장에서는 가다머의 철학적 해석학을 동서철학 접변양상 연구에 적용할 때 생각해보아야 할 문제를 몇 가지 제기함으로써 우리의 공동연구에 대한 이론적 토대를 모색하고자 한다.

2. 해석학적 원리로서 이해의 역사성

해석학에서는 1) 말하다(to say), 2) 설명하다(to explain), 3) 번역하다(to translate)라는 세 가지를 모두 '해석하다(to interpret)'로 표현할 수 있는 것으로 보면서도 이들 각각은 나름대로 해석의 독립적이고 중요한 의미를 구성하고 있다고 본다.[6] 이들 세 가지를 다 포괄하는 해석

---

4) *Wahrheit und Methode*, Einleitung, s.31. 『진리와 방법』(1) 14쪽.

5) *Wahrheit und Methode*, s.7 『진리와 방법』(1) 28쪽.

6) Richard E. Palmer, *Hermeneutics*, North Western University Press, 1969, p13. /이한우 역, 『해석

을 학문적으로 다루는 것이 해석학이고, 말하고 설명하고 번역하는 행위는 구체적인 역사적 상황에서 일어나므로, 해석학의 가장 기본적인 원리는 이해와 해석의 역사성이다.

우리의 이해는 이해하는 자 스스로의 행위이자 해석자의 구체적 텍스트에 대한 이해 행위이다. 이해하는 자로서 우리는 실존적－역사적 존재이고 이해되는 텍스트도 역사적 존재라는 점에서 모두 역사성을 갖는다. 그러므로 이해는 철저히 역사성에 의해 지배받는다. 하이데거에 의하면 이해는 현존재의 실존적 존재방식에 속한다. 인간 현존재는 이해하는 세계－내-존재이다. 해석은 실존적으로 이해에 근거하고 있으며 이해된 것을 분명히 밝히는 것이다.

1) 해석학적 순환과 이해의 조건으로서 선입견 (또는 선판단, Vorurteil)

하이데거 이전부터 '개별적인 것을 전체적인 것에서 그리고 전체적인 것을 개별적인 계기로부터 이해해야 한다'는 해석의 순환성은 많이 논의되었지만 하이데거는 『존재와 시간』(1927)에서 그런 해석학적인 순환을 이해 전반의 원칙으로 확장하여 인식했다.

우선 해석학적 순환에 대한 하이데거의 서술을 참조하기로 하자. 하이데거는 이해의 '선구조(Vorstruktur)'와 '순환구조(Zirkelstruktur)'를 해명하기 위해 다음과 같이 말한다.

> 해석학적 순환은 악순환으로 격하되어서는 안 된다. 해석학적 순환

학이란 무엇인가』(문예출판사, 1988), 35쪽.

속에는 가장 근원적인 인식을 가능하게 해주는 긍정적 가능성이 내장되어 있다. 물론 그런 가능성을 제대로 포착할 수 있는 것은, 공상이나 통념에 의해 그때그때 떠오르는 의도(Vorhabe)와 예견((Vorsicht)과 추정(Vorgriff)에 얽매이지 않고 오로지 사태 그 자체로부터 학문적 탐구주제를 찾아내는 것이 시종일관 견지해야 할 과제라는 것을 제대로 이해할 때만 가능하다.[7)]

여기서 하이데거는 이해를 통한 해석의 실현형식을 갖는 해석학적 순환이 악순환이 아니라 긍정적인 존재론적 의미를 갖는 순환임을 강조한다. 그리고 해석자는 해석과정에서 자신의 과오로 인해 오류에 빠지지 않도록 '사태 그 자체'를 직시해야 한다.

해석은 선개념(Vorbegriff)과 더불어 시작되고, 선개념은 다시 더 적절한 개념에 의해 대체되는 이 끊임없이 새로운 기획은 이해와 해석의 의미형성 과정을 결정하는 데, 이것이 곧 하이데거가 말하는 이해의 과정이다.[8)]

그러므로 우리는 어떤 텍스트를 다루든 해석자(현존재) 자신의 어법을 검토하지 않은 채 무심코 사용해서는 안 된다. 오히려 우리는 해당 시대나 해당 작가의 어법에 근거하여 텍스트를 이해해야 한다. 그런데 우리에게 익숙한 어법과 텍스트의 어법 사이의 차이를 어떻게 구별해 낼 수 있는가는 매우 어려운 문제이다.

---

7) *Wahrheit und Methode*, s.251, 임홍배 옮김, 『진리와 방법』 2014, 2권 ; 이하 인용은 『진리와 방법』(2), 138쪽에서 재인용

8) *Wahrheit und Methode*, s.251-252, 『진리와 방법』(2),139쪽(이하 인용은 같은 책, 독일어 쪽수 표시, 번역본 쪽수 표시로 함)

오히려 "우리는 선입견을 가지고 텍스트를 읽고 선입견이 우리의 선이해를 규정한다"[9]는 것을 인정하고 가능한 한 상대방의 말 혹은 텍스트에 담겨있는 생각을 이해하려는 열린 마음가짐이 요구된다. 그러므로 해석학의 과제는 텍스트에 의거한 문제제기에 의해 규정된다.

> 텍스트를 이해하려는 사람은 텍스트 스스로가 말하게 할 마음의 자세를 가져야 한다. 그래서 해석학에 단련된 의식은 처음부터 텍스트의 생소함을 받아들이게 되는 것이다. 그렇지만 생소한 텍스트를 받아들인다고 해서 엄정히 '중립성'만 지켜야 한다거나 자신의 생각은 완전히 버려야 한다는 뜻은 아니며, 오히려 자신의 선입견과 편견까지도 명시적으로 취할 수 있다. 다만 텍스트 자체가 내 생각과는 다른 의미를 드러내고 텍스트의 객관적 진실이 나의 선입견을 극복할 수 있는 가능성을 열어놓기 위해서는 나 자신이 선입견을 갖고 있다는 사실 자체를 자각하고 있어야만 한다.[10]

그리고 나 자신이 선입견을 갖고 있다는 자각을 통해 "개인의 자기의식이라는 것은 역사적 삶이라는 거대한 전기장 안에서 명멸하는 작은 불꽃에 지나지 않는다"는 것을 분명히 알게 되고, 그럼으로써 "개개인이 갖는 선입견은 개개인의 올바른 판단보다 훨씬 더 강력하게 개인적 존재의 역사적 현실성을 규정한다"[11]는 것을 통찰하게 된다.

가다머는 해석학의 문제를 제대로 해명하기 위해서는 이해의 조건으로서 선입견 개념을 복권해야 하고, 인간의 유한한 역사적 존재

---

9) 같은 책, s.252, 140-141쪽

10) 같은 책 s.253-254, 142쪽.

11) 같은 책 s.261, 152쪽.

방식을 올바르게 이해하기 위해서는 정당한 선입견도 있다는 것을 인정해야 한다고 말한다. 그리고 이러한 선입견은 우리 자신이 속해 있는 현재의 지평을 형성하므로 선입견은 우리의 시야를 제한하는 어떤 것을 가리키며 현재의 지평은 끊임없이 형성되는 과정 속에 있다. 따라서 우리는 모든 선입견의 타당성 여부를 부단히 검증해야 한다.[12)]

해석자는 진정한 선입견이 이해의 과정을 이끌어간다는 것을 의식하고 해석자 자신과는 다른 견해를 표현하는 역사적 전통을 그 자체로 드러내고 그 타당성을 인정할 수 있도록 시간적 간격을 분명하게 자각해야 한다.

2) 시간적 간격의 해석학적 의미

해석학적 탐구는 '부분을 근거로 전체를 이해하고 전체를 근거로 부분을 이해한다'는 해석학적 순환을 하면서 시작된다.

> 해석학의 과제는 그러한 순환과정에 집중하여 이해된 의미의 통일성을 증대시키는 것이다. 모든 부분들이 전체와의 관계 속에서 조율되도록 하는 것이 올바른 이해를 위해 수시로 판단해야 할 기준이 되는 것이다. 그러한 조율을 해내지 못하면 이해는 실패한다.[13)]

하이데거는 해석학적 순환의 실존적·존재론적 근거를 제시함으로써 중요한 전환을 가져왔다. 하이데거에서 해석학적 순환은 "역사적 전통의 운동과 해석자의 정신적 운동이 상호작용을 일으키는 이해

---

12) 같은 책 s.289, 192쪽.

13) 같은 책 s.275, 172쪽.

의 과정"[14]이며 따라서 이해의 순환구조는 딜타이 식의 '방법론적' 차원의 문제가 아니라 이해의 존재론적 구조를 가리킨다.

역사서술이나 텍스트 해석에서 우리 자신이 전통의 일부로 속해 있다는 것은 우리 자신이 원래 가진 선입견과 텍스트 해석의 과정에서 생겨난 선입견이 공통의 기반 위에 형성된 것임을 뜻한다.

해석자와 해석대상(텍스트) 사이에는 친숙함과 낯섦이라는 대극적 긴장이 존재하며, 그러한 긴장관계에 의거하여 해석학의 과제가 수행된다. 다시 말해,

> 우리가 사는 시대와는 역사적 간격이 있는 대상이라는 측면에서는 낯설지만 우리 자신도 전통의 일부라는 점에서 친숙하기도 한 것이다. 바로 이러한 긴장관계를 탐구하는 것이 해석학의 본령이다.[15]

이 말은 이해의 방법과 절차를 발전시키는 것이 아니라 이해를 가능하게 하는 조건을 해명하는 것이 해석학의 본래 과제라는 것을 의미한다. 그리고 이해를 가능하게 하는 조건은 해석적 상황에서 이미 주어져 있는 것으로, 예를 들어 선입견이나 사전지식 같은 것들은 해석자 자신이 마음대로 제어할 수 있는 것이 아니다. 생산적 선입견과 부정적 선입견은 이해의 과정에서 구별되어야 하며, 따라서 해석학은 그런 구별이 어떻게 가능한가를 따져 물어야 한다. 이는 곧 시간간격의 문제, 그리고 그 간격이 이해의 과정에서 어떤 의미를 갖는가 하는 문제이다.[16]

---

14) 같은 책 s.277, 175쪽.

15) 같은 책 s.279, 177쪽.

16) 같은 책 s.279, 178쪽. 필자는 번역본에서 '역사적 간격'으로 번역한 것을 '시간간격'으로

하이데거는 이해의 문제를 '실존'의 차원에서 사고하는 존재론적 방향전환을 수행하고, 현존재의 존재방식을 시간의 차원에서 해석함으로써 해석자와 해석대상 사이의 역사적 간격을 생산적인 해석학적 문제로 사고할 수 있었다.[17]

역사적 간격은 특수성에 기인하는 선입견을 소멸시켜 줄 뿐 아니라 진정한 이해에 기여하는 선입견을 그 자체로 드러나게 하는 작용도 한다.

> 시간간격은 해석학 고유의 민감한 문제를 해결하는 데 기여할 수 있다. 그 문제란 우리를 올바른 이해로 인도하는 진정한 선입견과 잘못된 이해를 유발하는 그릇된 선입견을 구별하는 것이다.[18]

가다머는 우리를 올바른 이해로 인도하는 진정한, 타당한 선입견과 잘못된 이해로 유도하는 그릇된 선입견을 구별한다. 진정한 선입견이란 이해를 가능하게 하는 '정당한 선입견' 즉 이해의 조건으로서 선입견을 의미하며, 그릇된 선입견이란 잘못된 이해를 유발하는 편견 즉 이해하고자 하는 '사태 자체'에 대한 접근을 어렵게 하는 자의적 선입견을 의미한다. 그러나 가다머 자신도 진정한 선입견과 그릇된 선입견의 구체적 차이에 대해서는 더 이상 자세히 언급하고 있지는 않다. 아마도 구체적 이해상황에 따라 다르게 드러나므로 이론적으로 분명히 말하기 어렵기 때문일 것이다.

어쨌든 역사의식을 갖춘 해석자는 이해의 과정을 이끌어가는 자

바꿔 번역했다.

17) 같은 책 s.281, 180쪽.

18) 같은 책 s.282, 182쪽.

신의 선입견을 자각하여 해석자 자신과는 다른 견해를 표현하는 역사적 전통을 그 자체로 드러내고 그 타당성을 인정할 수 있어야 한다.

> 진정한 역사적 사고는 자신의 역사성을 함께 사유하는 것이다. … 진정한 역사적 대상은 그저 대상이 아니라 자기 자신과 타자의 통일체이며, 역사의 현실과 역사적 이해의 현실이 상호작용을 일으키는 관계이다. 탐구대상을 제대로 볼 줄 아는 해석학은 이해의 과정 자체로서 역사현실을 드러내야만 할 것이다. 나는 이러한 요청을 '영향사(Wirkungsgeschichte)'라 일컫고자 한다. 이해라는 것은 그 본질상 영향사적 과정이다.[19]

3) 영향사적 의식에 대한 분석

과거의 역사적 사건이나 문헌을 해석할 때 우리는 일반적으로 시간적 거리(간격)를 두게 마련인데, 시간적 거리를 두고서 어떤 역사적 현상을 이해하고자 할 때 우리는 언제나 영향사의 영향을 받게 된다. 우선 이해에 대한 첫걸음은 텍스트가 우리에게 말을 걸어오는 데서 시작되고 이것이 모든 해석학적 조건들에서 첫 번째 조건이다. 이때 우리는 우리의 선입견을 유보함과 동시에 판단을 유보하고 물음을 묻게 된다. 그리고 "물음의 본질은 다양한 가능성을 열어두는 것"[20]으로 이 다양한 가능성이 곧 영향사적 과정에서 나타난다. 그런데 "역사적 객관주의는 비판적 방법론에 입각함으로써 이러한 복잡한 영향사적 맥락을 보지 못한다."[21]

---

19) 같은 책 s.283, 183쪽.

20) 같은 책 s.283, 183쪽.

21) 같은 책 s.284, 185쪽.

그러므로 이러한 영향사의 영향에 대한 자각 즉 '영향사적 문제의식'이 필요하다.[22] 즉, "모든 이해행위에는 영향사의 영향이 작용한다는 것을 좀 더 올바르게 이해하고 인정할 필요가 있다. 방법론만 신봉한 나머지 영향사의 영향을 부정할 때는 실제로 인식자체가 왜곡되는 결과"[23]를 초래할 수 있기 때문이다.

영향사적 의식을 보다 구체적으로 파악하기 위해서 우리는 "올바른 문제 제기 자체가 이미 영향사의 작용에 의한 것"이라는 사실을 살펴볼 필요가 있다. 즉,

> 영향사적 의식은 무엇보다 우선 해석학적 상황에 대한 의식이다. 그러나 어떤 상황의 의식을 얻는다는 것은 어떤 경우에도 어려운 과제이다. 상황이라는 개념의 핵심적 특징은 그 상황에 대해 객관적 거리를 둘 만한 위치에 있지 못하고 따라서 상황을 객관적으로 인식할 수 없다는 것이다. 어떤 상황 속에 있다는 것은 다시 말해 그 상황의 해명이 결코 완수될 수 없는 과제라는 것을 뜻한다. 이것은 해석학적 상황에도 적용된다. 다시 말해 우리가 이해해야 할 역사적 전통을 마주 대하는 상황도 결코 완결될 수 없는 과제를 안고 있는 상황인 것이다. 이러한 해석학적 상황을 해명하는 것, 즉 영향사적 성찰은 결코 완결될 수 없다.[24]

그런데 영향사적 성찰이 완성될 수 없는 이유는 바로 우리자신이 역사적 존재라는 본질적 특성에서 유래한다. 모든 자기인식은 선행하

22) "영향사적 의식은 어떤 작품이 남기는 흔적 같은 것을 추적하는 영향사 탐구와는 다르다. 오히려 영향사적 의식은 작품 자체에 관한 의식이며, 그런 점에서는 그 자체로 영향력을 행사한다는 것을 이미 강조했다."(같은 책 s.324, 242쪽)

23) 같은 책 s.285, 185쪽.

24) 같은 책 s.285, 186쪽. 필자는 번역본에서 '영향사적 자각'으로 번역한 것을 '영향사적 의식'으로 바꿔 번역했다.

는 역사로부터 생겨나며 "역사적으로 존재한다는 것은 자기인식이 결코 종결될 수 없음을 뜻한다."[25] 해석학적 원리로서 이해의 역사성은 현존재인 역사적 존재가 갖는 지평개념과 자연스럽게 연결된다.

3. 지평융합과 이해의 대화구조

철학적 해석학이 밟은 중요한 길은 현상학적 탐구의 중요한 장으로서의 '생활세계'에 대한 새로운 발견과 집중이었다.

> 후설은 과학에 의해 객관화할 수 있는 세계를 포괄하는 세계개념에 의식적으로 맞서서 이러한 현상학적 세계개념을 생활세계라 일컫는다. 생활세계란 우리가 자연스럽게 섞여 들어가 사는 세계로서, 우리에게 그 자체로서 대상화되는 것이 아니라 모든 경험의 기반으로서 주어져 있는 세계를 가리킨다.[26]

생활세계라는 세계지평은 어떤 학문에서도 전제가 되고, 따라서 어떤 개별적 학문보다도 더 근원적이다. 즉 생활세계는 우리가 역사적 존재로서 살아가는 터전인 세계전체를 가리킨다. 생활세계 내에서의 해석학적 경험은 우선 전통의 전승과 관련이 있으며 전승은 경험으로 구현되어야 한다. 그리고 전승이라는 것은 단순히 경험을 통해

25) 같은 책 s.285, 186쪽.

26) 같은 책 s.233, 110쪽.

인식하고 마음대로 다룰 수 있는 그런 사건이 아니라 언어로 드러나는 사건이다. 언어로 전승된 전통은 마치 대화의 상대방처럼 스스로 말을 걸어온다.

이처럼 전승된 텍스트 속에서 타자와 소통하는 경험을 하게 되며 이러한 경험은 독특한 경험으로서 역사 속에서 더불어 살면서 역사성을 함께 사유하는 경험이다. 즉 전통 속에 서 있다는 것은 인식의 자유를 제한하는 것이 아니라 오히려 인식을 가능하게 한다. 이처럼 "영향사적 의식이 전통을 향해 열려 있음을 인식하고 인정하는 것이야말로 해석학적 경험의 최고의 방식이다."[27] 이런 의미에서 가다머에게 "이해란 언제나 해석이며, 의미란 언제나 해석자와 대상의 '지평들'의 융합이다. 따라서 어떤 사람이 처한 역사적이고 언어적인 상황은 이해의 장애물이 아니라, 오히려 일차적으로 이해를 가능하게 해주는 지평이나 전망인 것이다."[28]

1) 지평과 지평융합

어느 시대에든 유한한 현재의 관점은 상황의 제약을 받으며 상황이라는 개념은 관찰의 가능성을 제한하는 관점을 가리키는 것으로 정의될 수 있다. 따라서 "상황 개념은 그 본질상 지평(Horizont) 개념을 내포한다. 지평이라는 것은 어떤 지점에서 시야에 들어오는 모든 것을 포괄하는 가시권을 가리킨다."[29] 또한,

---

27) 같은 책, s.343, 272쪽.

28) 조지아 원키 저/이한우 역, 『가다머의 철학적 해석학』(사상사, 1993), 140쪽.

29) *Wahrheit und Methode*, s.286, 『진리와 방법』(2), 187쪽.

지평이라는 것은 고정되어 있는 경계가 아니라 관찰자와 더불어 움직이고 계속 앞으로 나아갈 수도 있는 그런 것이다. 그런 맥락에서 연속적 체험의 통일성을 이루는 지평지향성에 상응하여 대상적 측면에서도 마찬가지로 포괄적인 지평지향성이 성립된다. 왜냐하면 모든 존재자는 세계 속에 존재하며 따라서 세계의 지평을 수반하기 때문이다.[30)]

지평이 고정되어 있지 않으며 역동적이라는 것은 가다머의 다음 말에서 더 구체화된다.

인간의 현존재는 결코 어떤 특정한 관점에 얽매여 있지 않으며, 따라서 결코 진정한 의미에서 완결된 지평을 갖고 있지 않다. 바로 그것이 인간 현존재의 역사적 역동성이다. 역사적 지평이라는 것은 그렇게 완결된 것이 아니라 우리가 그 속으로 진입하여 우리와 더불어 움직이는 공간이다. 지평이라는 것은 역사 속에 살아있는 탐구자와 더불어 움직이는 역동적인 것이다.[31)]

그런데 이러한 역동적 관점에서 본다면 서로 다른 두 개의 지평 즉 역사 탐구자가 사는 시대의 지평(현재의 지평)과 그가 탐구하는 과거의 역사적 지평이 분리된 것이 아니다. 즉, 역사적 지평이라는 것은 완결된 것이 아니라 우리가 그 속으로 진입하여 우리와 더불어 움직이는 공간이며, 따라서 현재적 지평과 역사적 지평을 포함한 지평이라는 것은 역사 속에 살아있는 탐구자와 더불어 움직이는 역동적인 것이다. 탐구자는 자신의 영향사적 의식의 자각을 통해 역사적 지평의 개방성과 역동성을 통찰할 수 있다.

---

30) 같은 책, s.232, 108-109쪽.

31) 같은 책, s.288, 189-190쪽.

해석학적 상황을 탐구한다는 것은 역사적 전통이 우리에게 제기하는 문제들을 풀기 위하여 올바른 문제의식을 확보한다는 것을 뜻하며, 역사적 전승의 원천이라 할 수 있는 역사적 지평을 제대로 파악하지 못하면 전승된 내용의 의미를 잘못 이해하게 된다.[32]

> 현재와 무관하게 추구해야 할 역사적 지평이 존재할 수 없듯이 현재의 지평 역시 독자적으로 존재할 수 없다. 오히려 이해라는 것은 서로 무관하게 존재하는 것처럼 보이는 상이한 지평들의 상호융합 과정이다.[33]

이러한 상이한 지평들의 상호융합을 통해 옛것과 새것은 서로 배타적으로 분리되지 않고, 부단히 합쳐져서 새로운 타당성을 확보하는 것이다. 이렇게 "서로를 부각시켜주는 상이한 지평들이 존재함으로써 '지평융합(Horizontverschmelzung)'이라는 말이 성립되며, 스스로 자신의 경계선을 설정하는 배타적 지평의 형성은 성립될 수 없다."[34]

올바른 이해에 도달하기 위해서는 역사적 과거의 개념들을 그것이 우리 자신의 개념적 이해와 합치되는 방향으로 새롭게 인식해야 한다. 그것을 지평의 융합이라 일컬었다.[35] 역사적 텍스트의 지평과 해석자의 지평이 융합됨으로써 이해라는 사건이 일어나는 것이다. 즉, 진정한 이해의 결과는 우리 자신의 선입견들이 일방적으로 지배하는 것도 아니고, 전통의 견해가 일방적으로 지배하는 것도 아니다. 오히려 대화에서와 마찬가지로, 진정한 이해의 결과는 서로 다른 참여자

---

32) 같은 책, s.286, 187-188쪽.

33) 같은 책, s.289, 192쪽.

34) 같은 책, s.290, 193쪽.

35) 같은 책, s.356, 292쪽.

들(여기서는 이해하려는 사람과 전통)의 애초의 입장들을 넘어서 있는 새로운 통합체이다. 따라서 이해를 통해 생겨난 통합체는 새로운 견해이며 따라서 전통의 새로운 단계이다.

여기서 진정한 이해의 결과는 해석학적 이해의 결과인 지평융합이며, 지평융합은 역사적으로 제약된 우리의 관심사를 이해의 대상과 통합시키고, 또 이런 통합이 이루어지는 방식은 우리에 대해 그 대상이 갖는 내용을 결정해준다는 뜻이다.

따라서 역사적 지평의 기투와 동시에 그 극복이 이루어짐으로써 이해의 과정에서 진정한 지평융합이 일어나는 것이다. 그러한 지평융합을 의식적으로 수행하는 경우 영향사적 의식이 깨어있는 상태라고 할 수 있다. 그리고 이 문제는 곧 모든 이해과정에서 작용하는 적용(Anwendung)의 문제이기도 하다.[36]

2) 이해의 대화구조: 물음과 대답의 변증법

영향사적 의식의 지속적 과제이자, 이해의 결과로서 지평융합은 이해의 언어성과 지속적인 대화의 실현형식과 자연스럽게 연결된다. 그리고 해석학적 경험의 구조로 드러나는 물음과 대답의 변증법은 영향사적 의식이 어떤 성격인가를 보다 분명히 해명해준다.

> 해석학의 과제가 흔히 텍스트와의 대화라고 할 때, 그것은 단지 비유가 아니라 해석학이 애초에 추구했던 과제를 상기시킨다. … 그리하여

36) 여기서 적용의 문제는 문헌학적 해석학, 신학적 해석학, 법학적 해석학에서의 적용의 문제를 의미한다.

> 문헌의 형태로 전승된 것은 문자로 고정된 소외상태로부터 벗어나서 생생한 현재진행형의 대화로 복원되며, 그 대화의 본래적 수행방식은 언제나 질문과 응답인 것이다.[37]

여기서 중요한 것은 어떤 문제를 규명하기 위한 모든 인식과 대화에서 무엇보다 올바른 문제제기가 선결요건임을 인정하는 것이다. 어떤 문제를 규명하기 위한 대화에서는 먼저 질문을 통해 문제자체가 무엇인지 드러내야만 한다는 것이다.[38]

그리고 개방성이 결여된 물음은 근본적으로 진정한 탐구의식이 결여된 가짜 문제의식일 뿐이다. "물음의 개방성은 문제지평(Fragehorizont)에 의해 그 경계가 분명하게 설정된다. 그러한 문제지평을 고려하지 않는 질문은 공허한 것을 좇게 된다."[39] 따라서 어떤 물음이 올바른 물음으로 성립되기 위해서는 그 물음이 추구하는 유동적인 불확실성이 '이러저러한' 구체적인 문제지평에 의해 명확히 규정되어야 한다.

> 텍스트가 던지는 질문을 이해한다는 것은 해석학적 지평을 획득함으로써 얻어진다. 그 해석학적 지평을 우리는 텍스트의 의미를 탐색하는 방향을 가늠하는 문제지평으로 인식하고자 한다.[40]

문제지평을 갖는 질문과 응답은 변증법적 성격을 갖는다. 그리고 이런 점에서 "해석학은 변증법적 기초를 갖고 있다. 텍스트를 해석한다는 것은 텍스트와의 대화에 참여하는 것이며, 그것을 향해 물음을

---

37) 같은 책, s.350, 283쪽.

38) 같은 책, s.345, 275쪽.

39) 같은 책, s.346, 276쪽.

40) 같은 책, s.352, 285쪽.

던지고 심지어 그것의 물음을 받는 것이다."[41]

이처럼 텍스트가 답하는 문제의 재구성은 우리자신이 풀어야 할 문제로 넘어온다. 왜냐하면 텍스트라는 것은 진정한 문제제기에 대한 답변으로 이해될 수밖에 없기 때문이다. 즉 텍스트는 이해의 과정 속에서 늘 새로운 측면이 강조됨으로써 새로운 맥락 속으로 편입되는데 이는 어떤 역사적 사건이 역사의 경과 자체로 인해 새로운 국면에 편입되는 것과 마찬가지다. 우리가 해석학적 경험에서 영향사적 계기라고 일컬었던 사태가 바로 그것이다.

> 문제를 제기한다는 것은 곧 의미의 가능성들을 열어두는 것이며, 따라서 문제제기의 과정에서 의미가 있다고 여겨지는 것은 곧 자기 자신의 견해가 된다.[42]

우리는 이해를 위해 텍스트에 들어있는 답변을 염두에 두면서 질문을 던져야 하는데 "어떤 문제가 미심쩍다는 것을 이해하는 자체가 이미 문제제기"[43]이다. 질문에 대한 답변이 텍스트에 들어있다는 것은 곧 전통이 질문자에까지 도달하여 호소한다는 것을 뜻하고 그것이 바로 '영향사적 의식'의 실제적인 모습이다. 이러한 역사적 의식의 작동방식을 가다머는 텍스트와 해석자를 서로 매개해주는 이해지평들의 융합이라고 말한다.

---

41) Jean Grondin, *Einführung in die philosophische Hermeneutik*. 2001. 최성환 번역, 『철학적 해석학 입문』(한울, 2008), 171쪽.

42) 같은 책, s.357, 293쪽.

43) 같은 책, s.357, 292쪽.

3) 해석학적 경험매체이자 해석학적 존재론의 지평으로서 언어

해석학적 경험은 전통의 전승과 관련되고 전승은 언어를 통해서만 이루어진다. 언어는 이해 자체가 가능하도록 하는 해석학적 경험의 보편적 매체이자 동시에 해석학적 존재론의 지평이다.

> 대화와 마찬가지로 해석이라는 것은 질문과 답변의 변증법을 통해 완결되는 순환적 구조를 갖는다. 그것은 언어를 매체로 수행되는 진정한 역사적 삶의 관계에 해당되며, 따라서 텍스트 이해를 대화에 비견할 수 있는 것이다. 이해가 언어를 매개로 이루어진다는 것은 곧 영향사적 의식이 구체화된다는 뜻이다.[44]

해석학적 문제라는 것은 언어를 매개로 어떤 사안에 관해 이루어지는 의사소통의 문제로 나타난다. 그리고 대화를 통해 이루어지는 의사소통은 어느 한쪽의 관점을 관철시키고 상대방의 입장을 무력화하는 것이 아니라, 이미 대화 이전의 상태와는 달라진 새로운 공통의 세계 속으로 진입하면서 서로가 변화를 겪는 과정이다.

> 세계경험의 언어적 특성은 존재자로 인식되고 언명되는 모든 것에 선행한다. 언어와 세계가 근본적인 관계를 맺고 있다는 것은 따라서 세계가 언어의 대상이 된다는 뜻이 아니다. 인식과 언술의 대상이 되는 것은 오히려 이미 언어의 세계지평(Welthorizont) 속에 포함되어 있다. 세계경험의 언어적 특성 자체는 세계의 대상화를 뜻하지 않는다.[45]

---

44) 같은 책, s.366-367, 309쪽.

그러므로 "이해과정에서 발생하는 지평들의 융합은 곧 언어의 고유한 성취"[46]로 드러난다.

4. 해석학에서 번역의 문제

1) 가다머에서 번역의 문제

해석학(Hermeneutik)이란 단어 자체의 발생은 전령의 신 헤르메스(Hermes)와의 근원적인 연관을 보여주는데 그 신은 신들의 의지와 인간(유한자)의 행위 사이를 매개하는 신적인 매개자였다. 이러한 해석학의 개념이 번역의 개념에 근접한다는 것은 분명하다.

가다머는 "모든 번역은 그 자체가 이미 해석이며, 번역자가 자신의 언어를 통해 도달한 해석의 완성"[47]이라고 본다. 이처럼 해석은 번역과 불가분의 것이며 번역에서 핵심 역할을 한다. 유능한 번역자는 가장 좋은 의미에서 해석을 해야 하므로 번역자도 하나의 해석자라 할 수 있다.

그런데 번역이 필요한 상황에서는 언표된 원래의 언어에 구현된 정신과 그것을 다른 언어로 재현해야 하는 과제 사이에 괴리가 발생

---

45) 같은 책, s.426, 393-394쪽.

46) 같은 책, s.359, 296쪽.

47) 같은 책, s.362 302쪽.

하는 것을 감수해야만 하며 그러한 괴리를 완전히 극복한다는 것은 불가능하다.

> 번역자가 저자의 삶과 감정을 속속들이 이해한다 하더라도 텍스트의 번역이라는 것은 결코 원저자의 본래 마음속에서 벌어졌던 사건을 단지 그대로 재생시키는 것이 아니라, 텍스트의 서술 내용에 대한 이해를 통해 텍스트를 재창조하는 것이다. 번역은 단지 저자의 생각을 그대로 따라가는 과정이 아니라 독자적 해석이다.[48]

번역되는 텍스트는 다른 언어권 독자를 위하여 다른 언어에 의해 새롭게 조명되는 것이다. 그리고 번역자가 번역과정에서 원문의 특징을 부각시키고자 할 때는 그 대신 텍스트의 다른 특징들을 부차적으로 다루거나 아예 억눌러야만 가능하다. 바로 그것이 우리가 해석이라 일컫는 것이다. 즉, 번역은 다른 모든 해석과 마찬가지로 특정한 측면에 초점을 맞추어 부각시키는 것이다. 그리고 대화와 번역의 구조는 매우 흡사하며, 번역자가 처해있는 상황과 해석자가 처해있는 상황은 근본적으로 동일하다.

> 상이한 언어 사이의 간극을 극복해야 하는 번역자의 사례는 해석자와 텍스트의 상호관계를 특히 잘 보여주는데, 그 상호관계는 대화를 통한 의사소통에서의 상호관계에 상응한다. 모든 번역자는 곧 해석자이기 때문이다.[49]

---

48) 같은 책, s.363, 304쪽.

49) 같은 책, s.365, 306-307쪽.

2) 리쾨르의 번역론

해석학적 전통에 서 있는 리쾨르는 번역과 해석의 밀접한 연관을 강조한다.[50)]

> 번역한다는 것은 단순히 하나의 언어에서 다른 언어로 옮기는 것을 넘어서서, 이렇게 함으로써 사태와 상황을 이해하게 한다는 의미에서 해석이다. 이미 번역은 이런 점에서 하나의 세계를 다른 세계와 연결시켜 주고 매개해 주는 탁월한 하나의 해석이다. 이때 언어들 간의 번역은 낯선 두 세계 사이를 다리로 연결 짓는 일이자 세계들 간의 만남이다. 따라서 낯설고 어색하며 불명료하고 시공간적으로 떨어진 것을 친숙하고 명료한 것으로, 우리의 시공간과 가까운 것으로 이해 가능하게 하는 것이 번역이라면, 곧 그것은 해석이다.[51)]

리쾨르는 번역 작업은 매우 힘든 작업으로 일종의 '시련'으로 본다. 그리고 번역의 시련을 좀 더 명확히 하기 위해 벤야민이 말한 '번역가의 과제'가 무엇인지를 프로이트의 두 작업개념인 회상의 작업과 애도의 작업으로 해석한다. 회상작업은 무엇인가를 구해내는 것이고 애도작업은 어느 정도의 상실을 감수하는 것이다.

리쾨르에 의하면 협의의 번역은 "한 언어로 표현된 메시지를 다른 언어로 전달하는 작업"이며 포괄적 의미의 번역은 "동일한 언어를 사용하는 언어공동체 내부에서 일어나는 기표의 총체에 대한 해석이다."[52)]

---

50) 이하 리쾨르의 번역론에 대한 논의는 필자의 논문 「번역과 철학」(『인문학연구』 제13집, 한림대 인문과학연구소, 2007)에서 가져와 줄인 것이다.

51) 폴 리쾨르 저 /윤성우 · 이향 옮김, 『번역론』(철학과 현실사, 2006), 34쪽.

52) 같은 책, 122쪽.

번역하기를 통해 서로 다른 두 파트너가 연결된다. 그 하나는 작품, 원저자, 원작의 언어 등을 포함하는 이국적인 것이며 두 번째는 자국적인 것으로 이는 번역된 작품의 수용자로서 독자이다. 번역자는 이 이국적인 것과 자국적인 것 사이에서 중개자의 역할을 하는 것이며 이것이 바로 번역의 시련이며, 이 두 주인을 동시에 섬겨야 하는 것이 번역자의 역설이다.

슐라이어마하는 이 번역의 역설을 "독자를 저자에게 데려가는 것과 저자를 독자에게 데려가는 것"이라 표현하였다. 번역학자 베누티는 이 두 가지 전략을 '이국화'와 '자국화'로 개념화했다. 그런데 이 두 가지를 충실히 하는 '완벽한 번역'은 불가능하다. 그러므로 이러한 불가능성을 인정하고 받아들임으로써 즉 완벽한 번역에 대한 애도를 통해서 번역의 행복에 다가갈 수 있다. 즉,

> 언어적 절대의 상실을 수용하면서 합치와 등가 간의 간극을 받아들이고 합치 없는 등가를 인정하는 순간, 번역의 행복이 이루어진다. 바로 이것이 번역의 행복인 것이다. 자국적인 것과 이국적인 것이 하나로 환원될 수 없음을 인정하고 받아들이면서, 외국어와 모국어 사이를 끊임없이 왕래하는 것이 번역활동의 본질이다.[53]

번역가는 "이국의 언어를 모국어라는 자신의 집에 맞아들임으로써 타자의 언어를 체험하는 기쁨을 누리는 것이다." 이것이 바로 "언어적 환대"[54]이다. 그리고 "두 주인을 섬기려다 두 주인을 모두 배신하는 위험을 무릅쓰고 독자를 저자에게 데려가는 것, 혹은 저자를 독자에

---

53) 폴 리쾨르 저/ 윤성우 · 이향 옮김, 『번역론』(철학과 현실사, 2006), 88쪽.

54) 같은 책, 89쪽.

게 데려가는 것은 '언어적 환대'를 실행하는 것이다. 언어적 환대는 기타 형태의 환대의 모델이 된다."[55)]

그러나 이러한 '언어적 환대'를 실행할 때 처음부터 저항 없이 잘 이루어지는 것은 아니다. 번역자는 번역의 여러 단계에서 저항에 부딪치게 된다. 이 저항은 번역의 불가능성으로 나타나기도 한다. 특히 시(詩) 번역의 경우는 더욱 그러하다.

> 시는 언어의 의미와 운율, 기표와 기의가 불가분의 관계를 이루고 있다는 점에서 번역하기에 극도로 어렵다. 그런데 오늘 우리의 관심사인 철학적 작품의 번역은 이와는 전혀 다른 종류의 문제를 발생시킨다. 철학적 작품의 번역 과정에서 발생하는 문제들은 언어별로 의미장의 구획이 다른 데서 오는 문제이므로 어떤 면에서는 시 번역만큼이나 까다로운 작업이라고 볼 수 있다.[56)]

그러므로 시를 번역하는 것과 마찬가지로 전혀 다른 핵심어(근본범주)와 다른 세계관을 갖는 철학텍스트를 번역하는 것은 매우 어려운 것이다.

> 번역 텍스트들이 번역을 통해 전달하고자 하는 것들은 사실 단어들이나 문장들이 아니라 원문 텍스트들인 것이다. 그리고 이 텍스트들 또한 문화(적) 총체들(ensembles culturels)의 일부를 이룬다. 서로 다른 다양한 세계관들이 바로 이런 문화(적) 총체 전반을 통해 자신을 표현한다.[57)]

---

55) 같은 책 119쪽.

56) 같은 책, 78-80쪽.

57) 같은 책, 136-137쪽.

그리고 이러한 텍스트는 동시에 상호텍스트성을 갖는다. 그러므로,

> 번역가의 과제란 단어에서 시작해서 문장으로, 텍스트로, 문화전체로 나아가는 것이 아니라, 오히려 그 반대로 나아가야 한다는 것이다. 즉 번역가는 폭넓은 읽기를 통해 한 문화의 정신에 깊이 침잠하면서 텍스트에서 문장으로 그리고 끝으로 단어 차원으로 내려가야 한다는 것이다. 번역가의 마지막 행위란, 다시 말해, 마지막으로 결정할 일이란 단어들 차원에서 어휘집을 확립하는 것이다.[58]

그런데 문화전체에서, 텍스트로, 다음에 문장으로, 단어로 나아가야 한다는 번역가의 과제가 구체적으로 어떻게 실현될 수 있겠는가? 이 과제는 단어에서, 문장으로, 텍스트로, 문화 전체로 나아가는 과정과 이 역의 과정의 '해석학적 순환과정'의 반복을 통해서 가능해질 것이다.

5. 철학적 해석학의 핵심 내용 정리

우리는 이제까지 동서사상 접변양상 탐구를 위한 이론적 모색으로서 가다머의 철학적 해석학의 주요 내용들을 텍스트에 입각해 검토했다. 본문에서 논의된 주요 내용 중 핵심적 내용을 서술한 순서에 따라 정리하면 다음과 같다.

---

58) 같은 책, 137-138쪽.

1) 해석학적 경험은 텍스트 또는 작품과의 만남으로서 하나의 사건(生起)으로, 이는 언어적 사건이다. 따라서 어떤 텍스트를 다루든 해석자(현존재) 자신의 어법을 검토하지 않은 채 무심코 사용해서는 안 되며 해당 시대나 해당 작가의 어법에 근거하여 텍스트를 이해해야 한다. 그런데 우리에게 익숙한 어법과 텍스트의 어법 사이의 차이를 어떻게 구별해낼 수 있는가는 매우 어려운 문제이다.

2) 우리는 우리의 개념과 어법의 지평을 가지고 즉 선입견을 가지고 텍스트를 읽고 선입견이 우리의 선이해를 규정한다는 것을 인정하고 가능한 한 상대방의 말 혹은 텍스트에 담겨있는 생각을 이해하려는 열린 마음가짐이 요구된다.

3) 선입견은 우리 자신이 속해 있는 현재의 지평을 형성하지만, 현재의 지평은 끊임없이 형성되는 과정 속에 있다. 따라서 우리는 모든 선입견의 타당성 여부를 부단히 검증해야 한다.

4) 해석학적 경험으로서 이해는 역사성을 가지며 존재론적 구조를 갖는다. 해석자와 해석대상(텍스트) 사이에는 친숙함과 낯섦이라는 대극적 긴장이 존재한다. 즉, 해석대상으로서 텍스트는 우리가 사는 시대와는 역사적 간격이 있는 대상이라는 측면에서 낯설지만 우리 자신도 전통의 일부라는 점에서 친숙하기도 한 것이다. 바로 역사적 간격 때문에 생기는 이러한 긴장관계를 탐구하는 것이 해석학의 임무이다.

5) 이해의 출발은 텍스트가 말을 걸어오는 데서 시작된다. 즉, 해

석학적 경험은 텍스트에 의해 인도되어야 하며, 텍스트의 진리를 드러내는 것(탈은폐)이다. 이때 우리는 우리의 선입견을 유보함과 동시에 판단을 유보하고 물음을 묻게 된다. 그런데 텍스트의 진리는 해석자의 올바른 문제제기에 의해 드러난다. 그리고 물음의 본질은 다양한 가능성을 열어두는 것이다.

6) 해석학적 원리로서 이해의 역사성은 현존재인 역사적 존재가 갖는 지평개념의 역동성과 자연스럽게 연결된다. 지평이라는 것은 어떤 지점에서 시야에 들어오는 모든 것을 포괄하는 가시권을 가리킨다. 역동적 관점에서 본다면 서로 다른 두 개의 지평 즉 역사 탐구자가 사는 시대의 지평(현재의 지평)과 그가 탐구하는 과거의 역사적 지평이 분리된 것이 아니다. 탐구자는 자신의 영향사적 의식의 자각을 통해 역사적 지평의 개방성과 역동성을 통찰할 수 있다.

7) 현재와 무관하게 추구해야 할 역사적 지평이 존재할 수 없듯이 현재의 지평 역시 독자적으로 존재할 수 없다. 오히려 이해라는 것은 서로 무관하게 존재하는 것처럼 보이는 상이한 지평들의 상호융합 과정이다. 해석학적 경험은 해석자의 현재 지평과 텍스트의 과거 지평이 해석자의 영향사적 의식을 통해 만남으로써 지평융합이 일어나는 것이다.

8) 해석학은 변증법적 기초를 갖고 있다. 텍스트를 해석한다는 것은 텍스트와의 대화에 참여하는 것이며, 그것을 향해 물음을 던지고 그것의 물음을 받음으로써 새로운 지평융합이 일어나는 것이다. 이는 마치 진정한 대화를 나눌 때면 대화 당사자들 중 누구도 혼자 힘으로

는 알지 못하던 새로운 세계가 펼쳐지는 것과 같은 이치다.[59] 즉, 해석학적 경험은 물음과 대답이라는 소크라테스의 변증법이나 플라톤의 대화와 같이 변증법적 특징을 갖는다.

9) 해석학적 경험은 전통의 전승(텍스트)과 관련되고 전승은 언어를 통해서만 이루어진다. 언어는 이해자체가 가능하도록 하는 해석학적 경험의 보편적 매체이자 동시에 해석학적 존재론의 지평이다. 이해가 언어를 매개로 이루어진다는 것은 곧 영향사적 의식이 구체화된다는 뜻이며 지평들의 융합 또한 언어의 고유한 성취로 드러난다는 것을 의미한다.

10) 모든 번역은 그 자체가 이미 해석이며, 번역자가 자신의 언어를 통해 도달한 해석의 완성이다. 즉 해석은 번역과 불가분의 것이며 번역에서 핵심 역할을 한다. 유능한 번역자는 가장 좋은 의미에서 해석을 해야 하므로 번역자도 하나의 해석자라 할 수 있다. 번역가의 과제는 단어에서, 문장으로, 텍스트로, 문화전체로 나아가는 과정과 이 역의 과정의 '해석학적 순환과정'의 반복을 통해서 제대로 실현될 것이다.

해석자와 텍스트 사이에 일어나는 이러한 언어적 사건, 지평융합으로서 이해의 사건, 진정한 대화는 바로 텍스트의 지평과 현재적 지평 속에 있는 우리 삶(세계-내-존재로서의 현존재)의 지평이 융합되면서 새로운 지평과 새로운 의미가 드러나는 과정이다. 이 점이 바로 철학적 해석학이 우리에게 갖는 보편적 의미일 것이다.

---

59) 가다머, 『진리와 방법』 2권, 409-410쪽.

6. 동서사상 접변양상 연구에 적용

우리는 동서사상 접변양상의 탐구를 위한 이론적 모색을 위해 가다머의 철학적 해석학의 내용을 살펴보았다. 가다머에서 이해는 언제나 적용이며, 적용은 또한 해석이므로[60] 우리 역시 적용과 해석을 해야 한다. 우리는 5장에서 정리한 가다머의 이론을 '동서(철학)사상 접변양상에 대한 연구'에 적용하여 여러 가지 문제를 생각해 보고자 한다.

1) 우선 '동서사상 접변'에서 '접변'은 두 단어인 '접촉'과 '변화(또는 변형)'의 뜻이 합쳐 이루어진 개념으로 볼 수 있는데, 접촉은 만남이므로 '동서사상 접촉'에 대해서는 우선 동양사상과 서양사상이 언제, 어디서, 누구와 왜 어떻게 만나는가가 해명되어야 할 것이다. 우리는 이러한 만남의 결과인 텍스트(또는 작품)를 드러내야 한다. 그리고 어떤 텍스트를 다루든 우리는 우리 자신(해석자)의 개념과 어법을 무심코 사용해서는 안 되며 가능한 한 해당 시대나 해당 작가의 개념과 어법에 근거하여 텍스트를 이해하려고 노력해야 한다.

2) '변화'는 상당히 복합적이고도 애매한 과정 개념으로서 교착[61], 착종(錯綜), 융합, 전환 등의 개념으로 나누어져 설명될 수 있을 것이

---

60) 박남희, 「실현의 진리를 찾아 나선 게오르크 가다머」(『처음 읽는 독일 현대철학』, 철학아카데미 편, 동녘, 2013), 296쪽.

61) 교착은 한자어로 交着(서로 붙다), 交錯(이리저리 엇걸려 뒤섞임=착종), 膠着(현상을 유지하여 조금도 변동이나 진전이 없음)이라는 세 가지 의미로 쓰인다.

다. 두 문화 간의 접촉 이후 변화과정의 구체적 내용들과 단계를 드러내고자 한다면 단계 개념으로 적절하게 규정해서 쓰면 될 것이다. 그러나 이 개념들에도 해석자의 지평과 선입견이 들어가 작용하고 있음을 충분히 자각해야 한다.

3) 우리는 이해의 역사성을 기본 전제로 수용하면서도, 앞으로의 연구에서 서로 다른 문화권에서 전통과 현대, 시간간격의 차원에서 이해라는 사건이 일어나 소통이 이루어질 때 '지평융합'이라는 개념을 사용하고, 다른 문화권 간에 이해가 안 이루어져 소통이 되지 않고 변화가 없을 때 '지평교착(膠着)'이라는 용어를 사용할 수 있을 것이다. 그런데 다른 문화권 사이의 '지평교착(交錯)'으로 사용할 경우, 이 교착의 과정을 세분하여 단계구분을 할 수 있을 것이라 생각한다. 즉 동서사상의 접촉이 있은 다음, 교착상태로 더 나아가 지평융합의 단계로 나가는 바람직한 과정이 있을 수 있을 것이다. 그런데 이렇게 변화 과정을 개념적으로 나누어 쓸 경우, 우리의 연구 과정에서 구체적인 자료(텍스트)를 통해 그 의미가 드러나야 할 것이다. 그렇지 않을 때에는 포괄적 의미를 갖는 '지평융합'을 그대로 사용하는 것이 무난하리라 생각한다.

4) 우리는 우리 스스로의 물음을 통해 텍스트가 답변하게 하는 이해의 대화구조에 대해 생각할 필요가 있다. 텍스트를 해석한다는 것은 텍스트와의 대화에 참여하는 것이며, 연구자가 그것을 향해 물음을 던지고 동시에 그것의 물음을 받으면서 긴장관계를 통해 작업을 해나가는 것이다. 이는 동서양사상의 접변양상을 드러내는 태도로서

중요하며, 또한 과거의 전통사상에 대해 우리가 어떤 방식으로 해석해서 전유할 것인가의 문제이기도 하다.[62]

5) 번역 문제에 대해 생각해 보자. 모든 번역은 하나의 세계를 다른 세계와 연결시켜 주고 매개해 주는 하나의 해석이다. 이때 언어들 간의 번역은 낯선 두 세계 사이를 다리로 연결짓는 일이자 세계들 간의 만남이다. 따라서 낯설고 불명료하고 시공간적으로 떨어진 것을 친숙하고 명료한 것으로, 우리의 시공간과 가까운 것으로 이해 가능하게 하는 것이 번역이라면, 곧 그것은 해석이다. 특히 한국에서 번역의 문제는 좀 더 복잡한 문제지평을 갖는다. "한국의 근대는 일본의 번역을 '중역한' 근대, 좀 더 정확하게 말하자면 일본이 번역한 것을 '이중으로' 번역하거나 일본이 중역한 것을 '삼중으로' 번역한 근대이다."[63]

구체적인 한 예로 유길준의 『서유견문』을 들 수 있다.

> 『서유견문』은 일종의 중역(重譯)이다. 여기에서 중역이란 단지 텍스트 번역 상의 사실을 말하는 것이 아니라 문화 번역의 차원에서 말하는 것이다. 『서유견문』의 서구 문화에 대한 번역은 일본과 중국 서적들의 서구 문화 번역에 의해 중개되어 있다.[64]

---

62) 전통사상에 대한 연구방법에 대한 해석학적 논의로는 길희성, 「동양철학연구방법론의 일성찰 – 철학적 해석학의 관점에서」(『철학』 21집, 한국철학회, 1984.봄)가 탁월하다. 『한국에서 철학하는 자세들』(집문당, 1986)에 「해석학을 통해 본 동양철학 연구」라는 제목으로 재수록되었다.

63) 김욱동, 『번역과 한국의 근대』(소명출판, 2010), 8쪽.

64) 김현주, 「『서유견문』의 (문명)개화론과 번역의 정치학」(『국제어문』 24집, 2001), 227쪽.

그러므로 동서사상접변 양상에 대한 연구에서 번역문제는 매우 중요한 문제라는 것을 충분히 고려해야 한다.

6) 구체적인 사례를 든다면 우리는 마테오 리치의 『천주실의』에서 천주(天主)와 상제(上帝) 개념 등을 둘러싼 해석자와 텍스트간의 지평융합 또는 지평교착, 대화 등의 접변양상을 매우 구체적인 수준에서 탐구해 볼 필요가 있을 것이다. 이와 관련해서 조선 후기 유학자들의 천주와 상제에 대한 해석, 동학교도의 주문인 '시천주 조화정 영세불망 만사지(侍天主 造化定 永世不忘 萬事知)'에 대한 이해와 해석 등에 대해서, 그리고 '과학' 또는 '철학' 등 서양용어의 번역 개념에 대한 탐구에 대해서도 철학적 해석학을 참고할 수 있을 것이다.[65]

65) 정연재, 「철학적 해석학과 개념사」(『개념과 소통』 9호, 한림대 한림과학원 편, 2012년 여름) 참조.

【참고문헌】

Hans-Georg Gadamer, *Wahrheit und Methode*, Tübingen 1975(4Auflage).
한스 게오르크 가다머 저, 이길우 외 옮김, 『진리와 방법』(1), 서울: 문학동네, 2012.
한스 게오르크 가다머 저, 임홍배 옮김, 『진리와 방법』(2), 서울: 문학동네, 2014.
길희성, 「동양철학연구방법론의 일성찰－철학적 해석학의 관점에서」, 『철학』 21집, 한국철학회, 1984.봄
길희성, 「김영한의 'Gadamer의 영향사 해석학'에 대한 논평」, 『철학』 24집, 한국철학회, 1985. 겨울.
김영한 「Gadamer의 영향사 해석학」, 『철학』 24집, 한국철학회, 1985. 겨울.
김욱동, 『번역과 한국의 근대』, 서울: 소명출판, 2010.
김재현, 「번역과 철학」, 『인문학연구』 제13집, 한림대 인문과학연구소, 2007.
김재현, 「〈한성순보〉, 〈한성주보〉, 『서유견문』에 나타난 철학 개념에 대한 연구 –동아시아적 맥락에서」, 『개념과 소통』 제9호, 한림대 한림과학원, 2012 여름.
김정현, 「자문화중심주의와 해석학적 타자 이해」, 『해석학연구』 제34집, 한국해석학회, 2014.
김현주, 「『서유견문』의 (문명)개화론과 번역의 정치학」, 『국제어문』 24집, 국제어문학회, 2001.
박남희, 「실현의 진리를 찾아 나선 게오르크 가다머」, 『처음 읽는 독일 현대철학』(철학아카데미 편), 서울: 동녘, 2013.
정연재, 「철학적 해석학과 개념사」, 『개념과 소통』 9호, 한림대 한림과학원, 2012년 여름.
최유신, 「로티의 관용에서 가다머의 관용으로」, 『철학탐구』 제18집, 중앙대학교 중앙철학연구소, 2005.
마르틴 제이, 「지성사는 언어적 전회를 시도해야 할 것인가? －하버마스–가다머 논쟁에 대한 고찰」, 『현대유럽지성사』(라카프라 · 카프란 편 /이광래 · 이종흡 역), 강원대 출판부, 1986.
Jean Grondin, *Einführung in die philosophische Hermeneutik*. 2001. / 최성환 번역, 『철학적 해석학 입문』, 서울: 한울, 2008.
Habermas, J., 이진우 번역, 『현대성의 철학적 담론』, 서울: 문예출판사, 2002.
폴 리쾨르 저, 윤성우 · 이향 번역, 『번역론』, 서울: 철학과현실사, 2006.
Richard E. Palmer, *Hermeneutics*, North Western University Press, 1969.
리차드 E. 팔머 저, 이한우 번역, 『해석학이란 무엇인가』, 서울: 문예출판사, 1988.

Taylor, C., 이상길 옮김, 『근대의 사회적 상상』, 서울: 이음, 2010.

Warnke, G., 이한우 역, 『가다머의 철학적 해석학』, 서울: 사상사, 1993.

Winch, P., 박동천 편역, 『사회과학의 빈곤』, 서울: 모티브북, 2011.

Warnke, G., 이한우 역, 『가다머의 철학적 해석학』, 서울: 사상사, 1993.

III. 동서 철학의 기본 개념

서학과의 접변 이전 동아시아 사상 관념의 맥락

: 태극과 리

이봉규

1. 형이상 개념의 동서교착: 태극과 리

'태극(太極)'과 '리(理)'는, 리학(理學)에서 세계가 세계이게끔 해주는 소이(所以: 근본)로 인륜을 재이론화하면서, 그 '소이'의 의미맥락을 설명하기 위하여 도입한 개념이다. 송대 이후 인륜과 연관해서 세계를 설명할 때 이 리 개념을 어떻게 설명해야 하는가는 늘 문제가 되었다. 그리고 마테오 리치가 『천주실의』에서 세계의 시원과 관련하여 리학의 이론을 비판할 때 이 두 개념에 역점을 두면서, 사상내용과 더불어 사유지평의 차원에서 동서간의 문화권적 접변과 교착이 발생하였다. 따라서 이 문화권적 접변을 이해하기 위해서는 리학에서 도입한 태극과 리 개념의 의미맥락이 동아시아 사상사 내부에서 어떻게 전개되고 있었던 것인지 이해할 필요가 있다.

동아시아 사상사에서 살펴보면, 리학이 성립하기 이전 태극은 태일(太一), 태현(太玄), 태충(太沖), 태역(太易), 태화(太和), 태시(太始), 태허(太虛) 등의 용어와 한 그룹을 이루면서 기(氣)와 관련하여 그 의미를 발휘하였다. 리는 선진시기와 한대에 주요한 학술적 개념어로 사용되지 않았지만, 문리(文理), 조리(條理), 도리(道理) 등 후대에도 계속 사용되는 몇 가지 기본 의미들을 나타내는 용어로 사용되었다. 불교가 수용된 뒤 동아시아 불교에서 사(事)에 대비시켜, 법(法), 성(性) 등과 연관해서 리(理) 개념을 사용하면서, 리 개념의 의미맥락에 새로운 변화를 가져왔고, 송학에 이르러 천리(天理)와 성리(性理) 등 사물의 본원을 의미하는 맥락으로 리의 의미가 재정립되었다. 또한 주희가 「태극도설(太極圖說)」의 태극을 리의 개념으로 재해석하면서 기와 연관해서 이해되던 태극 개념은 리를 함의하는 용어로 변하였고, 그 이래 유학의 새로운 중심 언어가 되었다.

본 연구에서는 이러한 개념사적 변화에 주의하여, 서학과 접촉 이전 태극과 리 개념에 대하여 네 단계로 구분하여 살펴보았다. 먼저 ① 선진 시기 태극 개념이 기(氣)와 연관되기 이전의 의미맥락과, 제자서에서 리 개념이 상이하게 사용되는 의미맥락, ② 진(秦) 이후 위진에 이르는 시기 태극 개념이 원기(元氣) 등 기 개념과 결합하여 형성하는 의미맥락과, 현학의 자연(自然) 개념과 결합하여 형성되는 리 개념의 의미맥락을 살펴보았다. 위진 시기까지는 태극과 리 개념은 서로 연관 없이 사용되는 시기라고 할 수 있다. 다음으로 ③ 불교가 수용된 이후 '상즉상입(相卽相入)'과 '체용(體用)'의 개념을 통해 새롭게 수립되는 관계 관념을 살펴보았다. 마지막으로 ④ 송대에 체용의 관계 개념과 연관해서 리 개념이 새롭게 재해석되는 맥락과, 태극 개념이 리 개념으로 재해석되는 맥락을 살펴보았다.

이상 네 층위에서 접근하면서, 이 글에서는 태극과 리 개념이 서학과 접촉하기 이전 불교라는 외래 사상을 통해 사물들의 관계를 이해하는 새로운 관념이 형성되었으며, 이것이 서학이 대면하였던 리 개념의 기반이 되었음을 드러내고자 하였다. 연기(緣起)나 공(空) 등 본래의 비실재론적 관계개념이 동아시아에서 일정부분 변용하여 본체론적 관계 개념인 체용 개념이 성립한 뒤 송대 리학(理學)의 주요한 기반이 되었고, 태극과 리 개념은 본체인 성(性)과 천명(天命)으로서 재개념화되었음을 보이고자 하였다.

2. 선진 시기 태극(太極)과 리(理) 개념의 맥락

1) 태극

'태극'은 '태(太)'와 '극(極)' 두 글자가 수식하는 말과 수식받는 말의 구조로 결합하여 의미를 발휘한다. '태'는 '대(大: 크다)'와 서로 통용되는 글자로, '크다'라는 표현만으로 뜻을 나타내기 미진할 때, 또는 '가장~하다'라는 뜻을 내포하고자 할 때 사용된다. 특히 '태'가 명사 앞에서 명사를 형용하는 말로 사용될 때 '가장 크다'는 의미를 함축한다. 따라서 관직의 앞에 붙여서 사용되면 그 관직의 우두머리를, 신분 앞에 붙이면 가장 높은 신분을 뜻한다. 이를테면 '태사(太師)'는 악관(樂官)의 우두머리를 뜻하고, 태자(太子)는 천자의 아들들 가운데 우두머리인 장자를 뜻한다. 또한 존비 관계에서 아버지의 아버지를 '대부(大父)', '태상황(太上皇: 천자의 경우)'이라고 부르고, 국가를 개국한 선조를 '태조(太祖)'라고 지칭할 때처럼, '태'는 신분적으로 위가 된다는 뜻과 동시에 연원적으로 위가 되고 시원이 됨을 의미한다. 요컨대, '태'는 지위와 연원에서 위가 된다는 의미를 함축한다.

'극'은 『설문해자』에서 '용마루[棟]'를 뜻한다고 풀이하였다. 용마루는 건축에서 공간적으로 가장 높은 중심 지점을 뜻한다. '옥극(屋極)'은 집에서 가장 높은 위치를 뜻한다. 가장 높은 지점을 의미하는 맥락과 연동되어, '극'은 사물과 일의 끝, 또는 가장 높은 지위나 경계 등을 뜻한다. 동사로 사용되면, '끝까지 또는 남김없이 다한다'는 의미를 나타낸다. 예를 들면, 『예기(禮記)』의 「대학(大學)」편에 "그러므로 군자는 그 극을 사용하지 않는 바가 없다[是故君子無所不用其極]"라고 하였는데, 정현(鄭玄)은 주(注)에서 "'극'은 다한다는 뜻과 같다. 군자는 날마다 자신의 덕을 새롭게 진전시킴에 있어, 항상 심력(心力)을 다하여 남음이 있지 않다[極猶盡也. 君子日新其德, 常盡心力不有餘也.]"라고 하였다. '극'은 이와 함께 '중심', '표준', '올바름' 등 공간적 위치와 더불어 추상적 의미를 나타낸다. 『모시(毛詩)』 「상송(商頌) · 은무(殷武)」에 "상나라 서울이 예절바르니, 사방의 극일세.[商邑翼翼, 四方之極]"라고 하였는데, 정현은 '중(中)', '중정(中正)'이라고 풀이하였다. 곧 올바른 것으로서 사방에서 본받는 모범이 됨을 뜻하였다. 『상서(尙書)』 「홍범(洪範)」의 "일을 세움에 황극(皇極)을 사용한다[建用皇極]"는 구절의 '황극'에 대하여 공안국은 "크게 중정한 도[大中之道]"라고 풀이하였다. 후대에 '극'과 관련하여 논란이 발생하는 한 원인은, '극'에 대한 해석적 지평을 높은 지점에서 연동되는 의미에 두는 것과, 표준에서 연동되는 의미에 두는 것이 서로 불일치하는 데에서 발생한다.

'태극'은 일차적으로 공간적으로 가장 높은 지점을 뜻한다. 『장자

(莊子)』에서 '도(道)'의 특성을 기술하면서 "도는 태극보다 앞에 있지만 높은 것이 되지 않고, 육극(六極: 상하사방)보다 아래에 있지만 깊은 것이 되지 않는다"라고 하였는데, 이때 태극은 가장 높은 지점을 뜻하고, 세계의 시원이나 뿌리 등 우주론적 또는 추상적 의미는 나타내지 않은 것으로 해석된다.[1) 『장자』 자체에서 보면 '태초(太初)'(「지북유(知北遊)」; 「열어구(列禦寇)」), '태일(太一)'(「열어구」; 「천하(天下)」), '태허(太虛)'(「지북유」) 등의 용어가 세계의 시원과 근본, 또는 주재자가 되는 경계로서의 추상적 의미를 나타낸다. 『노자(老子)』에서 '태극'이란 용어는 나오지 않고, '태(太)'는 '가장 ~한다'는 수식어로, '극'은 끝 또는 궁극, 막힘 등의 의미를 표현하는 맥락에서 사용된다. 이를테면 왕필본 『노자』 28장에서 "항상된 덕은 어긋나지 않느니, 막힘이 없는 데로 돌아간다[恒德不忒, 復歸於無極]"라고 하였는데, '극'은 '진(盡)'의 의미와 상통하여 막히거나 소진한다는 의미로 사용되고 있다. 16장에서는 "비움에 이르면 지극히 독실하다[致虛, 極]"라고 하였는데, '극'에 대하여 왕필은 '지극히 독실하다[極篤]'으로 해석하였다. 그러나 곽점본(郭店本)에는 "비움에 이르면 항상된다[至虛, 恒也.]"라고 하여 '극'자가 '항(恒)'자로 되어 있다. 이것은 '극'이 철학적으로 유의미한 용어로 사용되면서 '항'을 대체하였던 맥락을 보여주는데, 한편으로 태극이 본래부터 중심어는 아니었음을 유추할 수 있게 해준다. 곧 『장자』와 『노자』에서 태극과 극은 만물의 본원을 의미하는 도(道)를 함의하지 않는다. 단지 '가장 높은 곳'(『장자』 「대종사」)이나 '지극함'(『노자』 16장), 또는 '막힘'(『노자』 28장) 등의 의미를 나타내고 있다. 1985년판 『철학대사전』[2)]에는 '태일(太

1) 龐朴 主編, 『中國儒學』(上海: 東方出版中心, 1997), 141쪽 '太極' 항목.

2) 馮契 主編, 哲學大辭典編纂委員會 編, 『哲學大辭典』(中國哲學史卷)(上海: 上海辭書出版社, 1985).

一)', '태현(太玄)', '태충(太冲)', '태역(太易)', '태화(太和)', '태시(太始)', '태허(太虛)' 등 항목과 더불어 '태극도설(太極圖說)'이 표제어로 들어 있지만, '태극'은 표제어로 설정되어 있지 않다. 이러한 선정은 한 관점에 불과하지만, '태극'이란 용어가 사상사에서 차지하였던 위치가 처음부터 중심에 있지 않았음을 간접적으로 보여준다.

진시황 2년 낭야(琅邪)에 순행하여 '태극묘(太極廟)'를 건설한 일이 『사기(史記)』 「육국연표(六國年表)」에 나온다.[3] 이것은 '태극'이 우선적으로 시원을 의미하였음을 말해준다. 북위(北魏)에서 정전(正殿)의 명칭을 태극전(太極殿)으로 사용한 이래 여러 왕조에서 답습하였다. 이것은 태극으로 천하 법도의 중심과 표준을 의미한 것이다. 『사기』 이래 북극성은 "천극성(天極星)"으로 불리면서 '태일(太一)'이 머물고 있다고 여겼는데, 가공언(賈公彦)은 이 천극성을 태극성(太極星)으로 바꾸어 부르고 있다. 하늘의 중심이자 가장 높은 곳을 의미하는 것으로 생각된다. 이들 용례는 '태극'이 시원과 중심을 상징하는 의미로 정치적으로 활용되었음을 보여준다.

태극이 하나의 개념으로서 주요한 의미를 발휘하는 것은 『주역』 「계사(繫辭)」의 "그러므로 역(易)에 태극이 있다. 이것이 양의(兩儀)를 낳고, 양의가 사상(四象)을 낳으며, 사상이 팔괘(八卦)를 낳는다.[是故易有太極, 是生兩儀, 兩儀生四象, 四象生八卦.]"라고 한 구절에 의거한다. 그러나 이 계사의 '태극'이 함의하는 내용과 관련해서 선진시기에는 별 다른 논의가 없다. 그 이유는 불분명하지만, 「계사」 자체의 성립 시기가 대체로 전국시대 말기에서 한초에 이루어진 것으로 추정된다는 설들에

---

3) 『史記』(2책), 「六國年表 三」(北京: 中華書局, 2012), 757쪽: "帝之琅邪, 道南郡入. 爲太極廟. 賜戶三十·爵一級."

근거할 때, '태극'이 만물의 시원 등과 관련하여 주요한 의미를 함의하는 것이 한대에 형성된 것으로 판단할 수 있다. 더욱이 한 문제(文帝) 시기 이전에 지어졌을 것으로 추정되는 백서(帛書)본 『주역』에는 '극(極)'이 '항(恒)'으로 되어 있다. 현행본에 '극'으로 되어 있는 것에 대하여 여러 설들이 분분하지만, 한 문제(文帝)의 이름자인 '항(恒)'을 휘한 것이라는 설에 의거할 때, '태극'은 문제 이후에 그 주요한 함의 내용이 부여되었던 것으로 판단된다.[4)]

「계사」를 제외하면, 선진시기 '태극'은 세계를 해명하는 주요한 기본 개념의 범주에 속하지 않았다. 그것은 글자의 자의 자체가 의미하는 맥락, 건축에서 가장 높다는 의미와 중앙이라는 이중의 의미 속에서 사용되었다. 「계사」의 태극 개념도 『주역』의 다른 부분과 비추어 볼 때, 『주역』 자체의 개념이라기보다는 『주역』에 대한 해석적 개념에 속하며, 그런 점에서 후대적 개념이라고 해야 할 것이다.

2) 리(理)

리는 자의(字義)로서는 형성자로 옥(玉)의 결을 뜻한다. 『설문해자』에서는 "옥을 다듬는다는 뜻이다. 옥의 결에 따라서 쪼개는 것이다.[理, 治玉也. 顺玉之文而剖析之]"라고 동사로서 리의 의미를 설명한다. 『한비자』에도 "리는 사물을 이루는 결이다. 길고 짧은 것과 크고 작은 것, 네모지거나 둥근 것과 단단하거나 무른 것, 가볍거나 무거운 것과 희거나 검은 것을 리라고 한다[理者, 成物之文也. 長短大小・方圓堅脆・輕重白黑之謂理.]"[5)]라고 한 사물의 형태나 성질 등 특징을 나타내는 개념으로서 설

4) 今井宇三郎 外 譯註, 『易經(下)』(신역 한문대계 제63책), 「解題」(東京: 明治書院, 2008).

명하고 있다. 『맹자』에는 눈은 색깔을 인지하고, 귀는 소리를 인지하는 등 감각기관이 저마다 일정한 특성을 가지듯이, 마음도 리와 의(義)를 인지하는 점에서 일정한 특성을 가진다고 말한다.[6] 『한비자』에서는 사물들의 물리적 특성을, 『맹자』에서는 인간의 마음이 본래적으로 좋아하는 대상으로 설명된다. 요컨대, 옥의 결처럼, 사물들이 지니는 각각의 물리적 결정성, 그리고 감각기관과 마찬가지로 마음이 가지는 인식상의 결정성을 의미하는, 현재 우리말의 "결"과 상응하는, 리 개념이 선진시기 확립되어 있었다.

그러나 리 개념이 『한비자』와 『맹자』에서 언급되는 맥락은 상이하다. 먼저 『한비자』에서는 리 개념이 전생(全生)의 한 방법과 관련해서 언급된다. 전생은 서로 제어하고 길항하는, 일종의 전쟁 상황에서 자신의 존재를 상대에게 속박당하거나 침탈당하지 않는 위상에 있게 하려는 관념이 중심을 이룬다. 상생(傷生)이 아닌 전생(全生)으로 나아가기 위해서는 자신을 상대에 의해 고정되거나 국한되지 않으면서, 자신의 상태를 자유롭게 변화하여 상대에게 대응할 수 있는 위치나 상태를 견지해야 한다. 이러한 위상은 현허(玄虛), 상도(常道), 신(神) 등 다양한 용어로 표현되는데, 이들 개념이 공통적으로 지향하는 바는 비결정성, 또는 예측불가능성에 있다. 『한비자』에서 리(理)는 전생의 지평을 함축하는 이 신 개념과 대비되어 논의된다. 따라서 리는 사물의 일반적 원리나 보편적 법칙으로서보다는, 사물을 잘 파악할 수 있게 해주는 해당 사물의 물리적 특성, 결정된 고정성, 또는 고정되어

---

5) 『韓非子』「解老」.

6) 『孟子』「告子上」, "口之於味也, 有同耆焉; 耳之於聲也, 有同聽焉; 目之於色也, 有同美焉. 至於心, 獨無所同然乎? 心之所同然者, 何也? 謂理也, 義也. 聖人先得我心之所同然耳. 故理義之悅我心, 猶芻豢之悅我口."

자유롭게 변하지 못하는 국한성을 나타내는 개념으로 논의된다. 이를테면, 리가 확정되면 해당 사물에 대하여 형용할 수 있는데, 이로부터 존망(存亡), 사생(死生), 성쇠(盛衰) 속에 빠지게 되며, 전생을 위한 항상성[常]을 상실하게 된다. 항상성은 존(存)에서 망(亡)으로 상황이 바뀌는 것이 없는 것을 말한다. 그 관건은 "고정된 또는 국한된 리[定理]"의 상태에 머무르지 않아서, (상대가 자신에 대하여) 고정시키거나 국한시킬 수 없는 위치[玄虛]에 있게 하는 것이다.[7] 따라서 『한비자』에서 리는 밖으로 노출되거나 드러난, 고정되어 달리 변하지 못하는 결정성, 국한성을 우선적으로 의미하고, 존망성쇠에 빠지지 않는 영속성이나 항상성은 의미하지 않는다.

반면 『맹자』에서는 리를 마음[心]의 본래적인 인식기능과 연관해서 논의된다. 리는 의(義)와 한 쌍을 이루는 마음의 인식대상이다. 리는 마음이 고유하게 인식하고 지향하는 대상으로 눈이 색깔을 인지하는 것과 같다. 다른 감각기관의 인식대상이 결정된 것처럼 리는 의와 함께 인식기관인 마음이 자동적으로 인식하는 대상이다. 맹자는 리를 조리(條理)로서 언급한다.[8] 조리는 질서 또는 맥락을 뜻한다. 맹자는 마음이 사물과 사태의 조리를 의와 더불어 인식하는 고유한 기능을 가진다고 이해한다.

『맹자』는 리 개념을 조리를 뜻하는 말로 사용하지만, 그 조리의

---

7) 『韓非子』「解老」, "凡理者, 方圓·短長·麤靡·堅脆之分也, 故理定而後物可得道也. 故定理有存亡, 有死生, 有盛衰. 夫物之一存一亡, 乍死乍生, 初盛而後衰者, 不可謂常. 唯夫與天地之剖判也俱生, 至天地之消散也不死不衰者謂常. 而常者, 無攸易, 無定理. 無定理, 非在於常, 是以不可道也. 聖人觀其玄虛, 用其周行, 强字之曰道, 然而可論. 故曰, 道之可道, 非常道也."

8) 『孟子』「萬章下」, "孔子之謂集大成, 集大成也者, 金聲而玉振之也. 金聲也者, 始條理也. 玉振之也者, 終條理也. 始條理者, 智之事也; 終條理者, 聖之事也."

내용을 인의(仁義) 또는 효제(孝悌)와 연관시켜서 직접 언급하지 않는다. 리 개념을 마음의 의지적 특성인 성(性)과 직접 연관해서 그 의미를 정의하거나 설명하는 맥락이 형성되어 있지 않다. 리는 의 등과 병렬해서 심(心)의 인식대상으로 설정된다. 『주역』 「설괘(說卦)」에는 리를 성과 병렬하여 언급하면서 "리를 궁구하고 성을 다 밝혀서 명(命)에 이른다[窮理盡性以至于命]"고 말하고 있다. 이 리 역시 조리를 의미하지만, 그 조리의 내용을 『주역』에서 성으로 연계시켜 논의하지 않는다. 『주역』과 『맹자』 텍스트 전체에서 볼 때, 리는 그 중심 내용이 의와 성이라는 맥락에서가 아니라, 이들과 병렬되는 사물일반의 질서, 곧 조리라는 맥락에서 그 의미가 발휘되고 있다. 요컨대, 리는 『주역』과 『맹자』에서 성이나 심 또는 도나 의, 양지(良知)나 호연지기(浩然之氣), 인의예지(仁義禮智) 등 주요 개념들과 연관해서 텍스트의 사상을 드러내는 중심성을 지니는 개념어로서 역할을 한다고 보기 어렵다.

선진시기 일반적으로 발견되는 리의 또 다른 주요한 의미는 주장과 사태의 합리적인 논리 또는 이치이다. 여기서 합리적인 논리는 선악과 상관없이 주장이나 사태 자체의 논리적 정당성을 의미하는 점에서 탈윤리적 또는 메타적 성격을 지닌다. 『순자』에는 그럴듯한 논리를 내세워 현혹시키는 해로운 주장들을 기술하면서, 실제 문제를 해결하지는 못하는 그럴 듯한 논리라는 다소 부정적 의미로뿐만[9] 아니라, 주장을 세우고 실제 일을 수행할 때 기준으로 삼는 긍정적 의미의 합리적 논리를 의미하는 맥락으로[10] 리라는 용어를 사용하고 있

9) 『荀子』「非十二子」, "假今之世, 飾邪說文姦言, 以梟亂天下矞宇嵬瑣, 使天下混然不知是非治亂之所存者, 有人矣. 縱情性, 安恣睢, 禽獸行, 不足以合文通治, 然而其持之有故, 其言之成理, 足以欺惑愚衆. 是它囂魏牟也."

10) 『荀子』「儒效」, "凡事行, 有益於理者立之 無益於理者廢之, 夫是之謂中事. 凡知說, 有益於理者爲

다. 물론 도와 결합하여 도리(道理)라는 복합어로 사용될 때, 맹자의 의와 병행되는 리의 의미와 마찬가지로 인간이 행해야 하는 윤리적 도리를 의미하기도 한다.[11] 그렇지만 리가 합리성 또는 합리적 논리를 의미할 때는 성과 같은 본성이나 윤리적 맥락이 담기지는 않는다.

『논어』와 『노자』에는 리라는 용어가 등장하지 않는다. 선진 시기 리는 '태극'과 마찬가지로 세계를 설명하거나 인간의 사회적 의미를 해명하는 핵심 개념들의 범주에 있지 않았던 것은 분명하다. 또한 불교나 송학에서처럼 존재론적 지위를 지니는 맥락에서 성(性)과 관련해서 의미가 부여되지 않았다. 오히려 일정하게 정해진 따라서 국한되고 고정된 사물의 일반적 특성, 또는 주장과 사태의 합리적 논리와 이치를 표현하는 맥락이 우선하였다. 후자의 의미는 이후 동아시아 철학사 내내 일정하게 계속 유지되었다.

3. 원기(元氣)로서의 태극

『주역』 자체에는 「계사」의 '태극' 개념을 설명해주는 말이 따로 존재하지 않기 때문에, 자연히 한대 이래 역대의 주석 과정에서 그 의미가 형성된다. 한 맥락은 시간의 순환적 변화와 관련해서 형성되고, 또 한 맥락은 만물의 생성변화와 관련해서 형성된다. 마융(馬融)은 "역

之, 無益於理者舍之, 夫是之謂中說."

11) 『荀子』 「修身」, "君子之求利也略, 其遠害也早, 其避辱也懼, 其行道理也勇."

에 태극이 있다"는 말이 북극성을 가리킨다고 해석한다. 그는 1년의 12달과 24절기가 전개되는 과정에서 북극성이 천구의 중심에서 움직이지 않고 머물러 있는 것에 비유한다.[12] 북극성은 시간의 순환적 변화를 계량할 때 항상적 기준이 된다. 과학상으로는 북극성도 위치가 변함이 관측됨에 따라 북극성이 아닌 북극을 관측상의 기준으로 삼게 되는 변화가 있었다.[13] 그러나 북극성 또는 북신의 함의가 『논어』에서 군주의 지위가 지니는 상징적 의미로 재해석되면서[14], 기준 또는 중심으로서의 의미는 물리적 관측의 차원에서뿐 아니라 정치 등 사회적 맥락에서도 폭넓게 사용되게 된다.

태극이 북극성으로 비유될 때, 태극은 변화하는 것들 곧 만물이 기준 또는 중심으로 삼는 대상으로서 의미를 가진다. 이것은 태극이라는 용어가 본래 지녔던 공간상의 중앙이자 정점이라는 의미와도 잘 부합한다. 이때 만물의 산출자로서 근원이 된다는 생성론적 관점과 구분되는, 기준, 척도, 중심 등의 정치적이고 규율적인 관점에서의 의미가 태극(太極) 개념에 깃들게 된다. 위에서 언급하였듯이, 정치적 공간에 대한 명칭을 "태극전(太極殿)"으로 부여하는 것에는 산출의 근원으로서보다는 법도의 근원이자 기준으로서 의미하는 맥락이 우선적으로 담겨 있었을 것으로 생각된다.

『노자』, 『주역』, 『장자』 등 여러 사유의 흐름이 전국말기부터 종합되면서, 태극의 개념 역시 새롭게 정립된다. 한(漢)에 이르면 태극은

---

12) 『周易注疏』 권11, 「繫辭上」, "易有太極, 謂北辰也. 太極生兩儀, 兩儀生日月, 日月生四時, 四時生五行, 五行生十二月, 十二月生二十四氣, 北辰居位不動, 其餘四十九轉運而用也."

13) 北辰이 北極星이 아닌 北極을 가리킨다는 주장은 송대에 "爲政以德, 譬如北辰居其所而衆星共之"에 대한 해석에 반영되었다. 해당부분 『論語集註』 참조.

14) 『論語』 「爲政」, "爲政以德, 譬如北辰居其所而衆星共之."

유행하는 원기 개념과 결합하면서 만물을 산출하는 생성의 근원으로서 재해석된다. 그 연원은 『여씨춘추(呂氏春秋)』와 『갈관자(鶡冠子)』 등에서 나타나는 태일(太一)과 원기 등의 개념으로 거슬러 올라갈 수 있다. 『여씨춘추』에는 '태일'의 개념을 세워 『노자』의 '도'와 「계사(繫辭)」의 '태극'을 하나의 계통으로 수렴하여 나타내는 사유방식이 나타난다. 「계사」의 "역에는 태극이 있으니, 이것이 또한 양의를 낳는다"는 구절이 『여씨춘추』에서는 "태일이 한번 양의를 낳으면 양의는 음양을 낳는다"[15]로 변하고 있다. 또한 『갈관자』에서는 "천지는 원기에 의해 이루어지고, 만물은 천지에 의해 실린다[天地成於元氣, 萬物乘於天地]"[16]라고 하는 등, '원기(元氣)'의 개념을 세워 천지와 음양, 그리고 만물이 이로부터 생겨남을 말하고 있다. 이러한 태일과 원기 기념은 『회남자』에는 태일을 나타내는 태소(太昭), 태시(太始) 등 개념이 나타나고 이들은 다시 원기와 결합되어 표현되는데, 태극은 그 한 부분으로 결합되어 표현된다. 허확(虛廓)－우주－원기를 통해 태소(太昭), 아직 형태화되지 않은 시원의 상태를 구체화하고, 천지－음양－사시 등 유형의 시원에 태극을 설정하는 형태로, 태극이 설정된다. 곧 만물을 발생론적 시야에서 설명하는 양식이 점점 구체화되는 것을 보여준다.[17]

『건착도(乾鑿度)』 등 위서에서는 태역(太易)→태극(太極)→건곤(乾坤), 태극(太極)→음양(陰陽)→천지(天地) 등의 전개과정으로 해석되고, 유흠(劉歆)은 태극을 만물의 본원을 의미하는 '중앙원기(中央元氣)'로[18], 정현

15) 『鶡冠子』, 「仲夏紀 · 大樂」, "太極一出兩儀, 兩儀出陰陽." 같은 곳에 "道也者, 至精也, 不可爲形, 不可爲名, 强爲之, 謂之太一"이라 하여 『노자』의 '도'를 '태일'로 재정의한다.

16) 『鶡冠子』 卷中, 제11편 「泰錄」. 이 구절의 注에 "元氣, 太虛也. 太虛含天地, 天地含萬物, 故其言如此"라고 하였다.

17) 이와 관련해서 程强(2012), 45-48쪽 참조.

은 '기의 형상[氣象]이 분화되어 전개되기 전, 천지가 시작하는 바'로 의미를 부여한다.[19] 우번(虞翻)은 「계사」의 태극을 태일과 동일시하고, 태극이 양의를 낳는다는 것은 곧 분화하여 천지가 됨을 의미한다고 풀이한다. 이로써 태극은 천지와 만물로 분화되기 이전 일(一)의 상태를 의미하게 된다.[20] 공영달에 이르면 『건착도』의 논의를 이어받아 태일, 태초, 태시(太始), 태소(太素) 등과 태극이 모두 '기가 형태를 가지는 것의 시작[氣形之始]'을 함께 의미한다고 통합적으로 재해석된다.[21] 요컨대, 태극이 한대에 원기 개념과 결합될 때, 음양의 층위로 분화되기 이전, 곧 '미분(未分)', '미발(未發)' 상태의 기로서 만물의 근원이라는 의미를 새로 가지게 된다.[22]

태극이 원기로서 의미를 발휘하는 한 맥락은 정삭(正朔)의 개정 등 각 왕조에서 율력을 갖추는 과정에서 발생한다. 『한서(漢書)』 「율력지(律曆志)」에는 '원기', '중앙의 원기(中央元氣)' 등으로 '태극'을 규정하면서 극(極)에 '시작[始]', '중앙[中]', '근원[元]' 등의 의미를 부여하여 천문과 율려 등 인문을 통합하는 원천으로 삼는다.[23] 이로써 변화의 시원이 되

---

18) 유흠의 논의는 『漢書』 권21, 「律曆志」 권1上 참조.

19) 鄭玄 注, 『周易乾鑿度』, 卷上 "孔子曰易始於太極"의 鄭玄 注: "氣象未分之時, 天地之所始也."

20) 『周易集解』 권40 "是故易有太極是生兩儀"의 주에서 인용, 虞翻曰: "太極, 太一也, 分爲天地, 故生兩儀也."

21) 孔穎達 疏, 『禮記注疏』 「禮記注疏原目」 「月令」, "道生一者, 一則混元之氣, 與太初太始太素同, 又與『易』之太極『禮』之太一, 其義不殊, 皆爲氣形之始也." ; 「禮運」 "夫禮必本於太一, 分而爲天地, 轉而爲陰陽, 變而爲四時, 列而爲鬼神, 其降曰命"의 疏: "必本於太一者, 謂天地未分混沌之元氣也. 極大曰太, 未分曰一, 其氣既極大而未分, 故曰太一也."

22) 孔穎達 疏, 『周易註疏』 「繫辭」, "易有太極, 是生兩儀, 兩儀生四象, 四象生八卦"에 대한 孔穎達 疏: "太極謂天地未分之前, 元氣混而爲一, 即是太初·太一也."

23) "太極元氣, 函三爲一. 極, 中也. 元, 始也. 行於十二辰, 始動於子. 參之於醜, 得三. …得十七萬七千一百四十七, 此陰陽合德, 氣鍾於子, 化生萬物者也; 太極中央元氣, 故爲黃鍾, 其實一龠, 以其長自

면서 율려에서의 기준음이 되듯이 변화가 수(數)적 질서를 이루는 기준이 되며, 동시에 변화를 추동하는 근원적 힘으로서 의미를 지닌다. 이것은 한대에 책력과 율려 등 자연과 인문을 상호 연관시켜 통합해서 관리하는 시스템을 갖추면서 그 통합하는 근거와 기준을 나타내는 개념으로 '태극'이 재정립되고 있음을 보여준다.

한편, 태극이 원기의 의미를 가지는 것은 도가의 양생(養生) 관념과 밀접하게 연관되어 있다. 자연체계의 변화를 생멸, 또는 생장수장(生長收藏)의 순환적 반복으로 이해하는 것은 선진시기부터 모든 학파가 공유하는 오래된 전통이지만, 도가학파는 전생(全生)의 개념을 진전시켜 생명의 장기 지속과 나아가 불사의 개념을 변화에 도입한다. 이로써 태극은 변화의 시원일 뿐 아니라 불사의 생명력을 의미하는 개념으로 재탄생된다. 동시에 내단(內丹)과 외단(外丹) 양 방향으로 물리적 조작과 신체적 수련을 통해 획득한 실험적 결과들과 심신의 경험적 상태를 연동시켜 태극을 그 경험적 내용의 근거개념으로 재정립된다.

4. 자연(自然)으로서의 리

위진 시기에도 리는 사상을 표현하는 주요한 개념어로는 아직 사용되지 않는다. 그렇지만, 선진 시기에 없었던 새로운 개념 내용이 리에 부가된다. 비작위로서의 '자연' 개념이다. 작위를 뜻하는 인위(人爲)

乘, 故八十一爲日法, 所以生權衡 · 度量, 禮樂之所繇出也."

와 대별되는 지평으로서 위진 지식인들의 지적 지향점이 되는 자연과 연관해서, 필연(必然), 무사(無私) 등의 개념내용이 리에 부가된다. 곽상(郭象)의 『장자주(莊子注)』는 리에 자연과 관련한 의미내용을 파종하고 산출하는 생생한 현장이 된다.

곽상은 만물의 다양한 존재와 변화에 대하여 그들 자체로 주어져 있는, 개별자의 의지와 무관한 질서가 있다고 믿는다. 그는 그 질서를 리 또는 천리로 표현한다. 그 리는 특정한 개체에 대하여 사적인 목적을 두지 않는다는 점에 특징이 있다. 개별자가 전생의 지평에서 이르지 못하는 이유는 바로 이 무사의 리에 따르지 않고 사(私)를 가하기 때문이다. 곽상은 그 점을 다음과 같이 말한다.

> 리는 시비가 없는데 어떤 이는 있다고 여긴다. 이것은 없는 것을 있다고 하는 것이다. 미혹된 마음이 생기면, 성인(聖人)도 풀어주지 못한다. 그러므로 본래 그대로인 것에 맡겨두고 억지로 파악하지 않는다.[24)]

시비를 부여하고 유무를 따지는 것은 인간의 지적 판단 활동이다. 리는 시비와 유무의 지적 판단에서 벗어나 그 이전에 본래 주어져 있는 지평이다. 그것은 개별 사물들이 각양으로 성립하는 사물마다의 질서라는 점에서 전통적인 조리의 의미를 지닌다. 곽상은 사물마다 리가 있고, 사태마다 합당한 바가 있다고 말한다.[25)] 군신상하(君臣上下)의 사회적 관계를 포함하는 존재하는 사물과 사태 각각의 질서를 포함한다. 만물의 활동은 "모두 저대로 그렇게 할 뿐 서로 시키는 것이

---

24) 郭象 注, 『莊子注』 권1 제2편 「齊物論」 "是以無有爲有 …吾獨且奈何哉"의 注: "理無是非, 而或者以爲有, 此以無有爲有也. 或心已成, 雖聖人, 不能解, 故付之自若而不強知也."

25) 郭象 注, 『莊子注』 권1 제2편 「齊物論」 "有倫有義"의 注: "物物有理, 事事有宜."

아니다. 따라서 만물의 다양한 활동에 그대로 맡겨두면 리(질서)는 절로 이른다."[26] 곽상은 이들 자연적 질서를 인간이 작위와 상관없이 본래부터 주어져 있는 질서라는 점에서 천리라고 말한다.[27] 그는 천리라는 용어를 인간의 작위를 뜻하는 인위와 대별하여 리의 특징으로서 사용한다. 곧 '천리'의 '천'은 '자연', '자이(自爾)', '자약(自若)' 등 "저절로 그렇다"는 의미이며, 조물주나 주재자 또는 주재하고 부여하고 명령한다는 의미는 일체 배제된다.[28] 요컨대 위 인용문에서도 보듯이 리는 지적 판단을 가하게 되면 도리어 미혹하게 되는 '저절로 성립하는[自然]' 비작위로서의 질서이다.

곽상의 리(理) 개념에서 새로운 점은 리를 본래부터 주어진 질서로 이해하면서, 지적 인식의 대상으로 리를 설정하는 것이 아니라, 지적 인식을 벗어나는 수행을 통해 도달하는 전생의 지평으로서 설정하는 점이다. 그 이유는 지적 인식을 사(私)를 가하는 물정(物情)의 활동으로

---

26) 郭象, 『莊子注』 권1, 제2편 「齊物論」 "而不知其所爲使"의 注: "凡物云云, 皆自爾耳, 非相爲使也, 故任之而理自至矣."

27) 郭象, 『莊子注』 권1 제2편 「齊物論」 "如是皆有爲臣妾乎"의 注: "知君臣上下手足外內, 乃天理自然, 豈直人之所爲哉?"

28) 『莊子注』 권1, 제1편 「逍遙遊」 "如是皆有爲臣妾乎"의 注: "知君臣上下手足外內, 乃天理自然, 豈直人之所爲哉?" ; 같은 책 권1, 제2편 「齊物論」 "而不知其所爲使"의 注: "凡物云云, 皆自爾耳, 非相爲使也, 故任之而理自至矣." ; 같은 책 권1 제2편 「大宗師」 "是以無有爲有 …吾獨且奈何哉"의 注: "理無是非 …故付之自若而不強知也" ; 같은 책 권1, 제2편 「齊物論」 "而不知其所由來"의 注: "至理之來, 自然無迹." ; 같은 책 권2, 제3편 「養生主」 "天刑之安可解"의 注: "顧自然之理, 行則影從, 言則嚮隨." ; 같은 책 권2, 제4편 「人間世」 "天下有道聖人成焉天下無道聖人生焉"의 注: "付之自爾, 而理自生成" ; 같은 책 권2, 제5편 「德充符」 "既受食於天又惡用人"의 注: "物無妄然, 皆天地之會至理之趣" ; 같은 책 권3, 제6편 「大宗師」 "參寥聞之疑始"의 注: "夫自然之理, 有積習而成者." ; 같은 책 권9, 제28편 「襄王」 "若之何其有命也"의 注: "故又遣命之名, 以明其自爾, 而後命理全也." ; 같은 책 권6, 제16편 「繕性」 "去知與故循天之理"의 注: "天理自然, 知故無爲乎其間."

곧 개체의 사적인 또는 의지적 구속 활동으로 이해하기 때문이다.[29] 따라서 리가 '자이(自爾)', '자약(自若)'하다는 술어로 그 특징이 표현될 때 그 중심 의미는 그 자체로 성립하는 질서라는 의미에서 더 나아가, 그 자체로 개체들에게서 충족된 또는 자득한 상태로서 수행해서 도달해야 할 궁극적 지평이라는 의미에 중점이 두어져 있다.[30] 물정에 좌우되지 않고 리에 따라 자득한 지평을 곽상은 많은 연구에서 지적하듯이 이른바 '독화(獨化: 의존함이 없는 변화)'라는 개념으로 나타낸다. 리는 곧 독화의 근거가 되는 질서이면서 동시에 수행을 통해 독화에 도달한 지평을 뜻한다.[31]

리가 독화의 지평을 뜻할 때, 리에 도달하는 수행의 핵심은 작위로부터 벗어나는 것이다. 곽상은 지적 인식의 특성에 대하여 리를 모두 또는 그대로 파악하지 못하고 제한하거나 부분적으로 접근하게 하는 불완전한 활동으로 이해한다. 곽상은 지적 인식에서 빠지거나 배제된 부분 역시 리의 일부로서 개물들이 성립하기 위한 본래적이고 필수적인 조건이라고 여긴다. 따라서 수행의 핵심은 지적 인식이 리를 제한하거나 부분적으로 접근하는 한계가 있다는 점을 이해하면서, 지적 인식의 욕구를 벗어나 지적 인식 내용에 의존하지 않는 태도를

---

29) 『莊子注』 권1, 제2편 「齊物論」 "終身役役, 而不見其成功"의 注: "夫物情無極, 知足者鮮, 故得此不止, 復逐於彼, 皆疲役終身, 未厭其志, 死而後已, 故其成功者, 無時可見也." ; 같은 책 권3, 제6편 「大宗師」 "人之有所不得與皆物之情也"의 注: "夫眞人在晝得晝, 在夜得夜, 以死生爲晝夜, 豈有所不得乎? 人之有所不得而憂娛在懷, 皆物情耳, 非理也." ; 같은 책 권1, 제7편 「應帝王」 "順物自然, 而無容私焉, 而天下治矣"의 注: "任情自生, 公也; 心欲益之, 私也. 容私果不足以生生, 而順公乃全也." ; 같은 책 권9, 제26편 「外物」 "去小知而大知明"의 注: "小知自私, 大知任物."

30) 『莊子注』 권2, 제3편 「養生主」의 "養生主" 注: "夫生以養存, 則養生者理之極也."

31) 『莊子注』 권1, 제2편 「齊物論」 "吾所待又有待而然者邪"의 注: "若責其所待而尋其所由, 則尋責無極; 卒至於無待, 而獨化之理明矣."

견지하는 것이다.[32] 그것은 곧 '사(私: 자기화)'를 가하는 물정에서 벗어나고, 사가 중첩되어 있는 세간의 지(知)의 관념과 체제에서 벗어나는 것으로서 수행하는 것이다. 이를테면, 선과 악 양 극단을 잊고 어느 쪽에도 가담하지 않은 중(中)에 머물면서 만물이 저대로 행하는 것에 맡겨두게 되면, 자연히 지당함과 일체가 되어 형명(刑名)의 재난이 자신에게 멀어지고 '온전한 리[全理]'가 자신에 있게 된다.[33]

리는 물정과 상관없이 그 자체로 개물들에게 주어져 있는 질서라는 점에서 개물들에게는 불가항력의 필연적인 운명이 된다. 곧 리가 필연의 의미를 함의할 때 '명(命)'의 의미도 함의한다. 그러나 곽상은 리 개념을 통해 의미의 맥락 또는 강조점에서 명과 일정하게 구별하고 있다. 명 개념에는 누군가 시키는 주체가 있고, 또 누군가 불가항력으로 받아들이는 대상이 있다. 리 개념은 이 시키는 주체와 수동적으로 받아들이는 대상의 설정을 벗어난다. 곽상은 명이라고 말하면 어떤 의도가 있는 것처럼 생각할 수 있기 때문에 명이라는 명칭 또는 개념도 버릴 때 그 질서가 자연(自然)이라는 점이 명확해지고 명의 리도 온전해진다고 말한다.[34] 곧, 곽상은 독화를, 필연으로서 주어진 명을 수동적으로 받아들이는 지평이 아니라 자연(自然)으로서의 리(理)에

---

32) 『莊子注』 권3, 제6편 「大宗師」 "知人之所爲者 …是知之盛也"의 注: "天地萬物凡所有者, 不可一日而相無也. 一物不具, 則生者無由得生; 一理不至, 則天年無緣得終. 然身之所有者, 知或不知也; 理之所存者, 爲或不爲也. 故知之所知者寡, 而身之所有者衆; 爲之所爲者少, 而理之所存者博. …若夫知之盛也, 知人之所爲者有分, 故任而不彊也; 知人之所知者有極, 故用而不蕩也. 故所知不以無崖自困, 則一體之中知與不知闇相與會而俱全矣. 斯以其所知養所不知也."

33) 『莊子注』 권2, 제3편 「養生主」 "爲善無近名爲惡無近刑"의 注: "忘善惡而居中, 任萬物之自爲, 悶然與至當爲一, 故刑名遠己, 而全理在身也."

34) 『莊子注』 권9, 제27편 「寓言」 "莫知其所始, 若之何其有命也"의 注: "不知其所以然而然, 謂之命, 似若有意也, 故又遣命之名, 以明其自爾, 而後命理全也."

따라 자득(自得)한 활동으로 간주한다.

수행과 관련해 볼 때, 명은 어떤 사태나 변화가 그 이유를 알 수 없지만 반드시 발생하는 경우, 곧 인간의 의지가 원치 않아도 특정하게 발생하는 사태에 대하여 그 필연성을 인정하고 수용하는 관점이 강조된다. 명은 거스를 수 없는 것이고, 변화시킬 수 없는 것이라는 데 초점이 있다. 명과 관련해서 대처하기 어려운 점은 무엇이 명인지 파악하는 것에 있다. 『주역』에서는 어떤 사태가 명이라는 것을 파악하기 위해서는 궁리(窮理)와 진성(盡性) 같은 수행이 필요하다고 말한다. 그러나 일단 주어진 명에 대하여 인정하고 받아들이는 과정에는 특별한 수행이 필요하지 않다.

반면 리는 필연의 의미와 더불어 비작위로서의 자연이라는 의미를 지니며, 후자에 더 강조점이 두어져 있다. 이 후자의 지평은 인간이 세계 또는 세계 속의 자신의 처지에 대하여 받아들이지 않으면 안 되는 불가피한 명으로 인식하는 숙명론적 태도에서 벗어나게 해준다. 리는 인간이 불편함이나 얽매임에서 벗어나게 해주는 토대나 근거로서, 얽매임의 원인이 되는 작위와 대칭이 되는 비작위의 질서라는 것에 의미의 중점이 두어진다. 명은 인정하고 받아들이면 되며, 명을 받아들이기 위한 별도의 수행법이 필요하지 않다. 그러나 리는 세계에 이미 주어져 있고 작동하고 있는 질서이지만, 자동적으로 받아들이면 되는 질서가 아니다. 왜냐면 개체들은 물정(物情)을 지니고 있어 이 물정으로 인해 작위를 하는 상태에 있기 때문이다. 인간이 이 물정으로 인해 발생하는 얽매임에서 벗어나기 위해서는 작위를 버리는 등의 수행 과정이 필요하다. 따라서 리는 세계의 본래적인 질서이면서 동시에 어떤 수행과정을 통해서만 획득되는 존재방식의 지평을 의미한다. 자연(自

然)이라는 말은 세계의 본래적 존재방식을 의미하며, 인간에게서는 어떤 수행방식을 통해 도달되는 이를테면 물정에서 벗어난 존재방식으로서의 지평이 된다.

곽상은 좌망(坐忘)이나 심재(深齋) 등 『장자』의 다양한 수행방식과 관련되는 메시지를 바로 존재방식으로서 자연(自然)의 지평에 도달하는 수행방법으로 재해석하며, 그 재해석 과정에서 본래적인 질서이자 동시에 수행을 통해 도달하는 존재방식과 존재지평을 의미하는 맥락에서 리 개념을 재정립하였다. 『한비자』에서 신(神)과 대비되어 결정성으로서 또는 고정성이나 국한성을 의미하는 것에 중점이 두어졌던 것이, 곽상에게 이르러서는 비작위의 자연 관념이 부여된 선험적 질서이자 수행을 통해 도달하는 존재방식과 존재지평을 의미하는 개념으로 재탄생하고 있다. 그러나 현학(玄學)에서는 본성으로서 또는 만물들이 존재하게 된 소이(所以)나 근원은 리의 개념에 포함되지 않는다. 『장자주』에는 사태의 소이에 대하여 끊임없이 논하지만 끝내 리를 소이 또는 소이연(所以然)으로서 설명하는 문법[35]은 등장하지 않는다. 그것은 존재하게 된 근원이나 시원을 묻는 것을 물정의 작위로 여기면서, 물음을 벗어나서 존재하는 지평을 리로 설정하는 것이 현학의 의

---

35) 필자가 사용하는 '문법'의 의미는 대체로 다음과 같은 맥락이다. 어떤 주장을 담은 개념어들은 일정하게 의미를 부여하는 규정적 체제들 속에서 그 의미가 부여된다. 의미를 부여하는 체제들은 당시 세계상의 기초가 되며 당대인들에게는 실재하는 것으로 또는 근본적인 것으로 여겨진다. 그러나 그 의미 체제는 개념의 변동과 더불어 시대에 따라 상황에 따라 대체되기도 하고 내용이 변하기도 한다. 필자는 용어들의 개념을 작동하게 하거나 발휘하게 하는 이러한 규정적 체제가 실재하는 것이 아니라 구성된 것이라는 점에서 '문법'이라는 용어를 사용할 것이다. 이를테면 '本末', '自然－人爲', '體用', '道器', '所以－所', '本然－氣質' 등으로 구분하여 의미를 규정하는 여러 체제는 곧 당대인들에게 세계를 이해하는 문법으로 작용한다.

취이기 때문이라고 할 수 있다. 리의 중심 의미를 소이로 나타내는 문법은 본말(本末)과 체용(體用)의 관계 개념을 통해 존재양식을 근원과 지말, 본체와 작용으로 이해하는 새로운 사유 문법의 등장을 통해 비로소 이루어진다.

5. 상즉상입(相卽相入)과 체용(體用)

원기로부터 만물로 분화하는 생장수장(生長收藏)의 발생론적 세계상이 한대에 왕성히 전개될 무렵, 불교의 수용은 새로운 관계개념을 창출하였다. 중관불교의 공(空)과 유(有) 또는, 중도(中道)와 가명(假名), 진제(眞諦)와 속제(俗諦) 사이의 관계를 설명하는 개념은 삼론종을 통해, 이들 사이가 "동일한 것이 아니면서 동시에 다른 것도 아닌[非一非異]" 관계로서 서로 불가분의 관계에 있다는 성찰이 "서로 같다[相卽]"는 관계개념으로 이론화된다. 화엄종에서는 상즉(相卽)에, 모든 존재하는 것은 상호간에 인과관계로 작동하고 있다는 성찰을 다시 추가하여, "서로 인과로서 작용하고 있다[相入]"는 관계개념을 설정한다. 화엄종에서는 리(理) 또는 사(事)로서 표현되는 존재는 모두 본래적으로 상즉상입의 관계 속에 있다는 것을 법계론으로 정립하였다.[36)]

이런 상즉상입의 관계가 『대승기신론』에서는 일심(一心)의 체(體), 상(相), 용(用)으로 생멸의 현 세계를 설명하는 문법으로 전개된다. 체

---

36) 석길암(2005) 참조.

는 생멸에 대한 진여(眞如) 또는 대승(大乘)의 본체를 지칭한다. 대승기신론은 "일체의 법이 (밖에서) 획득되는 것이 아님을 믿는 것이고 다시 말해서 (모든 중생에게) 평등한 법계가 실재함을 믿는 것[信一切法不可得故, 卽信實有平等法界]"[37]이다. 중생심 속에 이미 깨달음의 세계가 완전하게 갖추어져 있어서 없던 것을 획득하는 것이 아니라는 본각(本覺)의 사상이 전제한 맥락이다. 따라서 대승의 뜻을 표현하는 곳에서는 이 중생심이 곧 세간이든 출세간이든 일체의 법을 틀어쥐고(攝) 있으므로 이 마음에 의지해서 대승의 뜻을 드러내는 것이라고 말하고 있다.[38] 이와 같이 본각의 진여 자체를 지칭하는 체는 마음의 진여가 하나인 평등한 법계의 모든 국면[大總相法門]을 아우르는 본체라는 개념을 함축하고 있다.[39]

『대승기신론』에서 '상(相)'은 본체인 진여가 발생시키는 무한한 능력, 공덕을 표현한다. 이것은 중생심 속에 있는 본각의 진여가 무한한 능력을 지니기 때문에 수행만 하면 언제라도 깨달음을 이룰 수 있다는 믿음과 연관된다.[40] 그런데 이 개념은 중국의 토착 사상들에서는 발견되지 않는다. 신도가(新道家)는 체용을 언급하지만 『대승기신론』의 상(相) 개념에 해당하는 내용은 보이지 않는다. 뒤에 불교의 영향을 강하게 받은 신유가에서도 체와 용 개념은 중요한 범주로 채택하여 사용하지만 상의 개념만은 도입하지 않는다. 대신에 신유가는 「대학」에 전거를 둔 "명덕(明德)"의 개념을 즐겨 사용하는데 상(相)과는 개념상 본질적인 차이를 보여준다. 한 연구자는 『대승기신론』에서 '상' 개

---

37) 이기영(1981), 442쪽b.

38) 이기영(1981), 447쪽b.

39) 이기영(1981), 450쪽b.

40) 이기영(1981), 442쪽b.

념을 통해 진여의 무한한 능력[無量功德]을 표현하려 한 것은 『보성론(寶性論)』의 'guna(功德)'가 속성과 덕의 두 개념을 함축하고 있는 전통을 계승한 것이라고 한다.[41] '상대(相大)'의 개념은 대승의 고유한 사상을 반영한 것으로, 이후 개념사의 측면에서 보면, 불교 이외에 도가나 유교에는 활용되지 않은 개념이라고 할 수 있다.

용(用)은 진여의 무진장한 공덕이 실제로 발현되어, 세간과 출세간에 걸쳐 일체의 선한 인(因), 과(果)를 만들어내는 것을 가리킨다.[42] 즉, 진여의 본체가 중생의 깨달음을 이루게 하기 위해 원인이 되서 대자비를 일으키고[本在因地, 發大慈悲], 온갖 방편지(方便智)로써 무명(無明)을 제거해가는[以有如是大方便智, 滅除無明] 정훈습(淨熏習), 정법연기(淨法緣起)의 실현을 상징한다.[43] 인과의 개념이 생멸의 무명업상(無明業相)을 밝혀준다면 이 용 개념은 불사의업상(不思議業相)의 전개를 적극적으로 천명하는 것이다.

체(體), 상(相), 용(用)의 개념이 도입되는 사상사적인 배경으로 많은 연구자들은 부파불교에 대한 대승의 우월성을 강조하는 전통을 들고 있다. 곧, 중국의 토착사상에서 유래했다기보다는 오히려 대승의 우월성을 부각시켜온 여러 대승경전들에서 유래한 것이다. 한 연구자는 그 원형을 추적하면서 『대승기신론』의 저자가 마명(馬鳴)이라는 전설적인 인물이 아니라 한역한 진제(眞諦) 자신이라고 주장하기도 한다.[44] 『대승기신론(大乘起信論)』 이전의 여러 대승경전 가운데 그 원형을 보여주는 주요한 사례로서는 『성유식론(成唯識論)』의 삼신(三信) 개념[信實

41) William H. Grosnick(1989), 86쪽.

42) 이기영(1981), 442쪽b.

43) 이기영(1981), 457쪽a-b.

44) William H. Grosnick(1989).

有, 信有德, 信有能], 『섭대승론(攝大乘論)』의 삼신(三信) 개념[信實有, 信可得, 信有無窮功德], 『보성론(寶性論)』에서 논의되는 7가지 금강구(金剛句) 등이 거론된다. 특히 금강구 중 보리(菩提), 공덕(功德), 업(業)의 3구는 기신론의 '삼대(三大)' 개념과 매우 유사한 내용을 담고 있다고 평가된다. 카시와기 히로(栢木弘雄)은 이에서 더 나아가 인도사상 중 승론파(勝論派)가 제시한 실체(實體), 속성(屬性), 운동(運動)의 3범주와 비교하는 시도를 하고 있다.[45]

삼대(三大) 개념이 대승전통의 계승이라고 하더라도, 이전의 대승경전이 제시하는 내용에 비해 『대승기신론』에서는 전체내용과 체계적으로 연관되고 있으며 용어 자체도 완전히 정착되어 있음을 볼 수 있다. 더욱이 체, 상, 용이라는 용어는 다른 여러 경전들의 용어보다 중국의 토착사상의 용어법, 예를 들면 신도가의 체용에 훨씬 더 친숙하다. 이점은 대승전통이 중국인의 사유습관에 맞게 틀 지워지는 것을 반영하는 것으로 생각할 수 있다. 뒤에 법장의 법계연기관에서는 진여의 불변(不變), 수연(隨緣)과 상즉(相卽)등의 개념이 『대승기신론』의 삼대(三大) 개념과 결합되어 한층 발전된 형태를 보여준다.

『대승기신론』에서 본격적으로 개화하기 시작한 체용 개념은 이후 동아시아 철학사가 본체론적 해석의 시야를 확장해가는 중심 개념으로 작동하였다. 동아시아 철학사는 이후 내내 인간이 직면한 세계의 사태에 대하여, 비가역적 시간성 속에서 인과적 발생의 원인과 결과로 설명하는 시야와 더불어, 실현해야 할 본성, 도리 등 전체성[體]의 동등한 수행자[用]로서 시간성을 벗어나 본래적으로 관계하면서 전체성을 구현하는 과정으로서 해석하는 시야를 적극 개발해갔다. 발생론

45) 栢木弘雄(1981), 485-7쪽.

적 시원으로서 원기와 관련되어 해석되었던 태극이나, 사물의 형상적 특징이나 논리적 합리성으로서 의미를 지녔던 리가 세계의 본래적 전체성을 나타내는 개념으로 재정립되는 맥락도 이들 체용적 관계 개념에 의해 가능하였다고 할 수 있다.

6. 송학의 태극과 리 개념: 형이상(形而上)의 체(體)

태극 개념이 발생론적 시원 또는 본원으로서 끊임없이 재정립되는 것은 오대와 북송시기 도가적 맥락의 도설(圖說) 전승사에서 명확히 발견된다.[46] 주돈이(周敦頤, 1017~1073)의 「태극도설(太極圖說)」은 그 도설의 전승사에서 정점이자 의미 전환의 계기가 된다. 주돈이는 태극에 대한 별도의 규정을 두지 않았지만, 주돈이 당시를 전후로 하여 활동하였던 학자들, 호원(胡瑗, 993~1059), 소옹(邵雍, 1011~1077), 사마광(司馬光, 1019~1086), 소식(蘇軾, 1037~1101) 등 대부분이 태극을 원기(元氣)로 설정하고 있다. 따라서 주돈이의 태극 역시 이러한 발생론적 본원으로서의 의미를 지니는 것으로 파악된다.[47]

그러나 정이(程頤)는 『역전(易傳)』을 지었음에도 불구하고 「계사」

46) 侯外廬 · 邱漢生 · 張豈之 主編, 『宋明理學史』(上), 「太極圖的淵源及太極圖 · 易說的唯心主義本質」(北京: 人民出版社, 1984), 52-63쪽.

47) 주돈이의 입장과 당시 북송 학자들의 견해에 대해서는 程强(2012), 84-86쪽 참조.

해당부분의 주석에서 태극에 대한 주석을 남기지 않았다. 이정은 저서 전체에서 태극에 대하여 특별히 중시하는 언급을 남기지 않았다. 대신 「역전서」에서 『주역』의 맥락을 리(理)와 상(象)이 체와 용의 관계에 있음을 천명한다. 그리고 그 관계는 개별자들이 동일한 본원을 공유하고, 본원으로서의 체와 개별 사태로서의 용의 작동 체제가 시간적으로 간극이 없는 본래적이고 구조적으로 주어진 것으로 설명한다.[48] 이로써 원기로부터 발생론적으로 전개되는 과정으로 세계를 설명하는 시야로부터 전환해서 동일한 전체성이 체와 용의 본래적 상관성 속에서 무시간적으로 작동하는 과정으로 세계를 설명하는 리학(理學)의 시야가 새로 수립된다.

『주역』에서는 형이상(形而上)과 형이하(形而下)를 도(道)와 기(器)로 설명한다. 이정은 이 범주 구분을 수용하면서, 형이상의 도가 시공간적 국한성을 떠나 사태에 관통해 있으며, 리이자 성(性)으로서 작동하고 있음을 다음과 같이 말한다.

> 대개 상천(上天)이 실어 행하는 것은 소리도 냄새도 없다. 그 체(體)를 역(易)이라고, 그 리를 도(道)라고, 그 용(用)을 신(神)이라고 말한다. 인간에게 부여된 것을 성(性)이라고 하고, 성을 따르는 것을 도라고 하고, 도를 닦는 것을 교(敎)라고 한다. 맹자는 그 가운데에서 또한 호연지기를 발휘하였으니 자신의 성을 다하였다고 할 만하다. 그러므로 그 신(神: 국한성이 없음)의 측면을 설명하여 '그 위에 있는 듯 그 곁에 있는 듯하다'고 하였다. 대저 크고 작은 모든 일에서 단지 '진실함을 가릴 수 없는 것이 이와 같다'고 하였다. 상하로 관통해 있음이 이와 같을 뿐이다. 형이상은 도가 되고 형이하는 기(器)가 되니 이와 같이 설명해야 한다. 기

48) "至微者理也, 至著者象也. 體用一源, 顯微無間."

(器)가 또한 도이고 도가 또한 기(器)이다. 그러나 도를 얻는 것은 지금과 이후, 그리고 자신과 남에 얽매이지 않음에 있다.[49]

정이(程頤)는 태극에 대하여 특별히 언급하지 않았지만, 『주역』의 메시지를 무시간적 형이상의 도(道)－리(理)－체(體)가 기(器)－용(用)에 관통되어 사물 사이의 차이에 무관하게 간극이 없이 작동한다는 새로운 관계상을 제시하고 있다. 이정은 사물의 변화에 대하여 총체적으로 동과 정, 음과 양 사이의 무한한 순환으로서 이해하면서, 사물의 생장수장(生長收藏)은 이 순환하는 기(氣)의 무한한 활동이라는 전체성의 한 부분으로서 다룬다. 개별적 사물과 사건들이 그들 자체의 고유한 인과적 맥락 속에서 어떤 개별적 정체성을 발휘하면서 겪는 인과적 변화는 관심이 아니다. 대신 다양한 개별적 사건들에서 동등하게 동질적으로 관철되는 전체성에 관심을 두고, 그 전체성을 '태극'이 아닌 '체', '도', '리' 등 새로운 개념으로 제시한다. 정이는 그 전체성을 '소이(所以: 개별 사물이 전체성을 구현하는 사물로서 의미를 가지게 해주는 것)'라는 개념으로 새롭게 정의한다.[50] 개별 사태들은 소이로

---

49) 『二程遺書』 1-15, "('忠信所以進德', '終日乾乾', 君子當終日對越在天也.) 蓋上天之載, 無聲無臭. 其體則謂之易, 其理則謂之道, 其用則謂之神, 其命於人則謂之性, 率性則謂之道, 修道則謂之教. 孟子去其中又發揮出浩然之氣, 可謂盡矣.(一作性.) 故說神'如在其上, 如在其左右'. 夫小大事而只曰: '誠之不可揜如此夫'. 徹上徹下, 不過如此. 形而上爲道, 形而下爲器, 須著如此說. 器亦道, 道亦器, 但得道在不繫今與後己與人."

50) 『二程集』「經說」 1-7, "道者, 一陰一陽也. 動靜無端, 陰陽無始, 非知道者, 孰能識之? 動靜相因而成變化, 順繼此道則爲善也, 成之在人則謂之性也." ; 『유서』 3-105 一陰一陽之謂道, 道非陰陽也. 所以一陰一陽道也. 如一闔一闢謂之變. ; 『유서』 4-34 道之外無物, 物之外無道, 是天地之間, 無適而非道也. 卽父子而父子在所親; 卽君臣而君臣在所嚴〈一作敬〉, 以至爲夫婦爲長幼爲朋友, 無所爲而非道, 此道所以不可須臾離也. 然則毁人倫去四大者, 其分於道也, 遠矣. ; 『유서』 15-75 聖人之道, 更無精粗, 從灑埽應對至精義入神, 通貫只一理, 雖灑埽應對, 只看所以然者如何. ; 『유서』

서의 리를 표현하는 다양한 양태로서 사건으로서 또는 사물로서 동등한, 그리고 동질의 의미를 지닌다.

위 인용문에서 보듯이 정이는 이것을 다시 성(性)으로 연결시킨다. 정이는 성이 소이로서의 리이자 체로서 개별 사물들에 친소(親疎)와 존비(尊卑)의 관계 속에서 표현된다는 것을 "리를 실현하는 점에서 동일하지만, 그 실현하는 양태는 친소와 존비에 따라 다양하다[理一分殊]"는 명제를 성립시킨다. 묵가(墨家)에서는 이 친소와 존비의 관계적 표현을 차별성과 배타성으로 비판하지만, 정이는 반대로 동일성을 실현하는 세계에 본래적으로 주어진 관계적 특성으로 이해한다. 곧 세계는 친소와 존비의 관계망에서 친친과 존존을 포함하고, 그것이 다시 생생(生生)의 생의로 수렴되는 전체성을 동시에 갖는데, 그런 세계는 예(禮)의 관계로 전체성과 동일성을 구현하고 있다. 이로써 원기로서의 태극으로부터 만물로 전개되는 발생론적 세계상은 이정에 이르러 소이이자 성으로서의 리가 개물들을 통해 구현되는 체용적 세계상으로 시야의 중심이 전환된다.

주돈이의 「태극도설」은 주희에 이르러 이정의 시야에서 전면적으로 재해석된다. 태극 개념은 리로 재해석되고, 태극－양의－오행－만물의 발생론적 전개방식은 인과적 발생 과정으로서보다, 정이가 제시한 동과 정, 음과 양의 순환적 반복[動靜無端, 陰陽無始] 속에서 태극－도(道)와 음양－기(器)의 체용적 관계로 전개하는 방식으로 재해석된다.

> 태극에 동과 정이 있는 것은 천명이 관통하여 작동하는 것과 같다.

15-137 離了陰陽更無道, 所以陰陽者是道也. 陰陽氣也. 氣是形而下者, 道是形而上者. 形而上者則是密也.

> …태극은 본래성이 국한되지 않은 것[本然之妙]이다. 동정(動靜)은 본래성이 실리는 계기이다. 태극은 형이상의 도이고, 음양은 형이하의 기(器)이다. 그러므로 드러난 측면에서 보면, 동이 되거나 정이 되어 시간적으로 다르고, 음이 되거나 양이 되어 자리가 다르지만 태극은 거기에 있지 않음이 없다. 은미한 측면에서 보면, 텅 비어 아무런 흔적도 없을 때에도 음양과 동정의 리는 이미 낱낱이 그 속에 갖추어져 있다. …그러므로 정이(程頤)가 "동이 되고 정이 됨이 끝이 없고, 음이 되고 양이 됨이 시작이 없다. 도를 아는 이가 아니라면 누가 알 수 있겠는가?"라고 한 것이다.[51]

이전 시기 태극에 대하여 형태화되기 이전의 혼돈 또는 원기로서 또는 발생의 시원으로 그 의미가 정립되었던 것을 주희는 '본연지묘(本然之妙)'로 재정의한다. '본연'은 본래적인 동일성을 의미한다. 주희는 그 본래성을 성(性)인 리로 이해한다. '묘'는 '신(神)'과 마찬가지로 동과 정, 음과 양 어디로도 국한되거나 구애되지 않으면서 그 모든 곳에 작동함을 의미한다. 진여가 다양한 사태[事] 가운데 무한한 공덕을 발휘하여 걸림 없이 나타나듯이, 리로서 태극은 동과 정이 무한히 순환하는 사태들에서 관통해 작동한다. 곧 상즉(相卽)의 관계로 태극과 동정 음양 사이의 관계가 재정립된다. 주희 당대 육구연은 이러한 시야에 대하여 '태극'의 '극'을 '중(中: 중앙)'을 뜻하는 것으로 해석하면서 「태극도설」의 '무극이태극(無極而太極)'이라는 서두의 말은 무의미한 발언이라고 반론한 바 있다. 그러나 주희는 다음과 같이 다시 반박한다.

---

51) "太極之有動靜, 是天命之流行也 …太極者本然之妙也, 動靜者所乘之機也. 太極形而上之道也, 陰陽形而下之器也. 是以自其著者而觀之, 則動靜不同時, 陰陽不同位而太極無不在焉, 自其微者而觀之, 則冲漠無眹, 而動靜陰陽之理, 已悉具於其中矣 …故程子曰, 動靜無端, 陰陽無始, 非知道者, 孰能識之."

도의 체됨이 지극함을 말할 때는 '태극(太極)'이라고 하고, 태극이 사물에 유행(流行)함을 말할 때에는 '도(道)'라고 한다. 비록 두 명칭이 있지만 애시당초 두 체는 없다. 주자(周子: 주돈이)가 '무극(無極)'이라고 말한 이유는 바로 위치나 형상이 없기 때문이다. 사물이 있기 이전에 있다고 해도 사물이 있은 뒤에 세워지지 않음이 없고, 음양의 밖에 있다고 해도 음양 가운데 유행하지 않음이 없고, 사물에 관통하는 온전한 체가 어디에도 있다고 해도 또한 애시당초 말할 수 있는 소리와 냄새 또는 형적이 없다.[52]

주희는 태극과 도를 동일한 체를 가리키는 다른 명칭에 불과하다고 여긴다. 그 체는 사물들 밖에 별도로 존재하는 것이 아니라 사물들 속에 관통하여 유행하는 방식으로 그 존재가 드러난다. 주희는 '상즉' 대신, 유행이라는 용어를 사용하여 체로서의 태극이 사물들에 본래부터 작동하고 있음을 말한다. 하나의 사건이 세계 전체에 관여하고, 하나의 사건이 세계 전체를 포괄한다는 '주변함용(周徧含容)'적 상즉(相卽)은 아니지만, 전체(全體)로서 도, 리, 천명, 성 등 다양하게 불리는 태극이 일음일양(一陰一陽)의 세계에 본래부터 작동하고 있다는 것이다.

육구연과 후대의 심학자들은 심(心)과 다른 층위에, 이를테면 심이 아닌 성을 지칭하는 개념으로 리 개념을 사용하는 것에 대하여 반론하였다. 그 주요한 이유는 경험하고 체회하는 층위에서 심을 설명하는 것이 비경험적 또는 선험적 층위의 개념을 세워서 설명하는 것보다 유교의 본지에 더 부합한다고 여겼기 때문이다. 심학자들은 리라는 용어를

52) 『晦菴集』 권36, 「答陸子靜」, "語道體之至極, 則謂之'太極', 語太極之流行, 則謂之'道', 雖有二名, 初無兩體. 周子所以謂之'無極', 正以其無方所無形狀, 以爲在無物之前而未嘗不立於有物之後, 以爲在陰陽之外而未嘗不行乎陰陽之中, 以爲通貫全體無乎不在, 則又初無聲臭影響之可言也."

사용하지만, 그것은 어디까지나 인간이라면 누구나 경험하고 체회하는 심, 달리 표현하면 양지와 양능이 현실세계에서 보편적으로 작동하는 체 또는 본체라는 의미로 지칭하는 용어에 불과하다.

정이와 주희는 리 개념을 용에 대한 체를 지칭하는 개념으로 사용하면서도, 그 체의 함의로서 부여한 소이, 형이상(形而上), 또는 소이연(所以然)과 소당연(所當然) 등은 새로운 내용이었다. 그것은 형이상의 체와 형이하의 용으로 세계를 설명하는 개념이었는데, 형이상의 체가 나타내는 존재론적 지위가 이후 내내 사상사에서 문제를 야기하였다. 이와 관련하여 주희는 무형의 형이상자가 유형의 형이하자와 가지는 존재론적 관계를 "형이상자로서 리는 형이하자를 떠난 다른 존재의 층위에 있지 않지만[不相離]" 동시에 "형이하자인 기(氣)와 위상이 서로 구분된다[不相雜]"는 해답을 제시하였다. 그러나 해답에 기술된 "떠난다[離]"와 "구분된다[不相雜]"는 술어 등은 리 개념을 존재론적 층위에서 이해하도록 유도한다. 더구나 주희는 한편으로 "리가 기를 낳는다[理生氣]"는 등으로 리가 형이하자와 마찬가지로 존재하는 어떤 것으로서의 지위를 가지고 있는 것처럼 기술하고 있어서 혼란을 야기한다. 형이상자로서 리의 존재론적 지위에 대한 혼란은 이후 사단칠정 논쟁 등 형이상자와 형이하자의 관련방식에 대하여 논하게 될 때 학자들에게 곤혹스런 문제가 되었다.

7. 동서교착 이전 태극과 리의 문법

태극과 리는 선진에서 송 이전까지 별개의 개념으로 사용되었다. 선진 시기 태극은 공간적으로 가장 높은 지점을 뜻하였고, 세계의 시원과 같은 우주론적 또는 추상적 의미는 나타내지 않았다. 전국 시기 이후 태극전(太極殿) 등 건축물의 명칭에서 보듯이, 태극은 공간적인 정점 뿐 아니라 법도의 중심이나 통치의 정점이라는 정치적 의미를 포함하였다.

한대에 이르러 원기(元氣) 개념과 결합하여 발생론적 맥락에서 그 의미가 부여되면서 태극은 세계의 시원, 만물의 생성과 변화를 추동하는 근원적 힘을 의미하는 개념으로 재탄생한다. 여기에는 위서(緯書), 책력, 양생학 등의 성행이 배경이 되어 태극 개념에 자연학과 동시에 인문학의 맥락이 함께 결합된 형태로 의미가 형성됨을 보여준다. 사물의 존재를 생멸, 또는 생장수장(生長收藏)의 순환적 반복으로 이해하는 것은 선진시기부터 모든 학파가 공유해온 전통이지만, 의학 등 양생론이 성행하면서 태극은 변화의 시원이라는 인문학적 의미와 함께 동시에 불사의 생명력이라는 자연학적 의미를 함께 지니는 개념이 된다. 약물에 대한 조작과 신체의 수련에 대한 실험적 작업을 통해 태극은 물리적 변화의 경험적 내용을 성립시키는 근거개념으로 재정립되었다.

리는 선진 시기 전생(全生)의 한 방법과 관련해서 신(神)에 대비되어 의미가 발휘되었다. 신이 상대가 예측하지 못하면서 상대에게 자유롭게 대응한다는 의미로 사용되는 것과 상반되게 리는 해당 사물의 물리적 특성, 결정된 고정성, 또는 고정되어 자유롭게 변하지 못하는 국한성을 나타내는 개념으로 사용되었다. 특히 『한비자』에서는 "고정된 또는 국한된 리[定理]"라는 말로 사용되었다. 한편 『맹자』에서는 리가 의와 병렬되어 심의 인식대상으로 설정된다. 리는 그 중심 내용이 의와 성이라는 맥락에서가 아니라, 이들과 병렬되는 사물일반의 질서, 곧 조리(條理)로서 그 의미가 발휘되었다.

리가 선진 시기 발휘했던 또 하나의 일반적 의미는 바로 주장과 사태의 합리적인 논리 또는 이치였다. 『순자』에서 여러 번 제시되는 합리적인 이치로서 리는 메타적 성격을 지닌다. 리가 합리성 또는 합리적 논리를 의미할 때는 성(性)과 같은 본성이나 윤리적 맥락이 담기지는 않는다. 『논어』와 『노자』에는 리라는 용어가 등장하지 않는다. 선진 시기 리는 '태극'과 마찬가지로 세계를 설명하거나 인간의 사회적 의미를 해명하는 핵심 개념들의 범주에 있지 않았다.

리는 위진 시기에 이르러 작위를 뜻하는 '인위'와 대별되어 자연, 필연, 무사(無私) 등의 개념내용이 리에 부가된다. 곽상(郭象)의 『장자주(莊子注)』는 리가 자연과 관련한 맥락에서 그 의미가 다양하게 발휘되었다. 곽상은 천리라는 용어로 작위를 뜻하는 인위와 대별하여 사용하였는데, 천(天)은 '자연(自然)', '자이(自爾)', '자약(自若)' 등 "저절로 그렇다"는 의미를 나타냈고, 조물주나 주재자 또는 주재하고 부여하고 명령한다는 의미는 배제시켰다. 곧 천은 비작위로서의 리의 특징을 형용하는 개념이 되었다.

곽상은 리를 본래부터 주어진 질서로 이해하면서, 지적 인식의 대상으로서가 아니라 지적 인식을 벗어나는 수행을 통해 도달하는 전생의 지평으로서 그 의미를 설정하였다. 리가 '자이(自爾)', '자약(自若)'의 술어가 수반될 때 그 중심 의미는 그 자체로 성립하는 질서라는 의미에서 더 나아가, 그 자체로 개체들에게서 충족된 또는 자득한 상태로서 수행해서 도달해야 할 궁극적 지평이라는 의미를 함의하였다. 물정(物情)에서 벗어나 리에 따라 자득한 지평은 '독화(獨化: 의존함이 없는 변화)'라는 개념과 연관해서 발휘되었다. 곽상에게서 리는 독화의 근거가 되는 질서이면서 동시에 수행을 통해 독화에 도달한 지평을 의미하였다. 곽상에게서 리 개념은 수행을 통해 도달하는 지평을 함의하면서 불가항력으로 받아들여야 하는 명(命) 개념과 구별되었다. 리는 세계의 본래적인 질서이면서, 동시에 어떤 수행과정을 통해서만 획득되는 존재방식의 지평을 의미한다. 자연(自然)이라는 말은 세계의 본래적 존재방식이지만, 인간에게서는 어떤 수행방식을 통해 도달되는 이를테면 물정에서 벗어난 지평이 된다.

리 개념은 『한비자』에서 신(神)과 대비되어 고정성과 국한성을 의미하였던 것이, 『장자주』에 이르러서는 비작위의 자연(自然) 관념이 부여된 선험적 질서로, 그리고 수행을 통해 도달하는 존재방식과 존재지평을 의미하는 개념으로 새롭게 전환되었다. 그러나 현학(玄學)에서도 본성, 또는 만물의 소이나 근원이라는 의미는 리의 개념에 포함되지 않았다. 『장자주』에는 사태의 소이가 다양하게 언급되었지만, 리를 소이(所以) 또는 소이연(所以然)으로서 설명하는 문법은 등장하지 않았다.

삼론종과 화엄종 등 종파불교가 성립하는 시기에 공(空)과 유(有), 중도(中道)와 가명(假名), 진제(眞諦)와 속제(俗諦) 사이의 관계는 "서로 같다[相卽]"는 관계개념으로 이론화되었다. 화엄종에서는 상즉에 다시 모든 존재하는 것은 상호간에 인과관계로 작동하고 있다는 곧 "서로 인과로서 작용하고 있다[相入]"는 관계개념을 추가하였다. 화엄종에서는 리 또는 사(事)로서 표현되는 존재는 모두 본래적으로 상즉상입의 관계 속에 있다는 것을 법계론으로 제시하였는데, 이러한 상즉과 상입의 관계 개념은 『대승기신론』에서 모든 존재를 일심(一心)의 체(體), 상(相), 용(用)으로 설명하는 논리와 결합하면서, 관계에 대한 새로운 논리를 담는 체용 개념이 탄생되었다.

『대승기신론』에서 본격적으로 개화하기 시작한 체용 개념은 이후 동아시아 철학사가 본체론적 해석의 시야를 확장해가는 데에 중심 개념으로 작동하였다. 원인과 결과 사이의 비가역적 발생관계로 이해되는 인과 개념과 달리, 체용 개념은 사물에 대하여 그 사물이 실현해야 할 본성, 도리 등 전체성[體]을 다른 사물들과 동등하게 수행하는 주체[用]로서 설정하고, 시간성을 벗어나 본래적으로 사물들이 서로 관계하면서 동일한 전체성을 구현하는 과정으로서 모든 변화를 이해하는 시야를 제공하였다. 그리고 발생론적 시원으로서 원기와 관련되어 해석되었던 태극이나, 사물의 형상적 특징이나 논리적 합리성으로서 의미를 지녔던 리가 이 체용이라는 관계 개념을 통해 세계의 본래적 전체성을 나타내는 개념으로 새롭게 재정립되었다. 곧 체용의 관계 개념을 통해 리의 중심 의미를 체(體)－소이(所以)로 나타내는 문법이 새로 성립되었고, 모든 존재양식을 근원과 지말, 본체와 작용의 구조적 맥락에서 이해하는 새로운 사유 문법이 등장하였다.

정이(程頤)의 『역전(易傳)』은 리와 상(象)이 체와 용의 관계에 있음을 천명하면서, 본원으로서의 체와 개별 사태로서의 용의 작동 체제가 시간적으로 간극이 없는 본래적이고 구조적으로 주어진 것으로 설명하는 문법을 제시하였는데, 이를 통해 원기로부터 발생론적으로 전개되는 과정으로 세계를 설명하는 시야로부터 전환해서 동일한 전체성이 체와 용의 본래적 상관성 속에서 무시간적으로 작동하는 과정으로 세계를 설명하는 리학(理學)의 시야가 새로 수립되었다.

이정은 전체성을 '소이(所以: 개별 사물이 전체성을 구현하는 사물로서 의미를 가지게 해주는 것)'라는 개념으로 새롭게 정의하였는데, 개별 사태들은 소이로서의 리를 표현하는 다양한 양태로서 사건으로서 또는 사물로서 동등한, 그리고 동질의 의미를 지니게 되었다. 더욱이 발생론적 시원을 의미하던 태극은 도, 리, 성(性) 등과 함께 체(體)이자 소이로서 체용론의 맥락에서 의미가 새롭게 발휘되었다. 주희는 태극 개념을 리의 다른 표현으로 설명하면서 동시에 태극-양의-오행-만물의 발생론적 전개방식에 대하여 인과적 발생 과정이 아닌, 동과 정, 음과 양의 순환적 반복[動靜無端, 陰陽無始] 속에서 태극-도(道)와 음양-기(器)의 체용적 관계로 전개하는 방식으로 '본연지묘(本然之妙)' 등의 개념 등을 통해 재정의하였다. 진여(眞如)가 체로서 다양한 사태[事] 가운데 걸림 없이 다양하게 나타나듯이, 리로서 태극은 동과 정이 무한히 순환하는 사태들에서 상즉의 관계로 본체가 되고 동시에 유행한다고 설명되었다.

소이(所以), 형이상(形而上), 또는 소이연(所以然)과 소당연(所當然) 등은 정이와 주희가 리 개념에 대하여 용에 대한 체를 지칭하는 개념 내용으로서 새롭게 부여한 것이었다. 이러한 설명은 이후 형이상의 체가 나타내는 존재론적 지위를 두고 문제를 야기하였다. 주희는 형이상과 형이하 사이의 관계에 대하여 "형이상자로서 리(理)는 형이하자를 떠난 다른 존재의 층위에 있지 않지만[不相離]" 동시에 "형이하자인 기(氣)와 위상이 서로 구분된다[不相雜]"는 해답을 제시하였지만, '떠난다[離]'와 '구분된다[不相雜]'는 술어 등은 리 개념을 존재론적 층위에서 이해하도록 유도하였다. 또한 "리가 기를 낳는다[理生氣]"는 식으로 리가 존재하는 것으로서의 지위를 가지고 있는 것처럼 기술하는 주장들은 혼란을 더욱 야기한다. 형이상자로서 리의 존재론적 지위에 대한 혼란은 후대에 이르러 사단칠정 논쟁 등 형이상자와 형이하자의 관련 방식을 둘러싸고 다양한 재해석을 야기하였고, 결국 18~19세기에 이르러 본연지성(本然之性)으로서의 리(理) 개념이 부정되는 등 리(理) 개념과 관련하여 새로운 사상사적 변화가 발생하였다.

【참고문헌】

楠本正繼, 「全體大用の思想」, 『日本中國學會報』 4, 日本中国學會, 1952.
高亨, 『周易大傳今注』, 濟南: 齊魯書社, 1979.
龐朴, 『帛書五行篇硏究』, 齊南: 齊魯書社, 1980.
이기영 편역, 『韓國의 佛教思想』, 서울: 삼성출판사, 1981.
栢木弘雄, 『大乘起信論の硏究』, 東京: 春秋社, 1981.
張岱年, 『中國哲學大綱』, 北京: 中國社會科學出版社, 1982.
朱伯昆, 『易學哲學史』(上册), 北京: 北京大學出版社, 1986.
張立文, 『中國哲學範疇發展史(天道篇)』, 北京: 中國人民大學出版社, 1988.
楊力, 『周易與中醫學』, 北京: 北京科學技術出版社, 1989.
William H. Grosnick, "The Categories of T'i, Hsiang, and yung: Evidence that Paramartha Composed the Awakening of faith", *The Journal of the International Association of Buddhist Studies*, Voi.12, No.1, 1989.
林忠軍, 『象数易學發展史』(第一卷), 上海: 齊魯書社, 1994.
李存山, 「從'兩儀'釋'太極'」, 『周易硏究』 02-1994, 齊南: 山東大學 中國周易學會, 1994.
陳來, 『中國古代宗教與倫理』, 北京: 三聯書店, 1996.
龐朴 主編, 『中國儒學』, 上海: 東方出版中心, 1997.
牟宗三, 『心體與性體』, 上海: 上海古籍出版社, 1999.
张立文, 『宋明理學硏究』, 北京: 人民出版社, 2002.
島田虔次, 「體用の歷史に寄せて」, 『中國思想史の硏究』, 京都: 京都大學學術出版會, 2005.
唐明邦, 「太極思維與古代生命觀」, 『國際周易硏究』 第8輯, 2005
석길암, 「화엄의 상즉상입설, 그 의미와 구조 –數十錢法의 전개와 관련하여–」, 『불교학연구』 10, 불교학연구회, 2005.
史少博, 「朱熹"太極"觀對前人的超越」, 『周易硏究』 05-2006, 齊南: 山東大學 中國周易學會, 2006.
陳遵妫, 『中國天文學史』, 上海: 人民出版社, 2006.
余敦康, 『漢宋易學解讀』, 北京: 華夏出版社, 2006.
李鏡池, 『周易探源』, 北京: 中華書局, 2007.
陳來, 『早期道學話語的形成與演變』, 合肥: 安徽教育出版社, 2007.
李承貴, 「朱熹視域中的佛教心性論」, 『福建論壇』, 2007-3, 福州: 福建社會科學院, 2007.
束景南, 『朱熹硏究』, 北京: 人民出版社, 2008.
윤석민, 「太極·乾坤·陰陽의 생명활동과 그 원리」, 『중국학보』 61, 한국중국학회, 2010.
程强, 「"太極"概念內涵的流衍變化」, 上海師範大學 中國哲學專攻 博士學位論文, 2012.

III. 동서 철학의 기본 개념

서양철학의 기본개념

: 신(God)

강중기

1. 예비적 고찰

인간은 신(神)을 만들고, 신은 인간을 만들었다.[1] 원시시대부터 인간은 자신의 인식을 넘어서 있는 존재와 힘을 신이란 이름으로 불러왔다. 불가사의한 능력을 지니고 자연계를 지배하며 인간사회의 길흉화복을 주관하는 초월적인 존재를 신이라고 명명한 것이다. 결국 인간은 스스로 만들어낸 신을 숭배하고 자신을 신의 피조물로 상정함으로써 신에 의해 지배되는 아이러니한 현상이 출현한 것이다.[2]

---

1) 고대 그리스 철학자 크세노파네스는 신이 인간을 창조한 것이 아니라 인간이 신을 창조했다는 사실을 날카롭게 지적하고 있다. "에티오피아 사람들은 자기들의 신이 검은 머리에 납작한 코를 갖고 있다고 말하는 데 반해, 트라키아인들은 푸른 눈동자에 빨간 머리를 갖고 있다고 상상한다. … 소, 말, 사자들이 손을 갖고 있어 그림을 그리고 인간처럼 작품을 만들 수 있다면, 말은 말을 닮은 신을, 소는 소를 닮은 신을 그리고 자기들의 모습과 같은 신을 만들어낼 것이다."(*Die Vorsokratiker*, hrsg, von Willhem Capelle, Stuttgart, 1963, S, 121; 강대석, 『무신론자를 위한 철학』(서울: 중원문화, 2015), 16쪽에서 재인용.

2) 인간이 신을 만들어내고 인간이 만들어낸 신이 도리어 인간을 지배하게 되었다는 관점에 대해서는 리처드 도킨스, 이한음 옮김, 『만들어진 신 －신은 과연 인간을 창조했는가?』(서울: 김영사, 2007) 참조.

신에 관한 논의는 매우 다양한 양상으로 진행되어 왔다. 신은 단순히 인간이 관념적으로 생각해낸 추상적인 존재가 아니며, 어느 사회에나 획일적으로 존재하는 것도 아니다. 특정한 시대와 환경 속에서 특정한 사회생활을 영위하고 특정한 문화를 지닌 사람들에게 신은 각기 나름의 형태로 다종다양하게 존재해왔다. 신은 본질과 속성 및 거주하는 장소에 따라 자연신과 인격신, 선신과 악신, 천상신과 지상신과 지하신 등으로 분류된다. 또 수행하는 기능에 따라 농업신·수렵신·상업신·복신·빈곤신·사신(死神)·무신(武神)·문신(文神)·창조신·수호신 등으로 분류할 수 있다. 신이 띠고 있는 모습에 준거해서는 인간형태신·식물형태신·동물형태신·반인반수신(半人半獸神) 및 무형의 신 등으로 구분할 수 있다. 그리고 신의 존재 여부에 대한 믿음에 의거해서는 유신론과 무신론으로 분류된다. 유신론은 신의 숫자와 역할 등에 따라 다신론·단일신론·유일신론·범신론·이신론(理神論) 등으로 세분된다. 무신론은 인간의 합리적인 판단을 넘어 세계에 영향을 미치는 존재나 힘을 부정하는 사상으로, 넓은 의미에서는 불가지론도 포함한다. 무신론은 또한 인격신을 부정하고 기적과 계시가 없다는 점에서 자유사상인 범신론과 이신론도 그 범주에 포함시킬 수 있다. 그러나 기본적으로 무신론은 신의 존재를 적극적으로 부정하는 사유를 가리킨다는 점에서는 범신론 및 이신론과 구별된다.

서양 지성사에서 신은 먼저 신화 속에 등장한다. 고대 그리스 신화는 세계의 기원과 신, 여신, 영웅과 같은 다양한 인물의 삶과 모험을 자세하게 설명하고 있다. 그리스 신화를 구성하는 방대한 신화와 전설에서 그리스인들이 생각해낸 신들은 본질로 보았을 때는 물질적이지만 이상적인 신체를 가지며 신인동형론의 특징을 지닌 존재로 묘사되고 있다. 고대 그리스 신들은 그들의 근원적인 형태와는 별개로 많은 초자연적인 능력을 갖고 있었는데, 특히 그들은 질병에 영향을 받지 않았고 매우 특정한 상황에서만 상처를 입을 수 있었다. 그리스인들은 신들이 가질 수 있는 고유한 특성을 불사(不死)로 보았고, 영원한 젊음과 더불어 이러한 불사의 능력은 넥타르와 암브로시아를 섭취하여 혈관에 신성한 피를 돌게 하는 방법으로 보장받을 수 있었다.

각 신들은 서로 다른 관심사를 추구하며 자신의 계보를 이어가고, 특유의 개성에 의해 좌우되는 전문 영역을 가지고 있다. 이는 고대 지역 전승의 다양성에서 기인한다. 대부분의 신들은 삶의 특정한 모습과 연관되어 있다. 예를 들어, 아프로디테는 사랑과 미의 여신, 아레스는 전쟁의 신, 하데스는 죽음의 신, 아테나는 지혜와 용기의 여신이다. 아폴로와 디오니소스 같은 일부 신들은 복잡한 특성을 가지며 다양한 영역을 관장하기도 한다. 반면 헤스티아('난로')와 헬리오스('태양')처럼 좀 더 전형적인 화신의 성향을 가진 신들도 있다.

그리스 신화에서 운명은 신조차도 어쩔 수 없는 것으로 나타난다. 이는 아마도 그리스 사람들이 동시대의 이집트 사람들에 비해 이상할 만큼 사후세계를 중시하지 않는 현실주의자였다는 사실에서 원인을 찾을 수 있다. 그리스 신화에서 '영혼'이라 번역되는 'psyche'는 온전한 그 사람이 아니라 일종의 그림자 정도 취급밖에 받지 못했다. 구체적인 사후세계나 업보, 영혼의 중요성 등이 강조된 것은 나중의 일이다.

고대 로마인들은 개방적이고 실용주의적인 정신을 가졌다고 평가받는다. 그들은 전쟁에서 승리하여 정복한 나라에 대해서도 그들 나라의 고유한 문화를 존중해주고, 정복민에 대하여 로마 시민권을 부여하고 자치를 인정해주기도 하였다. 그래서 로마인들은 자기네의 전통적인 신들이 있었지만, 다른 민족, 특히 고대 그리스의 신들을 받아들이는 데 주저하지 않았다. 그리고 그리스 신들에게 자신들의 이름을 붙이고 차츰 전통적인 로마 신들과 같은 것으로 만들었다.

로마 시대를 거치면서 신화는 서양문명 저변에 대단히 큰 영향을 끼쳤다. 기독교가 융성했던 중세 때에도 수많은 문학 및 예술 작품에서 그리스 로마 신화의 소재를 가져다 썼으며, 근대와 현대에 이르러서까지 그리스 신화에 관련된 소재가 여러 개념의 어원으로 사용되기도 한다.[3)]

19세기의 많은 학자들은 고대 그리스 철학의 역사가 서로의 활동 사이에 거의 아무런 관계도 없는 두 그룹의 철학자 상을 제시한다고 믿었다. 소크라테스 이전 철학자들은 자연의 탐구에 온 정력을 쏟아부어 자연과학을 창조했다고 생각되었으며, 플라톤과 아리스토텔레스는 자연과학을 형이상학에 종속시켜 최고의 신적인 실재에 관한 학문을 창조했다고 생각되었던 것이다. 첫 번째 그룹의 활동은 원자론자들의 완전한 '유물론'에서 그 정점에 도달했다고 생각되었다. 더 나아가 일반적으로 첫 번째 그룹은 신적인 힘의 본성에 관한 이전의 그리스 사유 및 전통 등과 단호히 단절했다고 여겨졌다. 그러나 그리스 철학의 원전들은 최고의 신에 관한 그리스 사유의 연속성이 실제로는 결코 단절된 적이 없었다는 사실을 보여준다. 최고의 신적인 힘의 참된 본성에 관한 문제가 초기 그리스 철학자들을 관통하고 있는 중심 문제였다는 것이다. 고대 그리스의 철학적 사유의 역사는 신화시대로부터 소크라테스의 시대에 이르기까지, 아니 플라톤과 아리스토텔레

3) 오이디푸스 콤플렉스, 엘렉트라 콤플렉스, 나르시시즘 등 프로이트의 정신분석학 용어가 대표적인 예이다.

스를 거쳐 헬레니즘 시대의 스토아학파에 이르기까지 최고의 신적인 본성에 대한 사유의 연속성이라는 점에서 실제로 단절된 적이 없었다는 것이다.[4]

중세에 이르러서는 아예 신의 존재가 사람들의 삶과 학문적 활동의 대전제가 되었다. 가령 아우구스티누스에게는 신의 존재를 증명하는 것이 고심할 필요가 없는 단순한 문제처럼 보였다. 그의 눈에 신의 관념은 인간 정신으로부터 분리할 수 없는 보편적이고 자연적인 인식이었다.[5] 후기에 스콜라 철학에 이르러 변화가 일어나기는 했지만, 중세에 신의 존재는 지극히 자명한 것이었고 신의 존재를 증명한다는 것은 자신의 신앙을 보완하는 기제에 불과했다. 중세 사람들은 대체로 신앙이 이성에 선행하며 신학이 철학보다 우월하다고 굳게 믿었다.

위에서 개략적으로 살펴본 것처럼, 서양 지성사 내지 서양 철학사에서 신(神) 문제는 존재론적으로나 인식론적으로 혹은 가치론적으로 항상 중심주제가 되어 왔다. 존재론적으로 볼 때 그것은 여러 존재자 중 하나인지 혹은 존재자들을 창조한 초월적 존재인지, 아니면 존재자들 전체를 지칭하는 내면적 존재인지 등이 논의되었다.[6] 인식론적

---

4) 로이 케네스 해크, 이신철 옮김, 『그리스 철학과 신 –소크라테스 이전 철학자들에서 신 개념의 역사』(서울: 도서출판b, 2011), 5-6쪽.

5) 에티엔느 질송, 김태규 옮김, 『아우구스티누스 사상의 이해』(서울: 성균관대학교 출판부, 2010), 28쪽.

6) 칸트는 『순수이성비판』의 초월적 변증론에서 통상적으로 신이란 개념에 부여하는 세 가지 특성으로 1) 가장 실재적인 존재자, 2) 근원적인 존재자, 최고 존재자, 모든 존재자들 중의 존재자, 3) 절대 필연적인 존재자를 들고 있다. 그리고 이 가운데 '절대 필연적인 존재자'라는 규정을 분석하면서 존재론적 신 존재 증명을 비판하고 있다. 안윤기, 「존재론적 신 존재 증명에 대한 칸트의 비판」(『철학논구』 26, 서울대학교 철학과, 1998) 참조.

차원에서는 그러한 존재를 인식하는 방법이 무엇이고 또 그것이 어떻게 정당화될 수 있는지가 문제되었다. 끝으로 가치론적 차원에서는 진선미(眞善美) 및 성(聖) 같은 중요한 가치와 신의 관계가 어떠하며 특히 이러한 가치를 추구하는 인생의 목표와 관련해서 어떤 의미를 지니는지 등이 규명되었다. 이처럼 '신'이란 주제는 단순히 종교철학만의 과제가 아니라 철학 전반에 걸쳐서 마침내 부딪쳐야 하는 궁극적인 문제의 성격을 띠게 된 것이다.[7)]

인류가 세상을 설명하는 방법에는 두 가지가 있다. 하나는 종교와 신화가 제공하는 설명방법이고, 또 하나는 과학이 제시하는 설명방법이다. 종교와 과학은, 예측 불가능한 세상에 부합하는 해석을 제시하려고 하는 공통된 열망 외에, 인간사상 분야에 대해서도 똑같이 관심을 가지고 있다. 따라서 세상에 접근하고 세상을 파악하고 세상에 파고드는 두 가지 방법들 간에 경쟁과 갈등이 있어 왔다. 오늘날에는 과학이 세상의 중심이거나 적어도 문명들의 중심에 위치하고 있다는 인상을 주지만, 과거에는 종교가 인간이 초월할 수 없고 인간에게 없어서는 안 되는 진리를 부여하면서 우위를 점해왔다. 말하자면 종교가 세상의 중심에 위치하고 있었으며, 신(God)은 종교가 세상을 설명하는 체계에서 중심을 차지하고 있었다.[8)]

이 글에서 서양철학의 신 개념을 살펴보고자 하는 것은 "근현대 한국의 동서철학사상 접변양상 연구"라는 아젠다를 다루기 위해 동서철학의 접변 이전 서양철학에서 신 개념의 원래 모습을 확인할 필요

7) 엄정식, 「신 개념의 철학적 분석 －L. Wittgenstein의 입장을 중심으로」(『서강인문논총』 4, 서강대학교 인문과학연구소), 1995.

8) 클로드 알레그르, 송대영 옮김, 『신의 존재와 과학의 도전』(서울: 동문선, 2007), 7쪽.

가 있기 때문이다. 그것은 동서철학의 접변양상을 파악하는 데 요구되는 선행 작업이라 할 수 있다. 하지만 서양철학의 신 개념은 대단히 광범위하므로 이 글에서 그것을 모두 다룰 수는 없고, 동서철학의 접변양상을 다루고자 하는 취지에 맞추어 동아시아에 진출하여 활발한 선교활동을 벌이던 명말청초 서양 선교사들의 신 개념의 기반이 되는 교부철학과 스콜라철학의 신 개념에 한정하여 다루고자 한다. 그것도 교부철학의 대표 인물인 아우구스티누스와 스콜라철학 전성기의 대표 인물인 토마스 아퀴나스의 신 개념으로 논의의 범위를 축소하여 다룰 것이다.

2. 아우구스티누스의 신 개념

교부철학은 2세기경부터 8세기까지 이교도에 맞서 그리스도교 교리를 옹호한 교부들의 철학이다. 교부들은 2세기경 이교의 나라 로마제국의 박해에 맞서 그리스도교 신앙의 변호에 필사적인 노력을 경주했는데, 특히 콰드라투스(Quadratus), 아리스티데스(Aristides) 등은 로마 황제에게 〈호교서〉(護教書, Apologia, 대략 125년 혹은 140년)를 제출하여 그리스도교 신자의 신앙 및 신의 개념을 철학적으로 규정했다. 그리스도교는 이제 헬레니즘 세계와 마주하게 됨으로써 신앙의 진리를 단순히 계시만이 아니라 이성에 의해서도 변증해야 했다. 그리하여 그리스 철학을 연구하기 시작하고, 스토아 철학도 부분적으로 흡수했다. 특히 플라톤의 이데아 세계관은 가장 적절한 연구 대상이 되었으며, 신플라톤주의의 영향을 많이 받았다. 이른바 헤브라이즘이 헬레니즘과 결합하게 된 것이다. 4세기경 콘스탄티누스(Constantinus) 황제에 의해 기독교가 로마제국의 국교로 공인됨으로써 신학은 철학적 체계를 갖추기 위한 노력에 박차를 가하게 된다. 이 시기에 교부철학은 스스로 체계를 구축하고 철학적인 내용으로 구성되어 갔다.

교부철학은 5세기 아우구스티누스(Aurelius Augustinus, 354-430)에 이르러 정점에 이른다. 그는 신플라톤주의, 마니교, 점성술과 회의주의, 도나투스 논쟁, 펠라기우스 논쟁 등을 수용하거나 영향을 받아 교부철학을 집대성했다. 특히 신플라톤주의의 금욕적이고 정신적인 삶의 강조와 플라톤의 이데아론 등이 그의 사상 형성에 큰 영향을 미쳤다.

여기서 미리 지적해두어야 할 점이 있다. 아우구스티누스는 그리스도교의 예지를 하나의 전체로 보았으며, 자신의 지성에 의해 그리스도교의 신앙을 통찰하고 세계와 인생을 그리스도교적인 예지에 비추어서 보려고 노력했다. 예컨대 그는 이성에 의한 논증을 신 존재 증명에 원용할 수 있음을 잘 알고 있었지만, 그의 주된 관심은 신의 존재에 대한 단순한 지적인 동의보다는 마음으로부터의 동의이자 신에게로의 적극적인 귀의였다. 그는 이러한 신에의 귀의가 신의 은총을 필요로 하고 있다고 믿었다. 아우구스티누스는 신학자의 역할과 '자연적 인간'을 고찰하는 철학자의 역할을 다한 것이 아니라, 구체적인 인간, 타락하여 구원받을 인류로서의 인간, 진리에 이를 수는 있으나 언제나 신의 은총에 이끌려 구원을 가져다주는 진리를 얻기 위해서는 은총을 필요로 하는 인간을 고찰하고 있었던 것이다.

신의 존재에 대해 사람을 납득시켜야 하는 경우에도, 그는 그 증명을 인간의 회심이나 구원의 전체 과정 가운데 한 단계 또는 한 수단으로 보았다. 신의 존재에 대한 인식으로는 충분하지 않고, 은총에 이끌려 신의 계시에 대한 초자연적인 신앙으로 그리고 그리스도의 가르침과 일치하는 삶으로 이끌어야 한다는 것을 분명하게 자각하고 있었다.[9] 이것이 아우구스티누스적인 전통이며, 토마스주의와 구별되는 점이다.

이제 아우구스티누스의 신 개념을 살펴보자.

1) 진리

아우구스티누스에게 신은 진리로 표상된다. 그에 따르면, 인간은 삶 속에서 영원불변하는 필연적인 진리를 발견할 수 있다. 인간이 이것을 보지 못하고 무시할 때에도 진리는 언제나 인간의 정신을 재판하고 지도한다. 시공간에 제약된 인간과 다른, 초인간적이고 초시간적인 존재가 인간 안에 들어온다. 상대적인 것들을 넘어 절대적인 것을 접하게 되며, 인간적인 것들을 넘어 초월적인 것을 접하게 되는 것이다. 이 초월적인 진리가 바로 신이며, 그리하여 인간은 신을 만나게 된다. "우리의 정신은 이 진리에 매달림과 동시에 다른 진리를 잊어버리게 되고, 동시에 가장 높은 신의 진리 속에서 다른 진리를 즐기고 소유하는 것을 기뻐하게 된다."(아우구스티누스, 『자유의지론』 II, 13, 36)[10]

아우구스티누스에게 진리는 행복과 긴밀히 연계되어 있다. 아우구

9) F. 코플스톤, 박영도 옮김, 『중세철학사』(서광사, 1988), 76쪽.

10) 요한네스 힐쉬베르거, 강성위 옮김, 『서양철학사』(상)(이문출판사, 1992), 421쪽.

스티누스에 따르면, 행복은 진리의 소유에서 온다. 행복은 완전한 기쁨이기 때문에 그것은 두려움, 특히 행복을 가져다주는 대상이 상실되지 않을까 하는 두려움으로부터 자유로워야 한다. 초월적인 진리는 인간이 소유하게 되면 상실의 두려움으로부터 자유롭다. 초월적인 진리는 진정한 행복을 가져다주는 것이다.

행복을 원하는 사람은 누구나 행복을 소유하기 위해서 반드시 행복이 무엇인지 알아야 하기 때문에도 진리는 행복에 필수적이다. 아우구스티누스에 따르면, 모든 사람은 행복을 갈구한다. 그런데 바라는 것을 소유하지 못한 사람은 행복하지 못하다. 하지만 바라는 것을 소유한 모든 사람이 행복한 것은 아니다. 행복은 사람이 무엇을 바라는가에 달려 있다. 사람이 행복해지기 위해서는 바라야만 하는 것이 무엇인지 깨달아야 하고, 그것을 획득하는 방법을 인식해야 하는 것이다.

우리가 원하는 동안에 덧없이 사멸해버리는 것은 상실의 두려움을 초래한다. 상실해버릴 수 있는 대상을 사랑하는 것은 참된 행복과 양립할 수 없는 영속적인 두려움 속에서 사는 것이다. 행복을 위한 바람의 대상은 우연과 기우로부터 독립된 항구적인 것이어야 한다. 그런데 신만이 모든 것으로부터 독립적이고 영속적이다. 그러므로 아우구스티누스에 따르면, 신을 소유하는 사람은 행복을 향유하는 사람이 되고, 결과적으로 신에 대한 욕망이 인간을 행복으로 인도하는 유일한 길이 된다.

아우구스티누스는 지혜가 행복을 내포하고 행복이 신을 내포한다고 보았다. 그는 진리를 떠나서는 행복이 불가능하다고 생각했다. 아우구스티누스에 따르면, 절대적인 진리의 점유는 행복의 필수조건이다. 현명한 사람은 자신이 황폐해지는 것을 보지 않기 위해서 가능한 것만을 원한다. 마음과 지혜의 영역에서 충만감은 행복을 위해 필수불가결한 것이지만, 이 충만감은 일정한 조건 아래에서만 참된 충만감이다. 말하자면 적도(適度: 적절한 정도)에 미치지 못하거나 적도를 넘어서거나 하지 않는 충만감, 결과적으로 어떤 한계 내에 있는 충만감이 참되다는 것이다.

지혜는 적도(適度)를 내포한다. 이 적도에 의해 마음은 모든 무절제로부터 자신을 해방한다. 다시 말해서 필요 이상으로 능력의 한계를 벗어나지 않게 하고, 역으로 자신의 충만한 능력 이하로 자신을 속박하는 것으로부터 자유로워진다. 지혜를 발견하고 그것을 굳게 보존하는 사람은 결코 어떤 무절제 또는 모자람을 두려워할 아무런 이유도 가지지 않는다. 그러므로 적도, 즉 지혜를 소유하는 것과 행복하게 되는 것은 동일한 것이다.

이처럼 아우구스티누스에게 지혜, 즉 철학의 대상은 행복과 동일시된다. 인간은 행복하게 살기 위해서는 초월적 진리이자 최고의 선이며 독립적이고 영속적인 존재로서의 신을 소유해야만 한다. 결국 행복이 아우구스티누스 사유의 도달점이다. 이와 같이 행복을 인간 삶의 중심에 놓는 사유를 질송은 '근본적인 행복주의'라고 부른다.[11)]

2) 완전성 · 실체

아우구스티누스에 따르면, 신에 대한 정의는 없다. 왜냐하면 신은 존재 자체이며, 모든 종류의 규정으로부터 벗어나 있기 때문이다. 창조물이 얼마간의 완전성을 가진다 하더라도 그것은 완전성을 소유할

---

11) 에티엔느 질송, 김태규 옮김, 앞의 책, 14-27쪽.

정도로 완전성을 갖고 있지 않다. 창조물은 각각의 완전성을 갖고 있지만 그 자체가 완전성은 아니다. 이것이 사람의 모든 속성들이 실체와 구별되고 그럼으로써 서로 구별되는 이유이다. 반대로 신은 절대적인 존재이기 때문에 지혜롭거나 강하거나 정의롭거나 하지 않다. 오히려 그는 지혜, 힘, 정의이다. 신은 자신의 속성들을 가지지 않는다. 신은 곧 신의 속성이다.[12] 한 마디로 신은 그것 없이는 불완전한 것이 생각될 수 없을 정도로 완전한 존재다.[13]

여기서 잠시 서양철학사에서 '신의 완전성'이라는 관념이 고대 그리스 철학에 뿌리를 두고 있다는 사실을 확인해보자. 앞에서 최고의 신적인 힘의 참된 본성에 관한 문제가 초기 그리스 철학자들을 관통하고 있는 중심 문제였으며, 고대 그리스의 철학적 사유의 역사는 스토아학파에 이르기까지 최고의 신적인 본성에 대한 사유의 연속성이라는 점에서 실제로 단절된 적이 없었다는 점을 지적했다. 해크의 견해에 따르면, 그리스 철학은 시인들에 의해 촉진되고 그리스 민중들이 공유하게 된 믿음의 자극 아래 그 경력을 시작했다. 이 믿음은 우주만물에서 드러나는 모든 힘이 신이거나 신적이며, 모든 신이 힘이고, 모든 신이나 신적인 힘들이 서로 관계되어 있으며, 하나의 신이나 신적인 힘이 다른 모든 신이나 힘들에 대해 최고의 주권을 지니고, 그로부터 현실의 신적인 우주와 다른 신들을 포함하여 우주 속에 존재하는 모든 것이 생성된 우주발생론적인 신이나 신적인 힘이 존재하

12) 이 점에서 질송은 신이 실체(substantia)라고 말하지 않겠다고 한다. 실체라는 용어는 신이 우연적인 것을 그 속성으로 가지고 있는 주체라는 것을 전제하고 있기 때문이다. 질송은 신을 묘사하는 데 적절한 용어는 본질(essentia)이라고 본다. 에티엔느 질송, 앞의 책, 423쪽.

13) 요한네스 힐쉬베르거, 앞의 책, 421쪽.

거나 존재했다고 주장한다. 철학적 사유의 본질적인 새로움, 탈레스와 피타고라스를 초기 그리스인들과 구별시키는 특징은 탈레스와 피타고라스가 이러한 믿음 가운데 마지막 두 항목을 명시적으로 융합하여 우주발생론적인 신적 힘을 최고인 신적인 힘과 동일시했다는 사실에 놓여 있다. 탈레스와 피타고라스는 더 나아가 우주발생론적인 힘이 본질적으로 비의인화·비인간형태적이라는 모든 그리스인들의 믿음을 공유했다. 그들의 사유는 자동적으로 현실적 우주의 실체적 부분이라는 방향을 취했는데, 왜냐하면 모든 그리스인들은 수 세기 동안 최초의 신들과 기원적인 신적 힘들이 집단으로서 신적인 실체적 우주와 동일하며, 개별자들로서는 우주의 부분들이나 우주가 그로부터 생겨난 (카오스와 같은) 뭔가 모호한 신적인 힘과 동일하다고 믿어왔기 때문이다.

그리하여 우리가 그리스 철학이라고 부르는 사유의 노력은 최고의 신을 현실적 우주 속에서 드러나는 신적인 실체와 동일시하는 데로부터 발생했다. 신적인 실체는 그 자신으로부터 우주만물을 산출하거나(탈레스), 모호하고 유연하거나 또는 기술적인 언어로는 무한하고 무규정적인 또 다른 실체, 즉 아페이론과 그 자신을 결합함으로써 우주만물을 산출한다. 최고의 우주발생론적인 신의 교설이 겪은 변형을 몇 마디로 요약하는 것은 불가능할 것이다. 그러나 이 모든 철학들에서 처음부터 일종의 이원론, 즉 최고신의 고차적인 형태들과 저차적인 형태들 간의 분열 내지 최고신의 완전한 실체와 그것이 그에 작용하는 불완전한 실체 간의 분열이 명시적으로 표현되거나 함축되어 있다는 점을 분간해낼 수는 있다. 이러한 이원론은 철학자들이 다른 모든 그리스인들과 공유하는 확신, 즉 궁극적인 신적인 실재가 완전하다는 확신에 의해 산출된다. 최고의 신의 완전성에 대한 믿음은 철학자들로 하여금 그들의 선행자들과 구별되게 최고의 신에 관한 새로운 학설을 창안하고 지금까지 수용되어온 신학적 체계들을 파괴하도록 고무한 두 가지 커다란 추동력 가운데 하나다.[14]

그리스의 철학적이고 신학적인 사유 속에서 작용하는 또 하나의 추동력은 신적인 실재가 감각에 직접적으로 주어지는 우주만물을 어떻게든 해명하고 설명해야 한다는 확신이다. 다시 말하면 인과적 기능을 최고의 신이 지닌 완전성의 본질적인 부분으로 간주하는 것이다. 완전성에 대한 일반적인 추구는 최고의 신을 점점 더 변화하는 것으로부터 분리시켰으며 파르메니데스 신학에서 정점에 도달했다. 그러나 최고의 신이 완전한 원인이어야 하며 어떻게든 현재의 우주만물을 설명해야 한다는 요구는 최고의 신을 다시 변화하는 존재 안으로 던져 넣어 그것이 현재의 우주만물과 밀접한 접촉을 유지하도록 하는 경향이 있었다. 이러한 요구가 피타고라스의 신학과 형이상학을 낳았다. 그리고 그것은 모든 철학자들, 특히 엠페도클레스와 아낙사고라스 그리고 레우키포스의 형이상학적 교설들 가운데 많은 것을 낳았다. 그리고 이 요구가 작용하는 모든 곳에서 우리는 그에 의해 고무된 철학자가 '과학'이라 불리는 것에 일정한 주의를 기울이는 것을 보게 된다. 오로지 활동의 이런 측면에서만 그리스 철학자는 과학적 사유에 접근한다. 그리고 그의 활동의 이 측면은 언제나 그가 그의 최고의 신의 완전성을 훼손할 어떤 것도 지각해서는 안 되며 그와 같은 완전성과 일관되지 않는 어떠한 현상들에 대한 설명도 받아들여서는 안 된다는 확신에 의해 엄격하고도 엄밀하게 제한된다.[15]

---

14) 로이 케네스 해크, 앞의 책, 211-213쪽.

다시 본래의 논의로 돌아가 하나의 본질 또는 실체로서의 신이 삼위일체의 이미지에 의해 표상된다는 것을 살펴보자. 신이 자신의 속성들을 가지지 않는다면 우리는 어떻게 신에 대한 만족스런 개념을 형성할 수 있을까? 우리가 신을 그의 본성인 단일성 자체 안에서 생각한다면, 신은 정신에게 접근 불가능하다. 삼위일체 안에서 신을 생각할 때는 더욱 그러하다. 그럼에도 우리는 신의 창조물을 통해서 신을 알고자 하는 것이 정당하다. 성서도 우리로 하여금 그렇게 하도록 초대한다. 신이 "우리의 형상과 모양대로 사람을 만들자"(창1:26)라고 말하고 있기 때문이다.

우리가 '닮음'을 통하여 모든 것을 존재하게 하는 원리의 흔적을 가지고 있다는 사실을 알지 못한다면, 우리는 신적 본성에 대해서 아무런 언급도 할 수 없을 것이다. 그러므로 신에 대한 인식에로 고양되기 위해 인간에게 열려진 유일한 길은 신의 이미지에 대한 검토를 통하는 것이다. 아우구스티누스에 따르면, 실제로 삼위일체와 닮은 점이 없는 것은 원래 존재하지 않으며, 우리가 삼위일체에 대한 개념을 얻지 못하도록 하는 것은 아무것도 없다. 그러나 엄밀한 의미에서 '닮음'의 품격은 인간에게만 속하고, 인간 안에서 그의 영혼에게만 속한다. 또한 그것은 당연히 영혼 안에서 정신(mens)에만 속한다. 왜냐하면 정신이 영혼에서 가장 높은 부분이고, 신에 가장 가까운 부분이기 때문이다.[16]

---

15) 로이 케네스 해크, 앞의 책, 215-216쪽.

16) 모든 mens는 spiritus가 아니다. 그들은 언제나 유사하지 않다. 왜냐하면 모든 spiritus는 mens가 아니기 때문이다. 정신보다 우월한 spiritus가 있는데, 그것은 신이다. 그리고 정신보다 열등한 spiritus가 있는데, 그것은 영혼, 상상력 등이다. 실제로 mens는 인간 영혼인 이 spiritus의 가장 높은 부분이다. 에티엔느 질송, 앞의 책, 426쪽.

이제 남은 일은 신의 이미지('닮음')가 정신 안에서 어떻게 표현되는지 살펴보는 것이다. 아우구스티누스는 인간 안에 있는 신의 이미지에 주목한다. 첫째는 정신(mens), 지식(notitia), 사랑(amor)이다. 둘째는 자기 기억(memoria sui), 지성(intelligentia), 의지(voluntas)이다. 셋째는 신의 기억(memoria Dei), 지성(intelligentia), 사랑(amor)이다. 이것들은 다음과 같은 공통점을 지닌다. 먼저, 이것들은 모두 정신, 즉 영혼의 영적인 눈 안에 기초하고 있다. 다음, 이것들은 사람을 신의 모상으로 만들면서 그의 정신에 우연적 특성을 끌어들이지 않고 본질적인 특성을 끌어들인다. 사람은 신의 이미지에 따라 창조되었기 때문에, 그의 신적인 닮음은 그의 존재 위에 불멸의 특질로 새겨져 있다. 그리고 이런 창조된 삼위일체들을 구성하는 요소들의 상대적 동질성이 우리로 하여금 삼위일체 안에서 세 위격의 동질성에 대한 몇 가지 개념을 얻을 수 있게 한다. 특히 마지막 공통점은 아우구스티누스주의자들에게 깊은 영향을 미친다. 아우구스티누스가 생각하고 있는 삼위일체가 무엇이든, 그것은 구별됨에도 불구하고 동질적인 세 항목이 정신 안에 있다는 것을 아우구스티누스주의자들은 보여주고자 했다.

하나의 예를 들어보자. 내가 어떤 대상을 사랑한다면 나의 사랑은 세 항목을 함축하고 있다. 그것은 나 자신, 내가 사랑하는 그것, 그리고 나의 사랑 그 자체이다. 나는 사랑을 사랑하지 않는다. 나의 사랑의 대상을 사랑한다. 그런데 나 자신이 그 대상이라고 상상해 보자. 이 경우에 그 항목은 둘로 감소된다. 왜냐하면 한 사람이 그 자신을 사랑한다고 말하는 것은 그 자신이 스스로에 의해서 사랑받는다고 말하는 것과 동일하기 때문이다. 그러므로 사랑과 사랑받는 대상이라는 두 항목만이 남는다. 여기서 사랑받는 대상은 본질로서 생각되는 정신 자체이다. 그리고 사랑은 의지가 사랑하는 수단으로서의 행동이 아니라 오히려 자신을 향유하기를 욕망하는 정신의 자연적 성향, 자신을 현실화하고자 하는 성향이다. 여기서 두 항목은 동등성의 관계이다. 정신은 오로지 그 자신을 전체로서 욕망하기 때문이다. 자신에 대한 사랑은 다만 그 자신에 대한 자연적인 긍정일 뿐이기 때문에, 사랑하는 것은 정확하게 사랑받는 대상과 같다.

다른 한편, 분명한 점은 아는 것 없이는 사랑할 수 없다는 것이다. 정신은 그 자체를 알지 못하고는 자신을 사랑할 수 없다. 그 자체를 아는 것은 정신에게 쉬운 일이다. 왜냐하면 비물질적인 것은 본질적으로 이해 가능하기 때문이다. 그런데 자신에 대한 영혼의 사랑이 영혼과 정확히 같은 것과 마찬가지로, 영혼이 자신에 대해 가지는 인식은 영혼과 정확히 같다. 이 경우에 영혼이 사랑하는 것은 신을 사랑할 때처럼 영혼 위에 있지 않고, 육체를 사랑할 때처럼 영혼 밑에 있지도 않다. 그것은 정확히 그 자신의 차원에 있다. 그러므로 정신·사랑·지식은 곧 하나이다.

아우구스티누스에 따르면, 신은 하나의 실체이다. 또는 우리가 그리스어 'ousia'를 좀 더 정확하게 번역한다면 신은 하나의 본질이다. 이 본질은 완전하게 하나이므로 우연적인 것들을 가지고 있지 않다. 본질에 속하는 모든 것은 실체적이므로 신에 속한다. 말하자면 성부는 신이고, 성자도 신이고, 성령 역시 신이다. 즉 세 가지 신이 있는 게 아니라 하나의 신의 유일한 본질이 있는 것이다. 만약 우리가 위격으로부터 속성으로 옮겨가서 생각해도 똑같다. 성부는 위대하고, 성자도 위대하며, 성령 역시 위대하다. 말하자면 세 가지 위대함이 있는 것이 아니라 하나의 본질, 하나의 위대함만이 있는 것이다. 이처럼 신은 삼

위일체의 이미지에 의해 표상되지만 오로지 하나의 실체이다.[17]

삼위의 통일성을 강조하는 아우구스티누스의 견해는 399년부터 419년까지 약 20년 동안 총 15권으로 이루어진 『삼위일체론』에 잘 나타난다. 이 책에서 아우구스티누스는 "이 주제에 대한 오류보다 더 위험스럽고, 더 많은 연구가 추가로 필요하고, 진리의 발견이 더 유익한 다른 주제는 없다"고 하면서 삼위일체의 중요성과 난해성을 강조한다. 주목할 만한 점은 아우구스티누스가 '세 위격으로 존재하는 하나의 본질'이라는 테르툴리아누스의 정식에서 위격을 나타내는 용어 페르소나(persona)와 본질을 나타내는 용어 수브스탄티아(substantia)가 모두 신에게는 적합하지 않음을 지적했다는 사실이다. 수브스탄티아는 일상에서 보통 '속성'을 나타내는 말이기 때문에, 신의 수브스탄티아란 신의 위대함 · 전능 · 선함 같은 신의 속성을 모두 포함하며, 그래서 신의 속성인 본질에 대한 표현으로는 적합하지 않다는 것이다. 오직 '존재'라는 신의 본질을 나타내는 표현인 '에센티아(essentia)'가 적합하다고 주장했다. 또한 위격을 나타내는 라틴어 페르소나도 일상에서는 보통 개체를 뜻하기 때문에 성부 · 성자 · 성령이 본질에서는 상이한 존재인 것처럼 만들어버린다고 지적한다. 이처럼 아우구스티누스는 '삼위의 통일성', '삼위의 불가분성'을 강조했다.[18]

---

17) 에티엔느 질송, 앞의 책, 429-438쪽.

18) 김용규, 『서양문명을 읽는 코드, 신』(서울: 휴머니스트, 2010), 708-721쪽 참조.

3. 아퀴나스의 신 개념

11세기부터 시작된 십자군원정이 실패로 돌아가 교황의 권위가 실추되고 동서문화의 교류가 활발하게 되자 절대적 진리로 인식되고 있던 기독교 교리를 무조건적으로 받아들일 수 없는 상황이 되었다. 이처럼 기독교 교리의 기초가 흔들리게 되자 기독교 교리를 철학적으로 논증하려는 움직임이 나타나게 되었다. 여기서 스콜라철학이 출현하게 된다. 스콜라철학은 그리스도교 신앙과 아리스토텔레스 이론을 결합시켜 철학적으로 합리화하려는 사상이다. 스콜라철학은 신앙과 이성의 조화를 추구하는 데 주력했다. 이성에 의해 신앙을 지지하기 위해 이론으로 신앙을 변호하고 철학으로 교회를 옹호하며 논의와 합리적 논증으로써 교회의 교리를 지지하려고 한 것이다.

토마스 아퀴나스(Thomas Aquinas, 1224~1274)는 스콜라철학 전성기에 아리스토텔레스의 철학체계를 수용하여 스콜라철학을 집대성한 인물이다. 그는 그리스철학의 기본원리와 그리스도교 사상의 고유한 진리 사이에서 조화로운 종합을 완성했다는 평가를 받는다.[19] 아퀴나스는 아리스토텔레스의 모든 중요한 작품들에 대한 더욱 개방적이고 지혜로운 주석을 매개로 해서, 아리스토텔레스가 그의 형이상학적 원리들을 통해서 과거에 플라톤으로부터 차용한 것보다 더 선호할 만한 해석학적 도구를 신학에 제공했고, 동시에 많은 근본적인 문제들을 해결하기 위해서 플라톤의 원리를 통해서 이르렀던 과거

19) 바티스타 몬딘, 강윤희·이재룡 옮김, 『토마스 아퀴나스의 철학체계』(가톨릭출판사, 2012), 18쪽.

의 해답보다 더 만족할 만한 해답을 보여주었다는 사실을 증명하는 데 성공했다.[20]

플라톤은 인간을 영혼(anima)과 동일시한다. 다만 어떤 중대한 죄 때문에 영혼이 무거워져서 이 세계로 추락했고, 거기서 죄값을 치르기 위해 일시적으로 육체라는 감옥에 갇히게 되었고 한다. 영혼은 긴 상승 과정을 거쳐 다시 이데아들에 대한 명상을 즐기기 위해서 본래의 자리로 되돌아간다. 플라톤의 관점에서 영혼은 본질적으로 영적이고 불멸적이다. 아리스토텔레스는 인간을 영혼과 육체(corpus)가 결합되어 있다는, 직접적인 경험 자료에 훨씬 더 충실한 개념을 제시한다. 아리스토텔레스에 따르면, 인간은 다른 모든 물리적 실재들처럼 질료와 형상의 합성체다. 여기서 질료는 육체이고 형상은 영혼이다. 이 질료−형상 이론을 인간 실재에 적용함으로써 아리스토텔레스는 인간의 영적 차원의 자율성을, 그 존속성과 불멸성을 보장할 정도로 충분히 옹호할 수 있는 것으로는 보이지 않는다. 이것이 그리스도교 철학자들이 처음부터 플라톤 철학을 선호하게 된 여러 이유들 중 하나다.

아리스토텔레스와 마찬가지로 아퀴나스도 인간이 영혼과 육체라는 두 가지 본질적인 요소로 합성되어 있다고 본다. 아퀴나스에 따르면, 영혼과 육체가 존재와 맺고 있는 관계는 질료와 형상이 통상적으로 서로 환대하는 것과 다르다. 통상적으로 질료와 형상은 오직 합성체 안에서만 존재를 갖는다. 질료도 형상도 '존재현실'을 따로 지니고 있지 않다. 그런데 영혼과 육체의 경우에는 사정이 다르다. 육체에 대한 영혼의 무한한 우위성, 즉 성찰, 판단, 추론, 자유 선택 등과 같이 탁월하게 영적인 활동에 의해 확증되는 우위성 때문에, 존재는 무엇

20) 몬딘, 앞의 책, 26-27쪽.

보다 영혼에 속하고 영혼의 속성이다. 질료로부터 벗어나 있는 어떤 존재를 갖고 있기 때문에, 영혼은 질료로부터 존재를 받지 않는다. 오히려 합성체가 영혼으로부터 존재를 받는다. 그럼에도 영혼은 고유한 활동을 펼치기 위해서 육체의 도움을 필요로 하고, 그렇기 때문에 육체로 하여금 자기의 존재현실에 참여하게 한다.

이런 방식으로 영혼과 육체 사이에 설정되는 심층적이고 실체적인 단일성이 설명된다. 이는 바로 인간의 존재현실이 유일하다는 사실에 힘입은 것이다. 존재론적 우위성 때문에 영혼에 속하는 저 존재현실은 또한 육체에 현실성을 전해주는 존재현실이기도 하다. "영혼에 그 자체로 속하는 존재가 또한 합성체의 존재가 된다. 왜냐하면 합성체의 존재는 그 형상의 존재와 다르지 않기 때문이다."[21] 이런 식으로 고유한 존재현실을 영혼에 돌림으로써 아퀴나스는 영혼의 불멸성에 긍정적인 대답을 주기 위한 전제를 마련한다. "존재는 현실인 형상에 직접적으로 속한다. 질료가 형상을 얻음으로써 현실태로 있는 존재를 취득한다는 것은 참으로 사실이다. 그리고 소멸은 바로 형상이 질료로부터 분리되는 것이기 때문에 형상 안에서 검증된다. 그런데 형상이 자기 자신으로부터 분리되는 것은 불가능하다. 그러므로 어떤 자립적 형상이 존재하기를 그친다는 것은 불가능하다."[22]

이처럼 영혼과 육체 사이의 관계 문제의 해결에서 아퀴나스는 어느 시점까지는 아리스토텔레스의 노선을 따른다. 그러나 오직 영혼과 육체의 결합이 질료와 형상의 범주를 통해서 해석될 수 있을 정도로 내밀하다고 주장하는 것을 다룰 때까지만 그렇게 하고, 그 뒤에는 아

---

21) *In I Sent.*, d8, q.5, a.2, ad 3m; 몬딘, 앞의 책, 355쪽.

22) *Summa Theologiae*, Ⅰ, 75, 6; 몬딘, 앞의 책, 357쪽.

리스토텔레스를 포기하고 극복한다. 질료와 형상의 범주를, 원천적 완전성과 현실성으로, 그리고 모든 현실성과 완전성의 토대로 이해된 존재에 접목하고, 그것들을 그 경우의 요구에 적용한다. 다시 말해서 자기 고유의 존재현실을 지니고 있는 한에서 그리고 육체로부터 분리된 후에도 항구히 존재할 수 있도록, 영혼을 자기 나름의 완전한 실체로 간주하는 것이다.[23)]

아리스토텔레스를 수용하고 다시 아리스토텔레스를 넘어서는 방식은 다른 영역에도 적용된다. 아리스토텔레스의 윤리학과 정치학을 당시 기독교 사회에 적용시킨 아퀴나스는 인간의 진정한 목적이 지상에서 행복한 상태를 도달하는 데 있다고 본 아리스토텔레스의 견해를 받아들이면서도, 인간의 목적이 그것에 그치지 않고 신의 세계를 인식하는 보다 높은 데 있다고 주장하였다. 지성의 최고 목표는 바로 여기에 있으며, 내세에서의 인간 구제는 아리스토텔레스의 자연적 덕의 실천만이 아니라 신앙과 자애라는 기독교적 덕을 요구한다는 것이다.

1) 신 존재 증명

이제 아퀴나스의 신 개념에 대해 알아보자. 아퀴나스는 『신학대전』(*Summa Theologiae*)에서 다섯 가지 신 존재 증명(quinquae viae, 다섯 가지 길)을 제시하였다. 여기서도 아퀴나스는 아리스토텔레스의 개념들을 차용하여 논의를 전개한다.

---

23) 몬딘, 앞의 책, 351-357쪽.

(1) 운동을 통한 증명

모든 사물은 운동한다. 운동하는 사물은 운동하도록 만드는 어떤 것에 의해서 운동한다. 운동하도록 만드는 것의 무한소급은 불가능하다. 따라서 모든 운동이 시작되는, 즉 다른 어떤 것에 의해서도 움직여지지 않으면서 다른 모든 것을 운동하도록 만드는 제일의 원동자, 즉 운동을 하도록 만드는 첫 번째 것(primum movens)이 존재한다. 이 존재를 신이라 부른다.

여기서 운동이란 아리스토텔레스적 의미로 가능태에서 현실태로 이행해가는 것을 가리킨다. 현실태에 있는 어떤 것으로 말미암지 않고는 가능태가 움직일 수 없으므로, 다른 것에 의해 움직여지지 않으면서 다른 것들을 움직이게 하는 동인(不動의 原動者)을 생각하게 되는데, 이 제1운동자가 신이라는 것이다.

(2) 능동인을 통한 증명

모든 존재하는 것에는 원인이 있다. 모든 것은 그것과 구분되는 다른 어떤 것에 의하여 생겨난다. 원인의 무한소급은 불가능하다. 따라서 모든 것을 존재하도록 한 첫 번째 능동인이 존재하지 않을 수 없다. 이 제1의 능동인을 신이라 부른다.

여기서 능동인은 아리스토텔레스의 4원인 가운데 하나다. 능동인은 무엇이 만들었는가에 대한 해명이다. 아퀴나스는 '운동을 통한 증명'과 '능동인을 통한 증명'에 의거하여 신이 세계를 창조하고 그것을 지속시키고 있음(이를 아퀴나스는 '보존'='계속적인 창조'라고 부른다)을 논증하고 있는 셈이다.

(3) 우연적인 것과 필연적인 것을 통한 증명

세상에는 존재할 수도 존재하지 않을 수도 있는 사물들이 있다. 이런 것을 우연적인 존재라고 한다. 만약 세상의 모든 사물들이 존재하지 않을 수 있다면, 모든 것이 존재하지 않는 시점이 있었을 것이다. 그러나 무에서 무언가가 생성될 수는 없기 때문에 세상의 모든 사물이 우연적일 수는 없으며, 우연적인 사물들의 근원이 되는 필연적인 것이 반드시 존재해야 한다.[24] 필연성의 원인을 소급해가는 과정은 무한퇴행이 불가능하다. 따라서 다른 모든 존재하는 것에 필연성의 원인을 두지 않으면서도 존재하는 필연적인 존재가 있을 수밖에 없다. 이러한 존재를 신이라고 한다.

(4) 사물들이 드러내는 완전성의 등급에 의한 증명

우주에는 다양한 등급의 완전성이 존재한다. 완전성의 등급이 있다는 것은 필연적으로 하나의 최선의 존재, 최고 진리의 존재가 있다는 것을 암시한다. 완전성의 등급은 바로 이 가장 완전한 것과의 거리에 따라 다양한 양상으로 드러난다. 이 다양한 양상과 등급으로 드러나는 다른 모든 완전성의 기준이 되는 가장 완전한 존재로서 완전성의 정점을 신이라 부른다. 달리 표현하면, 세계 속에서 우연적인 존재자들 안에서 진리와 선의 등급이 관찰되기 때문에 다른 모든 존재자들 안에 있는 진리와 선의 원인이 되는 어떤 최고의 존재자가 있어야 한다는 것이다. 사람들은 이 최고의 존재자를 신이라 부른다.

---

24) 우연적인 존재 중에서는 어떤 것도 자기 자신을 실존하게 만들 수는 없다. 따라서 어떤 필연적인 존재도 없다고 한다면 어떤 것도 전혀 존재하지 않을 것이기 때문이다.

(5) 목적론적 증명 혹은 사물의 지배를 통한 증명

세상의 모든 사물은 어떤 목적에 따라 (혹은 목적을 향해) 활동한다. 이것은 세상의 모든 사물이 거의 항상 그것에게 최상의 결과를 가져오는 방식으로 활동하는 것을 통해 확인할 수 있다. 그런데 목적에 따라 활동하는 것은 지적 능력을 부여받음으로써 자신의 목적을 인식하고 그 목적에 따라 활동하거나, 이런 지적 능력을 부여받지 못한 경우에는 지적 능력을 가진 것이 그들에게 각각 목적을 정해주고 그에 따라 활동하도록 질서를 갖게 함으로써 목적에 따라 활동하게 된다.[25] 그러므로 모든 사물들을 목적에 따라 활동할 수 있도록 그들에게 지적 능력을 부여하거나 혹은 목적을 정해주고 이들을 이끎으로써 목적에 부합하는 질서를 통해 활동하도록 하는 어떤 지성적인 존재가 있어야 한다. 이 존재를 신이라 부른다.[26]

2) 신의 속성

이제 아퀴나스가 신의 존재를 증명하고 나서 신이 어떤 속성을 지니고 있다고 파악하는지 살펴보자. 신의 속성들을 확정하기 위한 아퀴나스의 척도는 다음과 같다. 즉 어떤 완전성을 취하고, 그것을 다른 존재와 대조시킨 다음, 그것이 존재 자체 위에 정초되는지 아니면 어

25) 가령 식물이 열매를 맺기 위해 잎들을 자라게 하고 영양 섭취를 위해 뿌리를 아래로 뻗는 자연현상으로부터 식물 안에 그런 목적이 있음을 알 수 있는데, 식물은 인식을 갖고 있지 않다. 따라서 인식을 갖고 있지 않고 스스로 목적을 설정할 수 없는 자연물들을 하나의 목적에로 향하게 하는 지적 존재가 있어야 한다는 것이다.

26) 신 존재 증명에 대한 이상의 서술은 주로 박경숙, 『토마스 아퀴나스 〈신학대전〉』(『철학사상』 별책 제3권 제10호)(서울: 도서출판 관악, 2004), 40-51쪽 참조.

느 특정 본질 속에 육화하게 될 때에만 존재를 얻게 되는지 점검하는 것이다. 첫 번째 경우에는 신의 어떤 속성에 직면하게 되지만, 두 번째 경우에는 그렇지 못하다. 아퀴나스가 이 척도로 얻게 되는 주요한 속성들은 단순성, 완전성, 무한성, 무소부재성, 불변성, 영원성, 단일성, 유일성, 지성, 진리성, 선성 등이다.[27)]

(1) 단순성

존재를 다른 모든 것들에게 전해주는 자가 다른 어떤 것에 의존할 수는 없다. 존재하기 위해서 다른 어떤 것에 의존하는 자는 존재를 다른 모든 것들에게 나누어주는 자일 수 없다. 신은 존재를 모든 것들에게 나누어주는 자이다. 그러므로 신의 존재는 다른 것들에 의존하지 않는다. 모든 합성체의 존재는 성분들에 의존하고 있다. 그래서 성분들이 제거되면 관념으로서든 사물로서든 그 합성체도 사라지게 된다. 그러므로 신은 합성체가 아니다.

(2) 완전성

신은 그 자체로 자립하는 존재다. 신은 자립적 존재이기 때문에 존재의 완전성에 관해 어떤 결함도 있을 수 없다. 세상의 존재자에게서 발견되는 그 어떠한 완전성도 신 안에 결여될 수 없는 것이다. 신 안에는 모든 사물의 완전성이 있다. 그래서 신은 보편적으로 완전한 자라고 불린다.

---

27) 이하 신의 속성에 관한 기술은 몬딘, 앞의 책, 310-318쪽 참조.

(3) 무한성

어떤 것이 무한하다고 불리는 것은 그것이 유한한 것이 아니라는 데 근거한다. 그런데 어떤 의미에서 질료는 형상에 의해 한정되고 형상은 질료에 의해 한정된다. 질료가 형상으로 말미암아 한정된다는 것은, 질료가 형상을 받기 전에는 많은 형상들에 대해 가능태로 있지만 어떤 형상을 받으면 그 형상에 의해 규정되기 때문에 그렇다. 형상이 질료로 말미암아 한정된다는 것은, 그 자체로 고찰된 형상은 많은 것에 공통되지만 질료 안에 수용된다는 것에 의해 한정적으로 그 사물의 형상이 되기 때문에 그렇다. 질료는 그것에 의해 한정되는 형상에 의해서만 완전하게 된다. 그러나 형상은 질료로 말미암아 완성되는 것이 아니다. 따라서 무한이라는 것은 질료로 말미암아 한정되지 않는 형상 편에서 고찰되어야 한다. 모든 것 가운데 가장 형상적인 것은 존재 자체이다. 신적 존재는 어떤 것 안에 수용되는 것이 아니고 자립적 자기 존재이기 때문에 신은 무한하다.

(4) 무소부재성

신은 그 본질로 말미암아 존재 자체이기 때문에, 창조된 존재는 신의 결과여야 한다. 그것은 마치 불타는 것이 불의 결과인 것과 마찬가지다. 그런데 신이 이런 결과를 사물계에 야기하는 것은 처음에 존재를 시작할 때만이 아니라 존재 안에 보존되는 한에서도 그러하다. 마치 대기 안에서 빛이 태양으로 말미암는 것이 대기가 빛으로 차 있는 동안에 그런 것과 마찬가지다. 그러므로 사물이 존재하는 한, 신은 그 사물이 가지고 있는 양식에 따라 그 사물에 현전해야 한다. 신은 모든 사물들 속에 내밀한 방식으로 현존한다.

(5) 불변성

움직여지는 모든 것은 그 운동 덕분에 어떤 것을 취득하며, 이전에 도달하지 못했던 곳에 도달하게 된다. 그런데 신은 무한하고 그 자체 안에 완전하고 보편적인 방식으로 존재 전체의 충만함을 포함하고 있기 때문에, 그 어떤 것도 취득될 수 없고 또 과거에 도달할 수 없었던 어떤 것으로 확장될 수도 없다. 그러므로 어떤 방식으로든 신에게는 운동(변화)이 적합하지 않다.

(6) 영원성

영원 개념은 불변성을 따른다. 그것은 시간 개념이 운동을 따르는 것과 마찬가지다. 신이 최고도로 불변적이기 때문에 영원하다. 또한 신은 영원할 뿐만 아니라 영원성 자체이다. 그런데 신 이외에 다른 것들은 그 어떤 것도 자기 지속성이 아니다. 그것은 사물들이 자기 존재가 아니기 때문이다. 신은 한결같이 존재 자체이다. 따라서 신은 자기 본질인 것처럼 그렇게 자기 영원성이다.

(7) 단일성

하나란 나뉘지 않는 존재이다. 따라서 어떤 것이 최대로 하나이기 위해서는 최대로 존재자이고 최대로 불가분적이어야 한다. 이 두 가지는 다 신에게 적합한 조건이다. 사실 신은 본성에 존재가 도래하는 그런 본성으로 말미암아 어떤 규정된 존재를 가지는 것이 아니라, 오히려 모든 양태에 무한정적이며 자립적인 존재 자체인 한에서 최대한 존재자이다. 신은 또한 모든 면에서 단순하기 때문에, 가능태로도 현실태로도 그리고 어떤 구분에 의해서도 구분될 수 없는 한에서 최대한 불가분적이다.

(8) 유일성

신은 자체 안에 존재의 모든 완전성을 내포하고 있는 가장 완전한 존재이다. 그런데 여러 신이 존재한다고 가정한다면, 그 신들은 서로 차이가 날 것이다. 이 경우, 한 신에게는 적합하지만 다른 신에게는 적합하지 않은 어떤 것이 있을 수 있다. 이것은 곧 어떤 결핍을 의미하며, 그런 신은 완전하지 않을 것이다. 그러므로 여러 신이 존재한다는 것은 불가능하다.

(9) 지성

어떤 존재는 그것이 질료를 결여하고 있다는 사실 때문에 지성적이다. 이것은 형상들이 추상작용을 통해 질료로부터 사유된다는 사실에 의해서 확인된다. 그러나 만일 그것들이 질료로부터 벗어나 있는 한에서 사유된다면, 어떤 존재가 질료 없이 있을 때 지성적일 수 있다. 신은 비물질적이다. 즉 신은 질료로부터 벗어나 질료를 결여하고 있다. 그러므로 신은 지성적이다.[28)]

(10) 진리성

진리는 지성이 사물을 있는 그대로 인식할 때 지성 속에서 발견된다. 인식과 사물의 합치는 쌍방의 변화에 의해 두 가지 양태로 변할

---

28) 이것이 토마스 아퀴나스의 논증인데, 결론은 "신은 지성적일 수 있다"고 말하는 것이 타당할 것이다. 질료를 결여하고 있기 때문에 지성적일 수 있지만, 질료를 벗어나 있다고 해서 반드시 지성적인 것은 아니기 때문이다.

수 있다. 사물은 그대로 있는데 사람의 인식이 변하는 경우와 사람의 인식은 변함이 없는데 사물이 변하는 경우가 그것이다. 이 두 경우에 진리에서 허위로의 변화가 일어난다. 만약 그 안에서 어떤 변화가 있을 수 없으며 어떤 사물도 그것의 인식을 벗어날 수 없는 그런 지성이 있다면, 그 지성 안에는 불변의 진리가 있는 것이다. 이런 지성은 신의 지성이다. 따라서 신의 지성의 진리는 불변적이다. 한편, 신의 인식 활동은 다른 모든 존재와 지성의 기준이자 원인이다. 그리고 신 자신이 그 자신의 존재이고 그 자신의 인식함이다. 따라서 신 안에 진리가 있을 뿐만 아니라 신 자신이 최고의 제1진리이기도 하다.

(11) 선성

선은 아리스토텔레스에 의해서 '모든 것이 바라는 것'이라고 정의되었다. 아퀴나스는 아리스토텔레스의 견해를 수용하여 선하다는 것은 욕구될 만하다는 데 기인한다고 보았다. 모든 사물은 파괴 앞에서 가지게 되는 자연적인 거부감에서 잘 드러나듯, 그 충만한 현실성 속에서 자기에게 고유한 양식에 따라 존재하기를 희구한다. 그러므로 현실태의 존재는 선의 본질적 이유를 구성한다. 아리스토텔레스가 증명하는 것처럼 가능태 속에서 현실태의 결핍으로부터 악이 뒤따른다. 그러나 신은 가능태가 아니라 총체적으로 현실태인 존재자이다. 그러므로 신은 참으로 선하다. 이로부터 "신은 선 자체이다"라는 결론을 도출할 수 있다.

신에게 선이 귀속되는 것은 욕구되는 모든 완전성이 신에게서 흘러나오기 때문이다. 그런데 신은 어떤 류(類)에 속하지 않으며, 오히려 신은 류 밖에 있으며 모든 류의 근원이 된다. 신은 이렇게 초월로 인해 다른 것과 비교된다. 선이 신 안에 있는 것은 만물의 제1원인으로서의 신 안에 있는 것이기 때문에, 선은 신 안에서 가장 우월한 모양으로 있어야 한다. 따라서 신은 최고선이라 불린다.[29)]

3) 신과 세계의 관계

신과 세계의 관계를 해명하기 위해, 달리 말하면 신이 세계로 내려옴을 조명하기 위해 아퀴나스는 여섯 가지 표현(창조 · 수교 · 참여 · 동화 · 보존 · 섭리)에 호소한다. 이것들은 절대자가 우연자에게로 귀환하는 여섯 가지 상이한 길을 표시한다. 각 길은 신이 세계와 맺고 있는 관계 중의 한 측면을 나타낸다.[30)]

(1) 창조

창조는 전에는 어떤 방식으로도, 즉 그 자체로도 또 어떤 주체나 질료의 가능성 속에도 존재하지 않았던 것의 산출을 의미한다. 그것은 자립적 존재 측으로부터의 산출 이전에 그 존재자의 총체적 부재를 명시하고, 다른 한편 존재자의 출발점의 총체적 빔(無)에 강조점을 둔다. 아퀴나스는 이 의미를 이렇게 밝힌다. "다른 것을 창조한다는 것은 미리 존재하는 어떤 질료를 활용하지 않은 채 어떤 것을 존재하게 만드는 것과 다름없다." "창조는 다른 것들에 의해 창조되었건 창조되지 않았건 어떤 존재성을 전제하지 않은 채 어떤 존재를 그 총체적 실체 속에서 산출하는 것 이외에 다른 것이 아니다." 신이 세계와

29) 신의 속성에 관한 이상의 서술은 주로 박경숙, 앞의 책 및 몬딘, 앞의 책 참조.
30) 이하 신과 세계의 관계에 관한 여섯 가지 기술은 몬딘, 앞의 책, 319-332쪽 참조.

맺고 있는 관계가 '창조'라는 용어로 표현된다는 것을 아퀴나스는 두 가지 방식으로 입증한다. 하나는 신이 사물을 창조하는 데 어떤 질료도 사용하지 않는다는 것을 드러내는 것이고, 다른 하나는 신적인 행위의 고유하고 배타적인 결과가 존재라는 것을 지적하는 것이다. 아퀴나스에 따르면, 신과 사물들 사이의 관계는 '창조'이며 '창조'는 배타적으로 신에게 어울리는 행위다.

(2) 수교

수교는 다른 존재자들에게 존재 자체의 자발적이고 은혜로운 주어짐, 절대적으로 비상한 주어짐을 가리킨다. 존재 자체, 즉 신의 주어짐과 더불어 전에는 오직 무만이 지배하고 있던 사막 속에서 존재자의 실재가 피어난다. 수교는 신이 자기의 피조물을 창조하는 순간에 그것들과 확립하는 관계이다.

"수교는 가능한 한 다른 존재자들에게 자기 자신을 전해주는 어떤 활동의 본성 속에 있다. 그러나 신적 본성은 (신은 자립적 존재이기 때문에) 최대로 그리고 가장 순수하게 현실로 있다. 그렇기 때문에 그 본성도 가능한 한 확장된다. 그렇지만 피조물들에게는 오직 영상들의 형상으로만 수교된다. 피조물들은 신적 본성의 모방을 통한 존재자들이다."

(3) 참여

참여는 어떤 것의 일부가 됨을 표현한다. 존재자들의 기원에 적용될 때, 참여는 부분이 됨, 곧 존재자들이 존재의 완전성에 참여함을 가리킨다. 그렇지만 수교는 자립적 존재 자체 안에 완전성이 어떠한 소외나 감소도 가져오지 않는 것처럼, 개별 존재자들 사이에 존재의 완전성의 어떠한 분할이나 단편화나 세분이나 분리도 함축하고 있지 않다. 존재 자체는 절대적으로 단순하고, 어떠한 해체나 구분도 인정하지 않는다. 참여는 은유적 의미로, 존재자들이 존재의 일부를 받는다고 말하려는 것이 아니라 제한되고 불완전하며 단편적인 방식으로 존재를 받는다고 말하려는 것이다.

(4) 동화

동화는 그것을 산출하는 원인 측으로부터 결과 속에 유사성을 재생산하고 각인하는 것을 의미한다. 원인과 결과 사이의 유사성의 원리는 결과 속에 자기 자신과의 어떤 유사성을 각인시키는 능동인의 속성을 함축한다. 그것은 신과 그 피조물을 결합하는 인과관계라는 대단히 독특한 경우에도 타당하다. 아퀴나스는 "모든 행위자는 자기와 비슷한 것을 산출한다"라는 원리를 신에게도 적용하고 있다.

(5) 보존

보존은 신이 사물들을 현실태로 존재하는 것들로 유지하는 활동을 가리킨다. 이것은 사물들을 위해 강렬하고 생명적이며 심층적이고 본질적이다. 존재는 오직 존재 자체에게만 배타적으로 속하는 결과다. 열의 고유한 결과가 따뜻하게 하는 것이듯, 존재는 존재 자체의 고유한 결과이다. 그렇기 때문에 태양 빛이 결코 조명되는 사물들의 개별적 속성 또는 소유물이 되지 않는 것처럼, 존재는 사물들에게 수교되고 참여될 때조차도 결코 그것들의 어떤 본질적 속성 또는 취소될 수 없는 권리가 되지 않는다. 그리고 빛이 사라지는 순간부터 사물들이 빛나기를 그치는 것처럼, 존재의 빛이 사라지면 사물들은 허무로 돌아간다. 생성의 원인이 그칠 때 생성도 그치는 것처럼, 존재의 원인이 그칠 때 존재도 그치게 된다. 반대로 생성이 지속된다면 그것은 그것을 산출한 행위자의 영향력이 아직도 현존하기 때문이듯, 존재자들이 존재하기를 유지한다면 그것은 존재 자체의 행위가 계속되기 때문이다. 그래서 아퀴나스는 보존을 '계속적인 창조'라고 한다.

(6) 섭리

섭리는 어떤 것을 보살피는 행위, 특히 자기 결과들을 보살피는 행위에 주어지는 용어이다. 신의 섭리에 관한 논의는 창조 및 보존에 관한 논의와 보조를 같이한다. 섭리는 결국 창조와 보존이 어떤 필연적인 행위자의 업적이 아니라 지성적이고 자유로운 행위자의 업적, 즉 신의 선성의 업적이라는 사실에 의해 정당화된다. 아퀴나스는 존재자들이 존재만큼이나 실재성을 지니고 있기 때문에, 그리고 신은 존재자들 안에서 존재의 항구한 원인이기 때문에, 인간적이고 자연적인 모든 사건들에 대한 지혜로운 통치는 신에게 속한다는 것을 인정해야 한다고 주장한다. 신의 섭리는 바로 이 지혜로운 통치에서 성립한다. 아퀴나스에 따르면, 모든 사물들은 일반적으로 고찰될 때뿐만 아니라 개별적으로 고찰될 때에도 신적 섭리 아래 놓여있을 필요가 있다.

"'하나님으로부터 존재하는 모든 것들은 질서 잡혀 있다'는 사도 바오로의 말(로마서 13:1)처럼, 어떤 식으로든 존재를 소유하고 있는 모든 것들은 신에 의해서 그 목적으로 질서 잡힌 것일 필요가 있다. 그러므로 신의 섭리는 그 목적을 향한 사물들의 질서 외에 다른 것이 아니기 때문에, 만물은 존재에 참여하는 그만큼 신의 섭리에 예속되어 있을 필요가 있다."

4. 종합적 고찰

이상으로 아우구스티누스와 아퀴나스의 신 개념을 살펴보았다. 주지하다시피 아우구스티누스는 플라톤 철학에 기초하고 아퀴나스는 아리스토텔레스 철학을 수용했기 때문에 양자 사이에 근본적으로 다른 측면이 있지만, 그럼에도 신에 대한 인식에서는 양자가 상당한 공통점을 드러낸다. 이제 양자의 차이점은 차치하고 동서철학사상 접변 이전 서양의 신 개념을 파악하려는 차원에서 그 공통점을 추출하는 작업으로 글을 마무리하고자 한다. 신 개념을 소개하는 데 초점을 맞추었기 때문에 그에 대한 비판적인 고찰은 보류하였음을 변명삼아 밝혀둔다.

아우구스티누스와 아퀴나스의 신 개념에서 우선 그리고 가장 중요하게 추출할 수 있는 공통점은 신의 완전성이라는 속성이다. 신의 완전성은 피조물의 불완전성에 대비되는 속성으로, 앞에서 살펴본 것처럼 고대 그리스 철학에 맥락이 닿아 있다. 완전성은 존재의 충만함이고, 달리 말하자면 결핍 내지 결여의 부재이다. 그리하여 선(善)이란 '모든 것이 바라는 것'이라고 한 아리스토텔레스의 정의에 따라 신은 선할 뿐만 아니라 선 자체이다. 또한 신은 완전성으로 인해서 변화를 용인하지 않는다. 변화란 결여를 필수적인 계기로 요청하기 때문이다. 그리고 신은 불변성으로 인해 영속적이고 영원하다.

신은 완전하기 때문에 우연적인 것들을 가지고 있지 않다. 우연적인 것들은 가변적이기 때문이다. 이처럼 우연적인 것들을 가지고 있지 않은, 달리 말해서 필연적인 것들로만 이루어진 신은 곧 실체이자 본질이다. 불변성과 필연성을 지닌 실체로서의 신은 따라서 가능태와 현실태 또는 그 어떤 것으로도 구분될 수 없는 불가분적인 하나이다.(단일성) 더 나아가 완전성은 하나이기를 요구한다. 여러 신이 있다면 하나의 신에게는 적합하고 다른 신에게는 적합하지 않은 것, 즉 결핍이 있을 수 있고, 그렇다면 신은 완전하지 않게 된다. 따라서 신은 하나이다.(유일성)[31)]

아우구스티누스와 아퀴나스가 신 개념에 접근할 때 보이는 다른 공통점은 바로 인간의 행복과 연계시켜 논의를 전개한다는 점이다. 아우구스티누스는 신을 진리(지혜)로 표상하며 진리의 핵심을 적절함[適度]으로 파악하면서 행복과 연계시킨다. 반면에 아퀴나스는 결핍이 부재한 신의 완전성에서 행복을 찾는다. 그에게 행복은 모든 고유한 열망들, 특히 인간의 고유한 기획의 충만한 실현을 최대한 달성하는 열망들을 완전히 충족시키는 것이다. 아퀴나스에게 행복이란 절대적 선인 신을 명상하고 그와 합일되는 데 있다.[32)]

위에서 아우구스티누스와 아퀴나스의 신 개념에서 추출할 수 있는 공통점을 기술했지만, 과연 그것들이 진정으로 둘의 공통점인지에 대해서는 논란의 여지가 있을 수 있다. 사실 아우구스티누스는 신의 완전성이라는 점에서는 아퀴나스와 대체로 견해를 같이하지만, 그밖

---

31) 이상에서 살펴본 아우구스티누스와 아퀴나스의 신 개념에서 안셀무스의 본체론적인 신 존재 증명의 자취를 확인할 수 있다. 즉 개념의 영역과 존재의 영역을 구분하지 않는, 혹은 개념의 영역을 이론적이고 경험적인 근거를 제시하지 않고 존재의 영역에 투사하는 선험적인 독단이 작동하는 있는 것이다. 그러나 이는 단순히 이론적인 문제가 아니라 종교적인 실천의 문제와 결부되어 있다. 마치 불교의 유식학이 그러한 것처럼.

32) 몬딘, 앞의 책, 436쪽.

의 다른 속성들에 대해서는 명시적으로 밝히지는 않았다. 그럼에도 신의 완전성이라는 점을 지렛대로 삼아서 다른 속성들도 어느 정도는 유추가 가능하다고 생각하여 공통점을 추출해보았다.

【참고문헌】

1. 단행본

F. 코플스톤, 박영도 옮김, 『중세철학사』, 서광사, 1988.

요한네스 힐쉬베르거, 강성위 옮김, 『서양철학사』(상), 이문출판사, 1992.

박경숙, 『토마스 아퀴나스 〈신학대전〉』(『철학사상』 별책 제3권 제10호), 서울: 도서출판 관악, 2004.

리처드 도킨스, 이한음 옮김, 『만들어진 신 –신은 과연 인간을 창조했는가?』, 서울: 김영사, 2007.

클로드 알레그르, 송대영 옮김, 『신의 존재와 과학의 도전』, 서울: 동문선, 2007.

에티엔느 질송, 김태규 옮김, 『아우구스티누스 사상의 이해』, 서울: 성균관대학교 출판부, 2010.

김용규, 『서양문명을 읽는 코드, 신』, 서울: 휴머니스트, 2010.

로이 케네스 해크, 이신철 옮김, 『그리스 철학과 신 –소크라테스 이전 철학자들에서 신 개념의 역사』, 서울 : 도서출판b, 2011.

바티스타 몬딘, 강윤희·이재룡 옮김, 『토마스 아퀴나스의 철학체계』, 가톨릭출판사, 2012.

강대석, 『무신론자를 위한 철학』, 서울: 중원문화, 2015.

2. 연구논문

엄정식, 「신 개념의 철학적 분석 –L. Wittgenstein의 입장을 중심으로」, 『서강인문논총』 4, 서강대학교 인문과학연구소, 1995.

안윤기, 「존재론적 신 존재 증명에 대한 칸트의 비판」, 『철학논구』 26, 서울대학교 철학과, 1998.

이환봉, 「칼빈의 "신의식"(Senus Divinitatus)과 자연신학의 가능성」, 『고신신학』 6, 고신대학교, 2004.

김익성, 「어거스틴의 시간순환론 비판 –참회록 11권과 신국론 12권을 중심으로」, 서울대학교 철학과 석사논문, 2005.2.

한인철, 「자연종교의 빛에서 본 기독교 –이신론을 중심으로」, 『대학과 선교』 9, 한국대학선교학회, 2005.

김요한, 「아리스토텔레스의 질서의 원인으로서 신 개념 연구 –『철학에 관하여』, 『형이상학』, 『자연학』을 중심으로」, 『범한철학』 55, 범한철학회, 2009년 겨울.

Ⅳ. 유교와 천주교의 만남

『천주실의』의 리(理) 해석과 그 반향

이봉규

* 이 글은 『동방학지』 제175집(2016년 6월)에 게재된 「동서의 지적 交錯 : 『천주실의』의 理 해석과 그 반향」에서 서문의 일부와 약간의 문장을 보충 수정하여 재수록한 것임.

1. 문화권적 사유지평의 교착 지점: 〈실체－속성〉 대 〈체－용〉

세계상이 다른 개념체계들이 접변과 교착과정을 거쳐 새로운 융합이 발생할 때, 사유는 더 풍성한 더 새로운 시야를 획득하게 된다. 유교사 역시 그러한 역사적 경험을 가지고 있다. 선진(先秦) 시기 제자의 쟁명을 거쳐 한대 유교는 경술(經術)로서 재탄생하였고, 불교와 도교의 발전에 힘입어 송대 리학(理學)이 성립하였다. 그리고 17세기부터 본격화된 서학(西學)과의 접변은 유교의 새로운 변동에 크게 영향을 주었다. 근대 이행과정에서 리학으로서의 유학은 자연과학, 진화론, 마르크스주의 등 여러 학술적 층위에서 비판을 받아 권위를 잃었고 이제는 그 학술적 가치보다 구시대의 역사적 산물로 취급되는 상황이다. 돌이켜보면, 17세기 이래 유교에 대한 이들 비판은 서구의 세계상에 입각해 유교의 정체성을 끊임없이 와해시켜갔던 과정이었다. 적어도 학술 개념어에서 보면, 유교는 자신의 얼굴을 들여다보던 거울을 모두 잃었다. 그렇다면 이제 유학을 재학문화하는 것은 서양 메타적 개념장치들에 의거하는 수밖에 없는 것일까? 이 문제에 접근하기 위해서 17~19세기 동서 사상의 접변과 교착과정이 발생하여 진행되었던 실제의 과정을 되돌아볼 필요가 있다.

『천주실의』는 유교를 이해하고 평가하는 관점을 그리스도교의 시야에서 새롭게 제시하여 리학의 유교 이해방식을 부정한 대표적 텍스트이다. 마테오 리치(Matteo Ricci, 1552~1610)가 실체와 속성의 범주를 구분하는 개념체제에 의거하여 리와 태극 개념의 위상을 재설정한 것은 리학 체계의 근간을 뒤흔드는 비판이었다. 리치의 견해에 대한 동아시아 지식인들의 반향은 『천주실의』가 간행되는 시기부터 19세기까지 동아시아 각 지역에서 발견된다. 현재 전하는 사료로 보면, 일본에서는 1605년 하야시 라잔(林羅山, 1583~1657)과 후칸사이 하비안(不干齋巴鼻庵, 1565~1621) 사이에 논의가 있었고, 1620년경 하비안이 「파제우자(破提宇子)」를 발표하여 『천주실의』를 전면적으로 비판하는 대응을 보여주었다. 중국에서는 1607년경 우순희(虞淳熙)가 「천주실의살생변(天主實義殺生辨)」을 지어 리치의 견해에 반론하면서 논쟁이 공론화되고, 이후 논의들은 황정(黃貞)의 『파사집(破邪集)』으로 모아졌으며, 1639년 서창치(徐昌治)에 의해 『성조파사집(聖祖破邪集)』으로 간행되었다. 조선에서는 이익이 『천주실의』에 발문을 쓰면서 대응이 본격화되었고, 1785년 안정복이 저술한 『천학문답(天學問答)』은 리학의 입장에서 대응하는 한 전형을 보여주었다. 이처럼 보수적 대응이 지속되는 동안, 한편으로 대진(戴震)과 정약용(丁若鏞)은 직접 언급은 하지 않으면서도 리치가 제시한 견해를 활용하여 리학의 개념 틀을 비판하고 유교에 대한 새로운 해석체계를 수립하였다.

리치의 『천주실의』에 대한 반향과 관련해서 연구사를 돌이켜보면, 지역별 또는 인물별 개별적 사례들에 대한 연구들이 상당히 축적되어 있다.[1] 이제 논의를 좀 더 전진시키기 위해서는 반향을 동아시아 차원에서 접근하여 지역적 차이를 고려하면서 살펴볼 필요가 있다. 또한 개념 체계의 사유 지평이 문화권적으로 서로 접변하면서 일으키는 교착내용을 좀 더 세밀하게 추적할 필요가 있다. 이를테면, 리학의 입장에서 리치의 견해를 반박한 보수적 대응에는 철학적으로 존재를 체-용으로 상관지어 이해하는 사유 지평이 토대를 이루고 있다. 리치의 유교 해석에는 이 체-용의 사유지평에 대한 성찰이 부재하다. 따라서 리치의 실체-속성 문법에 초점을 두고 반향을 분석하면, 자연히 리치의 논점에 따라가게 되고 리학이 토대하는 체용의 사유문법을 놓치게 된다. 따라서 실체-속성의 문법과 체-용의 문법 사이의 문화권적 교착이 발생하는 양상으로 반향을 구체적으로 재조명해볼 필요가 있다. 또한 리치의 실체-속성 문법이 18~19세기 유교지식인들에게 인륜과 그 수행론을 체-용의 문법으로 정당화하는 리학의 틀에서 벗어나 새로운 방식으로 정당화하는 과정에 어떻게 활용되고 있는지도 좀 더 자세히 해명할 필요가 있다. 그와 관련하여 대진과 정약용의 유교론은 연구자들에게 상이한 해석의 쟁점이 되어왔다.

따라서 본 장에서는 위에서 거론한 대상들을 중심으로 동아시아에서의 반향을 사유문법에 중점을 두고 종합적으로 재검토해보려고 한다. 곧 유교에 대한 리치의 해석과 동아시아에서의 반향을 문화권적 사유지평의 접변과 교착으로 접근하고자 한다. 구체적으로는 존재

1) 『천주실의』 관련 연구사는 김선희, 『리치와 주희, 그리고 정약용』(서울: 심산, 2012), 28-40쪽 ; 梅謙立(Thierry Meynard) 註, 『天主實義今注』 2-104(北京: 商務印書館, 2014), 52-65쪽 참조.

를 실체-속성의 범주로 나누어 이해하는 개념체계에 대하여 존재를 체-용의 범주로 상관지어 이해하는 개념체계에 입각해 반론하고 정당화하는 맥락과, 동시에 체-용의 범주로 이해하는 틀에서 벗어나 유교의 인륜과 수행론을 새롭게 정당화하는 맥락 등 두 방향에서 『천주실의』의 개념 체계에 대한 반향을 살펴보려고 한다. 이를 통해 실체-속성의 문법은 체-용이라는 다른 사유지평에 의해 길항하면서도, 유교 내적으로 체-용의 사유지평을 벗어나는 방법으로 활용되는 이중의 교착이 동시에 전개되었던 양상을 재조명한다.

2. 마테오 리치의 유교론과 리(理) 개념 이해

이교도의 사상에도 유일신에 대한 인지가 존재한다는 것은 신학적으로 볼 때, 『구약성서』 「창세기」의 바벨탑 사건과 관련된다. 인간이 신에게 도전하는 것의 한 상징인 바벨탑의 축조 이전에 인류는 하나의 공동체를 형성하고 있었기 때문에, 바벨탑 사건에 대한 징벌로서 인류가 다수의 공동체로 분열된 이후에도, 하나의 공동체를 이루었을 때 가졌던 신에 대한 공동의 인식이 남게 되리라는 것이다. 따라서 이교도의 사상에 보이는 친그리스도교적 요소들은 모두 하나의 공동체를 이루고 살았던 시절의 한 흔적이며, 이를 토대로 이교도들을 다시 개종, 또는 복귀시킬 수 있다는 적응주의의 신념이 성립한다.

리치는 고대 유교전통에서 신에 대한 자연이성이 작동하고 있음을 발견하고 있다. 그는 『천주실의』에서 중국 고대에 유일신 '천주(天主: Deus)'에 대한 인지가 있었음을 '상제(上帝)'의 용례를 들어 여러 차례 증거한다. 리치의 이 보유론적 관점은 후일 전례논쟁에서 패배하지만, 라이프니츠와 같은 학자들에게는 신뢰를 얻었다.[2] 19세기 제임스 레그(James Legge, 1815~1897)는 리치와 똑같은 보유론의 관점에서 '제(帝)'와 '상제'를 유일신에 대한 동아시아에서의 인지 흔적이라고 믿고 'God'이라고 번역하였다. 리치가 오경의 상제 개념을 레게처럼 확고하게 유일신을 가리키는 다른 언어로 명확히 받아들였는지에 대해서는 명확치 않다.[3] 그렇지만 『천주실의』에는 유교의 고대 전통에서 발견되는 자연이성의 작동을 회복시켜 그리스도교를 이해시키려는 신념이 충만해 있다.

리치의 직속 선배이자 아시아지역 선교를 관장하던 알렉산드로

---

2) 리치 사후, 라이프니츠는 부베로부터 전해받은 정보들을 이용하여 롱고바르디의 전면적 개종론을 반박하는 보유론의 관점에서 유교경전 내용의 유의미성을 정당화하였다. Gottfried Wilhelm Leibniz 저, Henry Rosemont Jr., Daniel J. Cook 공역, *Discourse on the Natural Theology of the Chinese*, Honolulu: The University Press of Hawaii, 1977 ; 라이프니츠 저, 이동희 역, 『라이프니츠가 만난 중국』(서울: 리학사, 2003).

3) 히라카와 스케히로는 리치가 내면에서는 '上帝'를 이교도의 신으로 여겼지만 선교전략상 그가 선교대상으로 삼은 중국인들에게 'God'이 곧 중국의 상제라고 말하여 개종을 유도하였다고 한다.(히라카와 스케히로 저, 노영희 역, 『리치』(서울: 동아시아, 2002), 455-459쪽, 특히 458쪽) 안성호 역시 스게히로의 논점에 일부 동의하면서, 보유론의 관점에서 레게가 리치보다 더 확신에 차 있었다고 설명한다.(안성호, 「17세기 초 리치의 『천주실의』와 19세기 제임스 레그의 중국유교경전 영어번역본에서 사용된 용어 '上帝'간의 신학적 연속성」(『한국기독교와 역사』 32, 서울: 한국기독교역사연구소, 2010), 328쪽 주 109) 그렇지만 『천주실의』에서 리치는 '上帝'를 들어서 여러 차례 '천주(God)' 개념이 중국 고대에 있었음을 주장한다. 이것은 유일신의 개념을 이해하는 자연이성이 중국고대에 작동하고 있었다고 리치는 신학적으로 확신하고 있었음을 말해준다.

발리냐노(Alessandro Valignano, 1539~1606)는 중국의 자연철학이 서양의 고대 자연철학과 상통하지만, 아리스토텔레스의 방법론과 그리스도교의 진리가 부재하다고 여겼다. 이 관점은 리치에게 이어져, 유교를 재해석할 때 이용되었다. 가령 불교는 피타고라스 학파와 비교되었고, 리학은 일부 에피쿠로스학파에 비견되었다.[4] 리학을 비판할 때 토미즘의 관점에서 아리스토텔레스의 방법론을 이용하였던 것도 그러한 인식이 토대가 된다. 리학이 결여하고 있는 보편 진리의 관점에서 리학이 지닌 오류와 부재처를 드러내 다시 보편 진리로 귀환시키려는 의지가 작동하고 있다.

『천주실의』의 맥락을 재조명하려고 할 때, 리치가 이교도에게 그리스도교를 올바로 이해하게 유도하고 최종적으로는 그리스도교로 귀의하게 유도하려는 목적에 충실하였다는 것을 충분히 고려할 필요가 있다. 리치가 택한 이해를 돕는 방법은, 한편으로 유교 내부에 전해지고 있는 그리스도교와 일치하는 사유를 드러내어 상기시키면서, 한편으로 이 본래적 전통으로부터 멀어지게 한 사유에 대하여 그 문제점을 드러내 밝혀 파기케 하는 두 방향으로 진행된다.

『천주실의』와 같이 직접적으로 드러내지 않고, 스토아 사상을 이용하여 자연 이성의 윤리적 성찰로서 유교의 본지를 읽어내는 『이십오언』이나 『교우론』 같은 저작에서도, 그 근저에는 본래의 그리스도교적 사유 전통을 회복케 하고 나아가 그리스도교로 전환하게 하는 선교적 동기와 의지가 일관되어 있다. 가령 『이십오언』에서는 인(仁)

---

4) Christopher A. Spalatin, S. J., *Matteo Ricci's Use of Epictetus*(Excerpta ex dissertatione, Gregorian University, Rome), 왜관: University of Gregoriana Press, 1975, pp.74-75 ; "Matteo Ricci and a Confucian Christianity - A Study Based on Ricci's Book of 25 Paragraphs", Pontifical Gregorian University Faculty of Theology, 신학박사학위논문, 1974, pp.260-261.

을 설명하면서, 그 핵심을 상제를 공경하는 것에 있다고 유도하고, 상제를 만물의 창조주와 주재자로서 인지시키고 있다.[5)]『교우론』에서는 인간의 불완전함을 보정하고 완성시켜주는 존재로서 상제 개념이 제시된다.[6)] 이들 표현은 각 저작 자체에서는 간접적이고 우연적 기술로 배치되어 있다. 그러나 윤리적 성찰 속에서 리치 스스로 유교에 내재된 것으로 믿었던 유일신에 대한 인지를 거부감을 야기하지 않고 자연스럽게 회복시키려는 섬세한 배치이다.

상제 개념이 그리스도교적 보편성에 대한 회복의 단서로 재발견된다면, 유교의 리(理) 개념은 유교 전통 안에서 그리스도교적 사유로부터 이탈하게 하는 사유를 교정하는 관건으로 재성찰된다. 리치는 유교의 리 개념이 작동하는 유교적 맥락 자체보다, 리 개념이 토미즘의 시야에서 볼 때 어떤 위치에 속하는지에 더 관심이 있다. 따라서 리치가 리 개념을 분석하는 것은 개념 체계를 합당하게 이해하는 기준에 대한 리치 자신의 선입견에 기반해서 자신의 기준체계 속에 재배치시키는 방식이 된다. 이러한 재배치 방식은 유교 자체의 맥락을 배제하는 형태로 진행되기 때문에, 리치의 분석이 영향력을 발휘할 때에는 유교의 맥락은 왜곡되고, 숨겨지고, 무시되고, 또는 잊히는 결

---

5) 朱維錚 主編, 『利瑪竇中文著譯集』, 『二十五言』(13)(上海: 復旦大學出版社, 2001), 131쪽. "夫仁之大端, 在于恭愛上帝. 上帝者, 生物原始, 宰物本主也." "만물을 낳는 근원[生物原始]"이라는 기술은 유교에서의 일반적 기술과 어긋나지 않게 창조주의 관념을 간접적으로 표현한 것이라고 할 수 있다. "만물을 주재하는 본래의 주인[宰物本主]"이라는 기술 역시 上帝를 主宰者의 측면에서 이해하는 유교의 맥락에 유의하면서 동시에 유일신의 개념을 '本主'라는 말로 담으려는 표현으로 생각된다.

6) 朱維錚 主編, 위의 책, 『交友論』(15), 2001, 109쪽. "各人不能全盡各事. 故上帝命之交友, 以彼此胥助. 若使除其道於世者, 人類必散壞也." ; 『交友論』(54) 121쪽. "上帝給人雙目 · 雙耳 · 雙手 · 雙足, 欲兩友相助, 方爲事有成矣."

과를 초래한다. 현재에서 보면, 토미즘이라는 거울에 비추어졌을 때 리가 어떤 모습으로 비추어지는지 발견할 수 있을 뿐이다. 그 모습으로부터 유교의 유의미성을 이해하기는 어렵다.

리치가 한문을 사용하여 리(理) 개념을 분석하는 것에는 이중의 중첩이 있다. 하나는 개념어의 의미 중첩이다. 한문을 사용하여 설명하는 동안에도, 리치의 의식 속에는 이미 라틴어로 이루어진 개념어들이 기본 언어로서 작동하고 있다. 리치가 사용하는 한문 개념어들은 외양으로는 유교의 개념어지만, 그 내용은 리치의 의식 속에 기본언어로 작동하고 있는 라틴어 개념체계가 바탕이 되어 의미가 재배치된 것으로서의 내용이다. 또 하나는 이러한 라틴어 체계를 기본언어로 가지고 있지 않은 유교지식인은 리치의 설명을 접하는 동안, 언어상으로는 유교적 문법 속에서 읽으면서도 그 의미내용과 관련해서는 자신도 모르게 리치에 의해 재배치된 맥락 속에서 사유하게 되는 사유 체계의 이동이 발생한다. 재배치된 라틴어 개념체계의 의미맥락에 대하여 충분히 이해하고 있지 않는 한, 리를 비롯하여 리치의 설명 속에 제시된 개념어들을 이해하는 것은, 아예 안 받아들이면 그만이지만, 이해하려고 하는 동안 이미 강제로 설득당하는 과정에 놓이게 된다.

『천주실의』 첫 부분은 유일신의 개념을 설명하고, 상제에 대한 유교의 문법을 유일신에 대한 그리스도교의 문법으로 가져와 일치시켜 이해하게 유도한다. 리치는 유일신을 먼저 주재자(主宰者)로서 설명하고 나아가 창조주로서 정당화한다. '주재(主宰)'는 리학의 용어이다. 리치는 리학자에게 익숙한 이 개념어를 이용하여, 상제를 주재자로서 재확인시키고, 나아가 창조주의 개념을 인지시킨 다음, 천주와 상제가 같은 유일신을 지칭한다고 설득한다.[7)]

리치는 '주재' 개념을 성경의 권위에 의거하는 대신에, 자연 이성[靈才/intellectus]에 의지하여, 그리고 이정(二程)과 주희(朱熹)의 언급을 이용하고 있는데, 주재 개념의 맥락을 전환시키고 있다. 그것은 탈인격화의 방향에서 다시 인격화하는 방향으로의 전환이다. 이정과 주희는 리 개념을 천(天)이나 상제에 확장하여 이해하면서, 천과 상제는 리가 만물에 대하여 주재자의 위상에 있음을 지칭하는 다른 표현이라고 설명한다. 여기에는 천과 상제 개념이 지니는 인격성을 희석시키고, 만물이 준수하지 않으면 안되는 원리 내지 규율로서의 성격을 강화시키는, 이를테면 탈인격화의 방향으로 유학이 자기 변신하는 사상사적 변동이 반영되어 있다. 주희는 "상제가 아래 백성에게 충(衷)을 내려주었다[上帝降衷於下民]"는 「탕고(湯誥)」의 구절에 대하여, 인격적 위격을 지닌 존재가 인간에게 선(善)을 내려준다고 해석하였던 고대적 맥락을 전환시켜 리가 인간에게 부여된 것의 다른 표현으로 재해석한다.[8] 인간을 포함한 만물에게 모든 과정에서 따르지 않으면 안되는 근본 질서이자 규율로서 오상(五常), 곧 리가 주어진 것을 '주관/관장한다[主宰]'는 의미로 재개념화한다. 리치는 이 탈인격화시킨 '주재'의 개념을 전지전능한 위격을 지닌 최고의 주재자(sunum dominus)가 주관하고 관장하는 맥락으로 다시 인격화시켜 사용한다. 이로써 리학이 애써 수립하였던 '주재'의 탈인격적 맥락은 일방적으로 배제된다.

리치는 리와 태극(太極) 개념에 대하여 아리스토텔레스의 사원인설

---

7) 梅謙立 註, 위의 책 2-104, 100쪽. "吾天主乃古經書所稱上帝也." 이 뒤 105~8조에서는 경전에서 사례를 들어 정당화한다. "2-104"는 제2편 제104조를 나타낸다. 이하 동일.

8) 朱傑人・嚴佐之・劉永翔 主編, 『朱子全書』 제16책, 『朱子語類』 68-10(上海: 上海古籍出版社, 2002), 2257쪽. "所謂'天命之謂性', 此是說道; 所謂'天之蒼蒼', 此是形體; 所謂'惟皇上帝降衷於下民', 此是謂帝. 以此理付之, 便有主宰意."

과 실체−속성의 범주 구분 개념, 그리고 이성적 지각[靈覺]의 개념을 사용하여 만물의 근원이 될 수 없다고 비판한다. 리는 아리스토텔레스의 범주 구분 개념으로 볼 때 속성에 속하고, 제작자가 되지 못하며, 지각하지 못하므로 만물의 근원으로서 천주가 될 수 없다고 지적한다. 리치는 더 나아가 리가 명칭[名]에 따라 그 내용유형이 구분되는 것이어서 명(名)이 다르면 리도 다른 것이라고 설명한다.[9] 이것은 리가 실체에 의존해 있는 속성이며, 그 속성을 지칭하는 명(名)으로서 의미가 구분되는 것이라고 설명하는 것이다.[10] 리치가 말하는 영각(靈覺)은 이성의 추론적 인식을 의미한다. 따라서 리는 이성이 추론적 인식을 통해 개념[名]으로 지칭해내는 (실체의 속성) 내용이 된다. 리치는 이런 관점에서 유교의 인, 의, 예, 지 개념이 리를 추론한 이후에 성립하는 개념이라고 주장한다.[11] 이것은 인의예지를 추론의 방식이 아니라 본래적으로 지각 가능한 본성으로서 주어져 있다고 여기는 리학의 입장을 정면으로 비판하는 것이 된다. 리치의 이런 관점은 후일 정약용이 인의예지와 같은 리를 행위를 통해 덕성화된 것에 대하여 지칭하는 명으로 설명할 때 재현된다.

리학(理學)은 만물에 '관통하여 작동하고 있는[流行]' 동일성의 차원에서 리를 만물의 근원이라고 설정한다. 만물은 개별 개체들이면서 동시에 사태나 사건으로 파악되는 개념이다. 리학은 리가 세계의 생장소멸 과정에서 언제나 유행(流行)하고 있으며, 생장소멸하는 개체의

9) 梅謙立 註, 위의 책 4-190, 2014, 125쪽. "立教者, 萬類之理,當各類以本名. 古經書云'氣'云'鬼神', 文字不同, 則其理亦異."

10) 관련 연구로 播本崇史, 「明末天主教における「靈」と「理」に關する一考察」(『東洋大學中國哲學文學科紀要』 21, 東京: 東洋大學文學部, 2013), 261-263쪽 참조.

11) 梅謙立 註, 앞의 책 7-425, 182쪽. "仁義禮智, 在推理之後也."

또는 사태의 변하지 않는 소이(所以)가 된다는 점에서 추뉴(樞紐), 본원(本源)이라고 말한다. 이 맥락에서 의지의 개념은 일체 배제된다. 소이(所以)의 '이(以)'는 복합적 의미를 지니는 전치사로서 기능한다. 이유, 목적, 근거, 수단 등 여러 의미들을 함께 내포하고 있어서 그들 의미 가운데 하나의 뜻으로 환원하여 해석하는 것은 곤란하다. 리는 만물들에서 말하자면 만물의 이유, 근거, 목적, 수단 등의 의미가 복합적으로 담긴 의미에서 그 소이인 것이다. 리는 실재하지만, 언제나 사태들 속에서만 그 실재가 드러나기 때문에 독립적으로 실재 곧 실체로서 설명하지 않는다. 리학은 사태와 리의 관계를 용과 체의 관계로 설명한다. 용을 떠나 있지 않지만 용의 소이가 된다는 맥락에서 체이다. 용은 생장소멸하고 다양하지만 생멸과 상관없이 소이로서 동일하다는 점에서 용과 구분되는 체이다. 리치가 실체-속성으로 리를 접근해서 설명할 때 이러한 체용론적 맥락은 배제되고 무화된다. 리가 자립자(自立者)가 아니라고 리치가 말하는 것은 리치의 의도와 상관없이 일정한 함의가 있지만, 의뢰자(依賴者)라고 설명하는 동안 소이로서 가졌던 리의 의미맥락은 무시되게 된다.

이성의 추론적 인식[靈覺]과 자유의지[意]는 토미즘에서 인간의 영혼이 가지는 기본 특질이다. 영혼은 유일신이 창조한 것으로 존재성에서 물질에 의존하지 않는다.[12] 자유의지는 물질 또는 신체와 상관이 없는 영혼의 기능이다. 유교에서 의(意)는 기의 지각 기능에 근거하여 성립하는 심(心)의 기본적 속성이다. 존재론적으로 보면, 영혼이 소멸하지 않듯이 자유의지도 소멸하지 않으며, 자유의지는 윤리적 판단의

12) 코플스톤 저, 강성위 역, 『토마스 아퀴나스』(서울: 성바오로서원, 1968(초판)/1980(중판)), 194쪽.

준거가 되는 정신적 행위이다. 반면 지각자로서의 심과 의는 기의 생멸에 따라 개별적 신체의 생멸과 같이 한다. 의는 기가 지니는 지각의 자동적인 기능이어서 신체가 생명활동을 행하는 동안 항상 하게 되는 일종의 물리적 과정이다. 의의 과정에서 자동적으로 개입되는 기(氣)의 청탁수박과 사욕을 배제하는 것이 윤리성 획득의 관건이 된다. '성의(誠意: 생각을 진실하게 함)'라는 말은 윤리적 판단과 성취 여부가 의(意: 생각함) 자체에 있는 것이 아니라, 생각이 바르게 진행되게 하는 심의 노력에 달려 있음을 말해준다. 곧 윤리적 판단의 주체는 심이며, 의는 윤리적 판단이 가해져야 하는 최초의 자동적이고 물리적인 심리 활동일 뿐이다. 리치가 선과 악은 자유의지로부터 나옴을 의라는 유교의 개념어로 설명하는 동안, 리학에서 가졌던 기와 의의 개념 맥락은 도외시되게 된다.

리가 세계의 소이인 한, 리학에서 세계는 본래 잘된 또는 선한 세계이다. 삶은 그 본래적인 좋음[所以]를 구현하는 과정이다. 인간의 인간다움은 리인 성(性)이고, 그 성의 구현인 정(情)을 충분히 발휘하고 향유하는 생활을 통해 인간은 인간다움을 구현한다. 이 구현을 충분하게 이루는 한 관건은 정으로 발휘하는 과정에서 심의 역량을 크게 하는 것이다. 그 방법에 관해 주자학과 양명학 사이에 차이가 있지만, 심의 주요한 기능을 본래 주어진 선하고 좋은 조건을 자발적이고 능동적으로 체회(體會)하고, 함양(涵養)하고, 항상 의식[常惺惺]하면서, 전일하게 수렴시키는 것에 두는 점은 공통적이다. '주재(主宰)'와 '영(靈)', '각(覺)' 등은 바로 이들 마음의 기능을 복합적으로 담아내는 술어들로서, 추론적 인식의 기능은 격물(格物) 등과 관련하여 매우 기초적이고 부분적으로만 그 의미가 들어오게 된다. 그러나 『천주실의』에서 이들

맥락에 대한 논의는 없다. 창조주의 만물에 대한 관장을 의미하는 것으로 '주재'를, 이성의 추론적 인식활동을 의미하는 것으로 '영각(靈覺)'을 술어로 일방적으로 사용하여 리 개념을 비롯한 리학의 비그리스도교적 사유들을 비판할 뿐이다. 그러는 동안 이들 용어가 리학에서 술어로 사용될 때 가졌던 리학 자체의 맥락은 배제되고 있을 뿐이다.

3. 『천주실의』의 리 개념 해석에 대한 반향

1) 하야시 라잔(林羅山)과 후칸사이 하비안(不干齋 巴鼻庵)

동아시아에 대한 예수회 선교는 일본에서부터 확산되었다. 1548년 일본인 안지로(彌次郎)가 말레시아 말레카에서 하비에르로부터 세례를 받고, 1549년 하비에르를 인도하여 가고시마에 도착한다. 1579년 발리냐노(Valignano)가 고베에 일종의 신학교인 세미나리오를 세워 교리, 문법, 수사학, 변증법, 산술, 기하학, 천문학, 음악 등을 가르쳤다. 이 신학교는 1614년 대추방령 때에 폐교되었다. 1587년 도요토미 히데요시가 선교사추방령을 내렸을 당시 신자가 30여만 명, 서일본 지역에 개설된 교회학교가 200여 개에 이르는 정도였다고 한다.[13] 1612~14년

13) 海老沢有道 외 校注, 『キリシタン書・排耶書』(『日本思想系』 25)(東京: 岩波書店, 1970), 535쪽 ; 梶田叡一, 『不干齋ハビアンの思想: キリシタンの教えと日本的心性の相克』(大阪: 創元社, 2014), 19-20쪽.

에도막부는 그리스도교금지령을 내려 대대적으로 억제하는 정책을 계속 취하였는데, 억제정책은 1865년까지 지속된다. 다만, 청나라가 1722년 천주교 금지령을 내릴 때, 1720년 일본의 막부는 금서 해제령을 내려 네덜란드 서적을 본격 수입하기 시작하였다. 일본은 18세기 후반 네덜란드로부터 수용한 서학, 곧 난학(蘭學)을 통해 새로운 서학을 수용하며 이것이 근대 이행의 한 발판이 되었다.

『천주실의』에 대한 일본의 첫 직접적 반응은 하야시 라잔에게서 발견된다. 그는 1605년 『천주실의』를 읽고 하비안과 토론을 벌였고, 그 내용을 「배야소(排耶蘇)」로 남겼다.[14] 그가 읽은 『천주실의』는 리치가 한문으로 저작하여 중국에서 간행한 것이었다. 토론 당시 라잔은 24세, 하비안은 42세였다. 당시 라잔은 후지와라 세이카(藤原惺窩) 문하에 들어가 공부한 지 2년이 경과한 뒤였고, 바로 1년 전 도쿠가와 이에야스(德川家康) 밑에 출사한 상태였다. 하비안은 예수회에서 수사교육을 받고 바로 전 해, 리치처럼 「묘정문답(妙貞問答)」을 지어 그리스도교의 입장에서 불교, 신도, 유교를 비판한 바 있었다. 당시 문답한 내용은 라잔의 기록만 남아 있어서, 그리스도교를 이교로 배격하는 일방적 시야에서 쓰인 내용만 볼 수 있다.[15] 그렇지만, 라잔의 반응 속에는 르네상스 시기를 통해 성장한 유럽문명을 처음 마주한 젊은 주자학자의 대응방식이, 그리고 개념의 상이한 문맥이 충돌하는 양상이 발견된다.[16]

라잔은 하비안의 처소에서 프리즘, 지구본, 볼록렌즈 등을 보고,

---

14) 판본은 海老沢有道 외 校注, 앞의 책, 「排耶蘇」, 1970, 490-492쪽(원문), 414-417쪽(일역) 참조.

15) 문답 과정에 대한 사정은 梶田叡一, 앞의 책, 「第3章 林羅山との問答」, 2014, 81-98쪽 참조.

16) 관련 연구로 김선희, 「「排耶蘇」에 나타난 하야시 라잔(林羅山)의 유학사상에 대한 일고찰」(『일본문화연구』 33, 서울: 동아시아일본학회, 2010), 43-59쪽.

천원지방(天圓地方)의 혼천설에 입각하여 중력 개념을 가지고 설명하는 지구구형론의 이론을 터무니없는 것으로 비판한다. 자연학에 대한 이해의 차이가 극명하게 발견되는 부분이다. 리 개념에 대한 논의에 앞서 라잔은 세계와 귀신(천사), 그리고 인간의 영혼이 시작은 있지만 영원하다[17]는 『천주실의』의 주장에 대하여 의문을 제기하고, 나아가 천주(天主)는 누가 창조하였는가라고 묻는다. 이 질문은 제일원인으로서 창조주에 대한 개념이 라잔에게 낯선 것임을 말해준다. 라잔은 존재 양상은 유시유종(有始有終: 시작과 끝이 있는 것)과 무시무종(無始無終: 시작도 끝도 없는 것) 두 가지만 가능하다고 말한다. 이것은 기(氣)와 리(理)의 존재 양상을 구분하는 리학의 문법이다. 라잔이 『천주실의』를 읽었을 때, 그의 내면에는 리가 기의 생멸과 상관없이 항존하는 것으로 이해하고 있었던 상황에서, 능동인의 개념을 빌어 제일원인으로 신과 인간의 영혼의 존재를 설명하는 토미즘의 새로운 맥락과 부딪치고 있었음을 알 수 있다. 라잔은 이어서 리와 천주의 존재에 대하여 하비안과 다음과 같이 문답을 주고받고 있다.

> 춘(라잔)이 말하였다: "리와 천주 사이에 선후가 있는가?" 하비안이 말하였다: "천주는 체(體)이다. 리는 용(用)이다. 체가 먼저 있고 리가 뒤에 있다." 춘이 면전의 기물을 가리키며 말하였다: "기물은 체이다. 기물을 만드는 소이(所以)가 리이다. 그렇다면 리가 먼저 있고 천주는 뒤에 있는 것이다." 하비안이 이해하지 못하고 말하였다: "등은 체이고, 빛은 리이다." 춘이 말하였다: "불이 등이 되는 소이가 리이지, 빛이 리가 아니다. 다만 그것을 (리에 비유하여) 빛이라고 말할 뿐이다." 하비안이 이해하지 못하고 말하였다: "기물을 만들려는 한 생각이 일어나는 곳이 리

17) 梅謙立 註, 앞의 책 1-42, 2014, 84쪽. "有始無終者, 天地鬼神及人之靈魂是也."

가 된다. 한 생각도 일어나기 이전에는 원래 아무런 생각도 없이 체가 있을 뿐이다. 그렇다면 체가 먼저 있고 리가 뒤에 있는 것이다." 츈이 말하였다: "그렇게 말해서는 안 된다. 아무런 생각도 없는 것을 말하는 것이 아니다. 오직 리와 천주를 말할 뿐이다. 아무런 생각도 없을 때에도 리가 있어 존재한다."[18]

라잔이 리와 천주를 서로 대비하여 선후를 물을 때는, 리는 존재하는 모든 것의 소이로서 존재하는 것 곧 만물의 시종과 상관없이 항존하며, 만물의 존재가 성립하기 위해 리가 선재해야 한다는 주희의 세계상이 마음속에 있었을 것이다. 앞서 하비안이 천주가 무시무종하다고 말하였지만, 라잔의 마음속에는 여전히 무시무종한 것은 소이로서의 리이고, 천주는 그것이 존재하는 어떤 것인 이상, 리에 의거하여 존재하게 된 유시유종한 것으로 여기고 있었을 것이다. 하비안은 이를 뒤집기 위해 천주가 체이고 리는 용이라고 답하고 있다. 이 체와 용은 유교의 개념어이지만, 하비안은 천주가 먼저 있고 리가 뒤에 있음을 이해시키기 위해 사용한다. 리학에서 체용의 맥락은 선후, 생성보다 본말, 유행(流行)에 강조점이 있다. 하비안은 이 체용을 체-선, 용-후의 맥락으로 이동시키고 있다. 이것은 실체와 속성의 관계를 염두에 두고, 천주가 실체인 반면, 리는 속성으로 실체에 의지하여 실체 뒤에 존재성을 가진다는 『천주실의』의 주장을 반영한 것이다. 하

18) 海老沢有道 외 校注, 앞의 책, 1970, 490-491쪽. "春曰: '理與天主有前後乎?' 干曰: '天主者體也. 理者用也. 體者前, 理者後也.' 春指面前之器曰: '器者體也, 所以作器者理也. 然則理者前, 而天主者後也.' 干不解曰: '燈者體也, 光者理也.' 春曰: '所以火爲燈者理也, 光者非理也, 唯云之光而已.' 干不解曰: '作器之一念起處爲理, 一念不起以前, 元無想無念而有體. 然則體前理後也.' 春曰: '不可也. 不謂無想無念, 唯言理與天主而已. 無想無念之時, 有理而存.'"

비안은 체용을 실체와 속성을 나타내는 개념으로 바꾸어 사용하고 있는 것이다.

라잔은 기물[器]이 체인 반면 기물을 만드는 소이가 리라고 반박하고 있다. 기(器)를 체라고 말하는 것은 체를 본체가 아닌 개체의 의미로 말하는 것이다. 이것은 천주를 기(器)와 같은 하나의 개체로서 체라고 말하려는 것이다. 이것은 어찌 보면 천주도 하나의 유한 실체라고 여기는 것과 같다. 리학에서 체용은 리(理)－도(道)－체(體)－본(本)과 기(氣)－기(器)－용(用)－말(末)의 관계를 나타낸다. 이 두 범주는 서로 분리되어 존재하지 않기 때문에 시간적 선후를 말할 수 없지만, 기(器)－말(末)을 성립하게 하는 소이로서 도(道)－본(本)의 선재성을 인정한다. 라잔이 소이로서 리의 개념을 설명하고, 기(器)－체(體)로서 천주를 설명하는 맥락은, 유교의 체용론적 맥락에 충실한 설명이다. 라잔과 하비안 사이에 리와 천주의 선후를 두고 논쟁하는 근저에는 세계의 존재상을 본체와 작용의 관계로 이해하는 리학의 체용론과, 실체와 속성의 관계로 이해하는 토미즘의 두 세계상이 부딪치고 있다. 이 둘은 세계상의 차이여서 결코 조정과 타협이 어려운 지점이다. 『천주실의』가 주자학적 세계상과 대면하였을 때, 그것은 세부적 개념의 이해를 둘러싼 조정 가능한 문제들을 넘어서 세계상 자체가 격돌하고 있었음을 말해준다.

하비안은 1583년 세례를 받고 세미나리오에 들어가 신학을 배웠다. 1586년 예수회에 들어가 수사가 되고, 라틴어와 윤리학을 공부하였다. 1605년 「묘정문답(妙貞問答)」을 지어 그리스도교를 변호하였지만, 불과 3년 뒤 1608년에 예수회를 탈퇴하고, 나가사키부교(長崎奉行) 밑에서 천주교도 박해에 협력을 하는 한편, 1620년에는 『천주실의』 등 그리스도교의 교리를 비판하는 「파제우자(破提宇子)」를 지었다.[19] 하비안은 예수회의 전문적 교육과정에 참여하여 당시 서학을 전문적으로 학습한 경험을 기초로, 다시 그리스도교를 비판한 당시로서는 보기 드문 지식인이라고 할 수 있다.

「파제우자(破提宇子)」는 8개 소절로 구성되어 있다.[20] 하비안은 그리스도교 교리 가운데 창조주, 영혼, 천사와 악마, 원죄, 속죄, 예수그리스도의 탄생과 생애, 십계명 등 7가지를 주요 대상으로 삼고 있다. 이들은 그리스도교의 정체성을 이루는 핵심 교리에 해당한다. 비판의 주요 내용은 창조주와 전지전능의 개념이 불교와 신도에도 있다는 것, 피조물에 대한 신의 대자대비한 선의나 전지전능 개념과 인간을 죄의 고통에 빠뜨리고 심판하는 개념이 서로 이율배반적이어서 합리적이지 않다는 것, 원죄와 속죄의 과정이 비합리적이라는 것, 유일신만을 섬기라는 것이 인륜에 어긋난다는 것 등이다. 대체로 합리성의 측면에서 볼 때 그리스도교 교리가 이율배반적이라는 점을 드러내 지적하는 것에 중점이 있다.[21]

하비안은 그리스도교 교리를 비판할 때 불교와 신도를 기반으로 삼으면서도 유교, 도교 등의 개념과 논의도 자유롭게 활용하고 있다. 이 점은 안정복 등 조선의 학자들이 유교 좁게는 주자학을 정통으로 세우고 나머지를 미신으로 취급하면서 그리스도교를 비판하는 방식과 대조된다. 하비안은 리학이 불교와 도교에 대하여 이단으로 미신으로 또는 사적인 이익의 추구로서 합리성의 차원에서 비판하고 있는

---

19) 김선희, 앞의 글, 2010, 46쪽 ; 梶田叡一, 앞의 책, 2014, 19-20쪽.

20) 「破提宇子」는 海老沢有道 외 校注, 앞의 책, 1970, 424-47쪽에 수록된 것을 이용하였다.

21) 내용에 대한 자세한 분석은 梶田叡一, 앞의 책, 「第四章 キリシタンの何を批判したのか －「破提宇子」をめぐって」, 2014, 99-142쪽 참조.

부분에 대해서는 일체 염두에 두지 않는다. 하비안에게는 유교 역시 불교, 신도, 도교와 함께, 그리스도교의 교리를 비판하는 여러 대응논리를 구성하는 공동의 세계상으로 읽혀지고 있다. 이것은 하비안 자신이 각 교설들 사이의 상이한 맥락이나 또는 도교와 불교를 이단으로 여기는 리학의 맥락에 대해서 명확히 인지하고 있지 못한 지식수준의 한계를 말해주는 부분이라고 할 수 있다. 그러나 한편으로는 하비안의 논의들은 일본에서 유교가 활용되고 있는, 조선에서 유교가 준수되고 있던 것과 대조되는, 한 맥락을 보여준다. 이것은 일본에서 유교가 관학으로 정립되지 않은 학문적 위상과 더불어 그로 인해 유교를 도구적 지식으로서 활용할 수 있는 환경이 자연스럽게 이루어져 있음을 읽을 수 있는 부분이다.

하비안의 설명에는 상호 모순적인 부분도 있다. 가령 창조주의 개념과 전지전능의 개념에 대하여 불교와 신도를 사례로 들어 그리스도교 고유의 개념이 아님을 설명하면서, 동시에 불교와 유교의 자연발생의 맥락을 가져와 무한성을 설명하고 있는데 이런 설명은 창조주의 개념이 불교에도 존재한다고 말하는 것과 상응하지 않는다. 불교의 성주괴공(成住壞空) 개념이나 국상립존(國常立存) 등 신도의 신 개념에는 천지개벽의 개념이 있다고 여긴다. 또한 불교의 삼신(三身) 중 법신(法身) 개념이나 신도의 본지수적(本地垂迹) 개념은 무한자(infinito)로서의 신(神) 개념과 상응한다고 본다. 하비안은 불교의 무(無) 개념이 불가사의(不可思議)의 진실(眞實)을 함의하고 있어, 그리스도교에서 무지무덕(無智無德)함을 나타낸다고 비판하였지만 오히려 인간적인 한계[人間氣]를 넘어선 진실(眞實), 생각건대 무분별지(無分別智)를 나타낸다고 말한다. 하비안은 이와 함께 『노자』의 "최상의 덕은 덕스럽지 않다[上德不

德]"는 구절과 리학의 "형적이 없지만 지각하여 어둡지 않은[虛靈不昧]" 것으로서의 리(理) 개념[22]을 가져와 언어를 초월한[言語道斷] 진실성이 있다고 말한다.[23]

『천주실의』 2편에서는 노불(老佛)의 무(無)와 공(空)을 유교의 '진실함[誠/誠實]'과 '있음[有]'의 개념과 대비시켜 비실체성의 측면에서 비판한 뒤에 유교의 태극과 리 개념에 대한 비판으로 나아간다.[24] 그러나 하비안은 그리스도교의 지(智)와 능(能)이 분별지(分別智)로서 인간적인 것에 불과한 것임을 지적하면서 공(空)과 무(無)가 지니는 무분별지(無分別智)로서의 맥락을 드러내어 그리스도교의 교리가 협애함을 보이고자 한다. 이 과정에서 그리스도교가 제시하는 이성적 추론을 넘어선 창조주의 맥락에 대해서는 접근하지 않는다. 창조주 개념의 복수성에 대한 하비안의 설명은 어디까지나 인간화된 동아시아의 전통적 창제신의 맥락에 결부된 것이다. 하비안은 자신이 예수회 수사로서 학습하였을, 이성을 초월한 신앙의 대상으로서 신학적으로 부여되는 창조주 개념에 대해서, 그 이론내적 구조에 나아가 논의하지는 못하고 있다.

하비안은 그리스도교가 삼혼설을 통해 인간의 심(心)을 시비를 분

---

22) 하비안은 "虛靈不昧의 理"라고 기술하였는데(海老沢有道 외 校注, 앞의 책, 「破提宇子」, 1970, 429쪽), "허령불매"가 未發時에도 心의 知覺 기능이 발휘됨을 의미하는 맥락임을 고려한 것인지 의문이다. 理를 불교의 眞如法性처럼 생각하는 착종이 드러나는 장면으로 여겨진다.

23) 海老沢有道 외 校注, 위의 책, 「破提宇子」, 1970, 428-430쪽.

24) 梅謙立 註, 앞의 책 2-67, 2014, 91쪽. "西士曰: '二氏之謂曰無曰空, 於天主理大相剌謬, 其不可崇尙明矣. 夫儒之謂曰有曰誠, 雖未盡聞其釋, 固庶幾乎!'" ; 같은 책 2-72, 93쪽. "試以物之所以然觀之. 旣謂之空無, 則不能爲物之作者模者質者爲者. 此於物尙有何着歟?" ; 같은 책 7-486, 198쪽. "夫吾天主所授工夫, 匪佛老空無寂寞之教, 乃悉以誠實引心于仁道之妙." ; 같은 책 7-514, 204쪽. "一曰: '三教者, 一尙無, 一尙空, 一尙誠·有焉. 天下相離之事, 莫遠乎虛實·有無也. 借彼能合有與無·虛與實, 則吾能合水與火·方與圓·東與西·天與地也, 而天下無事不可也.'"

별하는 '이성적 영혼[racional ainma]'으로, 그리고 '육신[色相]으로부터 나와 도리어 육신을 제어하는 スピリツアルーススタンシヤ(영적 실체/spiritual substántĭa)로서 무색무형의 실체'라고 해명하였음을 소개한다. 리치가 자립자(自立者)로 번역하였던 'substántĭa' 개념을 하비안은 '실체'로서 재번역하고, 영혼은 물질성을 지니지 않으면서 물질을 제어하는 것으로, "데우스(유일신)에 의해 한 몸의 주인으로 되며", 육신과 함께 소멸하지 않고 남아 고락을 받는다고 설명한다.[25] 하비안이 라틴어 음역어 'スピリツアルーススタンシヤ'로부터 무색무형이면서 동시에 소멸하지 않는 실체로 그 개념 내용을 설명하는 것은, 비록 『천주실의』 등 서양 선교사들의 노력이 이미 이전에 있었다고 해도, 동아시아 지식인이 격의(格義)를 넘어서 서구 개념의 본질에 다가가는 한 측면으로 관찰된다. 그런 점에서 오늘날 실체라는 번역어의 한 기원은 하비안에게서 발견된다.

리치의 삼혼설에 대하여 그리고 이성으로서의 영혼에 대하여, 하비안은 리의 동일성 개념을 들어 반론한다. 사물의 존재방식은 사(事)와 리 두 층차인데, 리는 동일한 것이고 사의 유형적 차이에 따라 용(用)이 달라진다고 말한다. 이것은 불교와 유교가 교차해 있는 체용의 맥락이다. 하비안은 또한 이성적 영혼이 유교의 도심(道心)이나 불교의 심왕(心王)과 상응하는 것으로 그리스도교만 지니는 개념이 아니라고 반론한다. 리치가 애써서 태극과 리에 대하여 사원인설과 실체-속성 구분 맥락을 이용하여 그 비실체성을 드러내 본원의 위상을 떨어뜨리고, 제작자로서의 유일신 개념을 정당화하였던 것에 대하여, 하비안은 다시 유교와 불교에 교차해 있는 체용론적 세계상을 통해 반론하고

25) 海老沢有道 외 校注, 앞의 책, 앞의 글 2단, 1970, 430-431쪽.

있는 것이다. 이것은 라잔이 제기하였던 맥락과도 상통한다. 하비안은 리가 사에 관여하는 것은 일미(一味)의 비가 만물에 고루 내리는 것과 같다고 여긴다.[26] 나아가 영혼이 고락을 받게 하는 유일신의 행위에 대하여 백성의 고통을 자신의 고통으로 여겼던 우(禹), 탕(湯)의 선례를 들어 상반된다고 지적하고, 전지전능의 개념 역시 천사와 인간을 죄에 떨어지게 한 행위와 상반된다고 지적한다.[27] 또한 죄를 주고 징벌하는 그리스도교의 신의 행위는 삼세(三世)에 통달한 지(智)가 아니며, 그 점에서 진여법성(眞如法性)이 천지에 충만하고 리가 천지사방에 가득 찬 것과 다르다고 말한다.[28]

하비안의 반론은 표면적으로는 불교와 유교를 함께 이용하여 그리스도교의 교리가 편애하고 사의(私意)에 가득 찬 것임을 드러내는 데 주안점이 있다. 하비안의 반론은 이성의 추론 영역에 국한된 것이어서 그리스도교의 고유한 계시적이고 신적인 영역에 대한 성찰이 결여된 문제가 있다. 물론 그리스도교의 신적 영역에 대한 철학적 성찰이 전혀 없는 일반 대중에게는 하비안의 논의가 설득력을 보였을 수도 있다. 또한 반박 논증이 상대의 논증내용 내에서 불일치하는 문제를 드러내 반박하는 것이 아니라 자신의 세계상에서 반박하는 형태여서 설득력 있다고 보기 어렵다. 요컨대, 라잔과 마찬가지로 하비안의 반론에도 그리스도교와 양립하기 어려운 체용론적 세계상이 기반이 되고 있음을 볼 수 있다.

26) 海老沢有道 외 校注, 위의 책, 위의 글 2단, 1970, 431쪽.

27) 海老沢有道 외 校注, 위의 책, 위의 글 2단, 1970, 431-432쪽.

28) 海老沢有道 외 校注, 위의 책, 위의 글 3단, 1970, 433쪽.

2) 황정(黃貞)과 적기(寂基)

중국에서 서교의 교리에 대한 반향은 『천주실의』가 간행되기 전, 리치를 비롯한 선교사측이 중국의 지식인들과 접촉하여 한편으로 중국의 전통적 지식에 대하여 이해를 심화해가면서 또 한편으로 자신의 견해를 설득하던 16세기 말기[29]부터 발견된다. 그러나 접변과 중국 지식인의 반향이 공론화되고 텍스트화되는 것은 1607년경 우순희(虞淳熙)가 리치의 「기인십편(畸人十篇)」에 대하여 서문을 쓰고 리치에게 편지를 보내 주장이 불교와 다름없다고 비판하면서부터라고 할 수 있다. 리치가 불교는 사욕으로서 주장하는 것이지만, 천주교는 공심(公心)으로서 전파하는 것이라는 취지로 답하였는데[30], 승려 운처주굉(雲棲袾宏, 호 蓮池)이 비판하고, 우순희가 「천주실의살생변(天主實義殺生辨)」과 「파리이참천망세(破利夷僭天罔世)」를 지어 비판하면서 논쟁은 본격화된다.

주굉(袾宏)은 1615년 『죽창삼필(竹窓三筆)』과 「천설(天說)」을 지어 불교의 입장에서 천주교를 비판하였고, 남경예부시랑 심관(沈㴶)은 1616년 세 차례 상소 끝에 왕풍숙(王豊肅), 세메도(謝務祿: Alvare de Semedo)와 23명의 교도를 체포하고, 신종으로부터 왕풍숙 등을 귀국시키라는 조치를 받아 행하였다. 1633년(숭정 6) 황정(黃貞)은 율리오 알레니(艾儒略)와 주문왕이 후비를 많이 둔 것이 사후 지옥에 가는 죄가 되는가에

---

29) 夏瑰琦 編, 『聖祖破邪集』, 「聖祖破邪集校注本序」(홍콩: 宣道出版社, 1996), 12쪽. 1598년(萬曆 26) 리치가 南京에서 유자 李求新, 大報寺 승려 三槐(三準, 호는 雪浪) 등과 天文, 心性 등 여러 문제에 대하여 변론하였고, 북경에 도착한 뒤에 太學生 韓恢 및 보수적인 조정의 신하들과 논쟁하였다.

30) 朱維錚 主編, 앞의 책, 「利先生復虞銓部書」, 2012, 661쪽. "彼以虛, 我以實; 彼以私, 我以公; 彼以多岐, 我以一本."

대하여 논쟁하였는데, 알레니가 논리상 그럴 것이라고 대답하자 황정은 성인을 속이는 용서할 수 없는 죄라고 비판하고, 「존유극경(尊儒亟鏡)」을 써서 반박하였다. 이후 황정은 천주교의 세가 확장되는 상황에서, 『변학유독(辨學遺牘)』 가운데 「리치가 연지화상의 「죽창천설」에 대하여 답한 네 가지[利先生復蓮池和尙竹窓天說四端]」가 위작임을 논증하였다.31) 또한 황정은 민남과 절강 지역에서 천주교를 비판하여 저술된 글들을 모아 『파사집(破邪集)』으로 편찬하였는데, 이 책은 1639년(崇禎12) 서창치(徐昌治)에 의해 다시 항목과 조목의 이름과 순서가 편차되어 8권본 『성조파사집(聖祖破邪集)』으로 간행되었다.

『파사집』에 남은 자료들을 통해 볼 때, 중국에서의 천주교 교리에 대한 반향에서도 이단사설로 배격하는 종파적 비판이 압도적으로 우세하다. 그러나 일부 이론상으로 반박하는 학술적 비판이 함께 관찰된다. 예컨대, 황정(黃貞)은 리치의 설명들이 유학의 주장과 부합한다고 인식하는 당시 일부 중국의 유자들에 대하여 난신적자로 곧 이단으로 비판한다. 리치의 적응주의적 견해들이 제기되던 당시 서교의 교리에 대하여 지식의 한 형태로서가 아니라, 혹세무민하는 위험한 이단사설의 하나로 인식하는 것이다.

그러나 황정은 이단사설로서뿐 아니라 이론적 맥락의 정합적 설명을 통해서도 반론하고 있다. 구체적으로 황정이 문제로 삼고 있는 부분은 『천주실의』와 『변학유독』 등에서 태극, 리, 도의 개념들이 실체에 의존해서 존재하는 속성의 범주[依賴之類]에 속한다고 비판하면서, 공자가 "사람이 도를 넓히는 것이지, 도가 사람을 넓히는 것이 아니

31) 夏瑰琦 編, 앞의 책 권7, 「辨天初說」 校注3, 1996, 351쪽. 「利先生復蓮池和尙竹窓天說四端」은 徐光啓가 지은 글로 후인에 의해 리치의 『辨學遺牘』에 잘못 편입된 것이라고 한다.

다"[32]라고 한 말을 끌어와 리치가 자신의 리학을 정당화한 한 것에 관해서다.[33] 곧 리와 태극이 세계의 근원이 되지 못함을 드러내면서 천주를 창조주로서 세계의 근원으로 삼는 관점에 관련해서다.

황정 역시 라잔, 안정복 등과 마찬가지로 체용론의 관점에 입각하여 반론한다. 황정은 "사람이 도를 넓힐 수 있지, 도가 사람을 넓히는 것이 아니다" 구절의 맥락을 이용하여 도(道)와 인(人) 그리고 성(性)의 의미 맥락을 밝힌다. 그는 도의 개념이 '공용(功用: 기능과 작용)'과 '본연(本然: 본체)'의 양 측면을 포함하는 점에 주목한다. 곧, 도 자체는 스스로 발휘하는 것이 아니라 사람의 활동을 통해 발휘되는 데, 사람이 활동을 통해 이 도를 발휘할 수 있는 것은 도가 양지와 양능의 본성으로서 인간에게 본래적으로 주어져 있다는 것이다. 따라서 사람의 활동을 통해서만 도가 드러나고 발휘된다는 점에서 "사람이 도를 밝힐 수 있다"고 말할 수 있고, 동시에 사람이 그렇게 활동할 수 있는 것은 사람이 자의적으로 만들어서 활동하는 것이 아니라 본래의 본성 곧 양지와 양능으로 갖추어져 있기 때문이라는 점에서 "도가 사람을 넓힐 수 있다"고 말할 수 있다고 황정은 『논어』 본문의 맥락을 재해석한다. 황정은 본연(本然)과 공용(功用), 곧 체와 용의 맥락에서 태극, 리, 도, 성의 의미가 인(人)과 관련하여 발휘되는 것으로 이해하는 관점에 입각해서, 공자의 말을 축자적으로 이해하면 안 됨을 정당화하는 것이다.[34]

---

32) 『論語』「衛靈公」, "子曰, 人能弘道, 非道弘人."

33) 夏瑰琦 編, 앞의 책 권3, 「尊儒亟鏡序」, "太極理道仲尼不可滅說", 1996, 163쪽. "夷之言曰, 若太極者, 止解之以所謂理, 則不能爲天地萬物之原矣. 蓋理亦依賴之類, 自不能立, 曷立他物哉. 又曰, 自不能立, 何能包含靈覺, 爲自立之類乎. 理卑於人, 理爲物, 而非物爲理也. 故仲尼曰, 人能弘道, 非道弘人也. 如爾曰理含萬物之靈, 化生萬物, 此乃天主也, 何獨謂之理, 謂之太極哉."

리치의 적응주의적 설득은 중국에서 불교와 유교가 재결합하는 한 계기가 된다. 리치는 서교를 설득시키는 방법으로 불교와 도교를 비판하면서, 한편으로 리학을 불교의 영향을 받아 잘못된 이론에 빠진 것으로 비판하고, 또 한편으로 선진 유학으로부터 서교와 친연한 부분을 각인시켜 유교의 본지가 서교와 다르지 않다는 논리를 사용한다. 이러한 적응주의 논리에 대하여 중국 지식인들은 조선의 경우와 달리 불교지식인과 유교지식인이 도를 수호하려는 마음으로 서로 협력하여 반대운동을 전개하였고, 『파사집』은 그 첫 결실이다. 『파사집』의 간행자 서창치(徐昌治)는 승려 비은(費隱)과 더불어 원고를 보고서 "면면히 전개되는 수천 마디 내용이 불교도와 유교도가 도를 수호하려는 마음을 같이하고 있다[纚纚數千言, 佛與儒同一衛道之心]"고 찬미하였다.[35] 조선에서 안정복 등 유교지식인들이 불교와 도교와 마찬가지로 서교(西教)를 이단으로 비판한 것과 매우 대조적인 양상이다.

불교와 유교의 논리를 서로 친연적으로 연계하여 리치의 비판에 반박한 것은 주로 불교지식인이지만 유교지식인의 경우도 발견되는데, 이들 유교지식인은 서창치(徐昌治)의 경우처럼 불교도를 스승으로 삼은 적이 있거나 또는 서로 교류를 하는 인물들이다. 예를 들면, 불교도의 경우 적기(寂基)의 「소간(昭奸)」, 여순(如純)의 「천학초벽(天學初闢)」 등이,

34) 夏瑰琦 編, 위의 책 권3, 위의 글, 1996, 163-164쪽. "予請略言之. 夫道者, 人之體性形之君也, 本含弘而光大. 人者, 道之妙用, 性之臣也, 惟當率其性之固有, 而滿其本然之分量, 以盡其妙用之職, 此之謂人能弘道, 非能出乎道外, 而弘其道之所本無也. 故以致良知良能之功用言之, 言人能弘道也可. 若以良知良能之本然言之, 言道能弘人也亦可. 所以知格物, 尤貴知物格, 吾且即問其人, 云何而能弘道, 所以能弘者爲何物. 則道爲人之主宰也, 不已彰明較著乎. 但人不順道不率性, 是自違於道, 自逆於性, 自暴自棄矣, 而道亦何能授擴充之柄於人乎. 故曰非道弘人, 此仲尼望人率性修道之奧旨, 反覆抑揚之微言也. 豈利妖輩所可得藉口哉."

35) 夏瑰琦 編, 위의 책, 「闢邪題詞」, 1996, 46쪽.

유교도의 경우 진후광(陳侯光)의 「서학추언(西學芻言)」이 그 사례가 된다.

불교와 유교의 이론을 결합하여 서교를 비판하는 주요한 방법은 체용론을 이용한 것이다. 체용론의 입장에서 보면 리치가 실체-속성의 문법을 가지고 사람을 실체로, 태극과 리를 속성으로 범주를 구분한 것은 체와 용을 분리하는 사유에 해당한다. 동아시아 전통에서 체와 용은 구분은 되지만 분리되지 않는다는 문법 속에서 의미가 발휘된다. 적기(寂基)는 그 점을 다음과 같이 밝힌다.

> "이제 리치는 제멋대로 사람은 자립자가 되고 리는 의뢰자가 된다고 하니, 그가 어찌 만법이 오직 심(心)의 산물이고, 심 이외에 법이 없다는 은미한 뜻을 알겠는가? 곧 유교와 불교 양가 모두 함께 체와 용을 말한다. 대개 심이 온갖 이치를 갖추고 있는 것을 체로 삼고 만사에 수응(酬應)하는 것을 용으로 삼는다. 그러나 설명은 체와 용을 나누어 말하지만, 실제로는 체와 용이 하나의 근원이며, 궁극적으로는 하나의 근원 또한 획득할 수 없고, 오직 하나의 영활한 마음이 작위 없는 활동을 할 뿐이다. 이제 리치가 멋대로 둘을 나누니 어찌 리를 알겠는가?"[36]

리를 심의 체로, 리에 따라 심이 만사에 대응하는 것을 용으로 설명하는 것은 곧 심통성정(心統性情)의 논리와 상응한다. 체와 용은 심 안에서 성과 정의 양 측면을 구분해주는 문법이다. 적기는 이 리학의 문법에서 한 걸음 더 나아가, 체용으로 분리하는 작위적 의식을 넘어서 작위함이 없는 활동으로 심의 활동이 이루어지는 것에서 리(理)의

36) 鄭安德 編, 『明末淸初天主教和佛教辯論資料選』(上), 「昭奸」(北京: 北京大學宗教研究所, 2000), 353쪽. "今利氏妄以人爲自立理爲依賴, 豈知萬法唯心, 心外無法之微旨哉. 即儒佛兩家並說體用, 蓋以心具衆理爲體, 而應萬事爲用. 然說雖分體用, 實則體用一源, 究竟即一源亦不可得, 惟一靈任運而已. 今利氏妄分兩端, 豈識理哉."

의미가 발휘됨을 강조한다. "영활한 마음이 작위 없이 활동하는 것[一靈任運]"이 본래 취하는 불교적 맥락에서 보면, 리학이 인륜을 리와 체로 세워 심의 활동에 기준으로 삼는 문법도 작위가 되어 비판의 대상이 된다. 그러나 적기는 그러한 세부적 논점은 감추고, 리가 체로서 용과 분리시켜서는 안 되며, 심의 활동 속에서 그 개념이 발휘됨을 적시하여, 리치의 주장을 체와 용을 분리하는 사유로 반박하고 있다. 실체-속성의 문법과 체-용의 문법은 개념의 의미가 성립되는 사유의 틀이자 방법적 수단이어서 어느 한 쪽으로 환원되지 않는다. 리치가 실체-속성의 문법으로 체-용의 문법 속에서 발휘되던 리 개념을 가져와 자의적으로 비판한 것에 맞서, 적기는 다시 체용의 문법에 의거하여 유교와 불교를 친연적으로 결합시키는 맥락에서 리치가 사람과 리를 실체와 속성으로 분리시켰던 주장을 반박하고 있다. 이처럼 리치가 『천주실의』 등에서 제기한 리 개념 재해석을 둘러싼 동아시아의 초기 동서접변은 실체-속성의 사유문법과 체-용의 사유문법이 서로 문화권적으로 접변하는 과정 속에서 진행되었음을 보여준다.

진여법성(眞如法性)과 만물 사이의 관계나, 리와 만물 사이의 관계는, 법성이든 리이든 모두 사물의 본성으로서 사물 속에 본래적으로 내재되어 사(事)를 통해서 그 본성이 발현되는 관계이다. 이 관계는 세계가 그 자체로 자족적이고 사의(私意)가 없는 '자연'이 본질로 파악되는 세계상이 근저에 담겨 있다. 세계의 성주괴공(成住壞空)이나 생장수장(生長收藏)은 외부의 설계자가 필요 없이 자연발생적으로 진행된다. 양자 사이의 차이점이라면, 전자가 원인 모를 고(苦)의 인과적 연쇄로부터 벗어나는 방법으로 자연을 획득하려 하는 반면, 후자는 인륜을 체회하고 수행하는 방법으로 자연을 회복하려고 한다. 그러나 진여와 리가 체-소이로서 사(事)에 본래부터 내장되어 사에서 그 용이 발휘되는 체용적 관계로 세계를 이해하는 세계상은 공유한다. 그에 비하여 그리스도교의 세계상은 유일신의, 이성으로는 예측할 수 없는 기획으로 진행되는 종말론의 세계상이다. 16세기 그리스도교의 동아시아 선교는 곧 종말론적 기획의 세계상과 자연발생적 세계상의 충돌이라고 할 수 있다. 각자의 방식에서 자기폐쇄적인 두 세계상은 서로 논증이 불가능하다. 라잔, 하비안, 황정, 적기의 체용론적 설명들은 제일원인에 의한 제작에 근거하는 인과론적 설명체계들에 대하여 다른 방식의 대안은 될 수 있어도 논증을 위한 대안이 되기 어렵다. 리치가 제작자로서의 신의 개념에 의거하여 동아시아의 체용론적 세계상을 비판한 것 역시 실체-속성 관계로 세계를 이해하는 자기 시야에서만 유의미성을 가진다.

『천주실의』 등 서학의 체계에 들어가서 그 개념논리에 따라서 논의를 전개하게 되면, 사용하는 언어가 동아시아 유교전통의 언어일지라도 이미 의미 맥락이 그리스도교 개념체계로 치환되어 있어서 정당한 논증을 하기 어렵다. 예컨대, 제작자로서 천주의 개념이 들어오면서, 그 개념체계에 따르는 순간 생명력을 내장한 '기(氣)'와 그 운동으로서의 '음양'의 개념, 그리고 자기 충족적 전개로서의 '자연'이라는 개념이 사라진다. 천지는 두 사물이지만 동시에 세계 자체이다. 그것은 기라는 점에서 공통적이고 음과 양이라는 역할 상의 차이가 있을 뿐이다. 천지로서 세계는 기가 자연으로서 끊임없이 생성하는 활동체이다. 이러한 천지가 저절로 생성하는[自然生生]의 개념 체계를 리치는 실체-속성의 문법을 통해 '자기 스스로 존재할 수 없는[不能自成]'의 '사물[物]'로 천지를 사물화하고, 사물화된 세계의 제작자로서 유일신을 도입하는 새로운 맥락을 창출한다. '주재(主宰)'라는 단어는 소이로서 기에 작동한다는 의미로부터 제작자가 피조물을 관장한다는 의미로 전환되고, 이성적 추론으로서 '영각(靈覺)'의 신조어가 만들어지면서, 심의 허령(虛靈)－각(覺)－주재(主宰)가 지녔던 수렴(收斂)과 상성성(常惺惺)으로서의 의미가 사라진다.

3) 안정복(安鼎福)

조선에서 보면 『천주실의』 등 서학의 교리에 대한 본격적 반응은 이익으로부터 관찰된다. 이익은 그리스도교 교리보다는 과학적 지식이나 윤리적 지식으로서 서학에 더 관심이 있었다. 그는 그리스도교가 유교를 대체할 수 있다는 위협성을 느끼지 못하였다. 리치의 기획이 이익에게는 그리 심각하게 느껴지지 않았던 것이다. 그러나 안정복에 이르면 달라진다. 그는 권철신, 권일신, 이기양 등 이익 문하의 젊은 사류들이 그리스도교를 적극적으로 수용하는 상황을 알고 있었고, 그것이 자신의 당파를 정치적으로 곤경에 빠뜨리는 빌미가 될 수 있다는 것에 대하여 심각하게 위기감을 가지고 있었다. 안정복은 자신의 이런 우려를 권철신, 권일신 등 젊은 사류에게 표명하면서 방향을 되돌리고자 하였다.[37] 『천학고』와 『천학문답』은 그런 의지에서 나온 학문적 성과였다. 안정복의 우려는 결국 정조가 죽은 다음해 바로 신유옥사의 현실이 되었다.

하비안이 '제우자문파(提宇子門派)'로 지칭한 그리스도교를 안정복은

37) 민족문화추진회 편, 『順菴集』 1(韓國文集叢刊 229), 「與權旣明書」(甲辰)(서울: 경인문화사, 2001), 463-466쪽.

'천학(天學)'으로 지칭한다. 하비안이 불교와 신도를 위주로 삼으면서 유교와 도교도 모두 대응논리로 활용하여 그리스도교 교리를 비판하였던 것과 달리, 또한 황정(黃貞)과 적기(寂基)가 체용론의 관점에서 불교와 유교를 결합하여 리치의 실체론적 관점을 비판하였던 것과 달리, 안정복은 유교정통론의 관점에서 그리스도교를 노불(老佛) 등 이단의 한 가지로 같이 비판한다. 안정복은 주자학을 '근수규구(謹守規矩: 법도를 삼가 견지함)'라는 준수(遵守)의 시야에서 정통으로 세운다. 일본과 조선의 정치 환경이 다른 데에서 나온 결과이다. 안정복은 영혼불멸론과 내세의 구원을 강조하면서 행하는 세례와 성사 등 속죄 의식은 불교와 같고, 천(天)을 숭상하면서 검박함을 중시하는 것은 묵자(墨子)와 같다고 이단으로 취급하면서 함께 비판한다.[38]

그리스도교는 육신의 욕망과 현세의 세속적 행복에 대하여 후세의 구원을 위해 경계한다. 안정복은 그리스도교의 이 시야에 맞서 형기의 욕망은 본심에 의거하여 지나치거나 미흡한 불균형이 일어나지 않도록 조절하는 대상이지 결코 부정의 대상이 아니라고 반론한다. 또한 마귀 등 악을 외부적 원인에서 찾는 것에 대해서도, 형기로 인한 욕망을 조절하지 못한 자신으로부터 일어나는, 곧 외부의 요인과 상관없이 자신 안에서 해소할 수 있는 문제라고 반론한다.[39] 안정복은 현세의 본분에 충실할 뿐 그로 인해 초래되는 결과에 대하여 관심을 두지 않는 것이 유가의 본분임을 강조한다.[40] 안정복 시기 조선유학은 형기로 인해 발생하는 인심에 대하여 사욕과 구분하면서 금욕이 아닌 절욕(節欲)의

38) 민족문화추진회 편, 『순암집』 2(韓國文集叢刊 230), 「天學問答」(서울: 경인문화사, 2001), 142쪽.

39) 민족문화추진회 편, 위의 책, 위의 글, 2001, 145쪽.

40) 민족문화추진회 편, 위의 책, 위의 글, 2001, 144쪽.

대상으로 이해하는 시야가 학파를 막론하고 보편화되어 있었다. 하비안이 형기의 욕구로 인심을 설명하였던 것[41]에 비해, 안정복은 절욕론을 통해 악을 해소하는 공부 방법까지 제시하여 반론하고 있어, 당시 조선에서 유교가 실질적인 수행이론으로서 도달한 지점을 알 수 있게 해준다.

한 연구에 따르면,[42] 현세의 본분에 충실하고 그로 인한 어떤 결과를 기대하는 것을 사의(私意)로 여기는 유가의 수행방식에 대하여, 내세에 받을 고락을 염두에 두고 현세에서의 삶을 수행하는 방식이 사의로 비쳐질 수 있는 것에 대하여 리치 역시 의식하고 있었다. 리치는 자유의지[意]가 행사되는 층위를 3가지 등급으로 나눈다. ① 천당에 가고 지옥에 가지 않기 위해 선을 하는 것으로서의 의지, ② 천주의 은총[恩德]에 보답하기 위해 선을 행하는 것으로서의 의지, ③ 천주의 성스런 뜻에 순종하기 위하여 선을 행하는 것으로서의 의지 등이다.[43] 리치는 일반 사람들과 달리 성인(聖人)은 천당지옥과 상관없이 오직 천주의 뜻을 받들어 행하는 차원에서 선을 행한다고 말하고, 성(聖) 방지거의 사례를 들어서 기독교에도 천주의 뜻에 순종하는 삶을 우선시하고 천당과 지옥의 결과에 마음을 두지 않는 사례가 있음을 제시하여 천당지옥의 설이 유가사상과 서로 모순되지 않음을 말한다.[44]

리학에서 선은 리로서의 성(性)에 있지 자유의지에 있지 않다. 리에 따르는 삶을 본분으로 여기고 개인적으로 자신을 선하게 하고 사회에서 남들도 함께 선하게 유도하는 모든 활동에서, 선행이 가져오

41) 海老沢有道 외 校注, 앞의 책, 앞의 글 2단, 1970, 432쪽.

42) 梅謙立 註, 앞의 책, 해제 부분, 2014, 45쪽.

43) 梅謙立 註, 위의 책 6-366, 2014, 169쪽.

44) 梅謙立 註, 위의 책 6-365~372, 2014, 169-171쪽.

는 결과와 자신의 활동을 연관시키는 것은 사의가 된다. 성 방지거의 수행은 오직 천명에 따르는 유가적 태도에 가깝다. 그러나 그리스도교 안의 이런 층위는 안정복에게 인지되지 않는다. 안정복은 "오직 이 한 마음이 천성에 근본을 두고 있으니, 이 마음을 붙잡아 견지하여 그 천성을 보존하고 상제가 부여해준 명(命)을 망각함이 없을 수 있다면, 천(天)을 섬기는 도는 여기에서 더할 것이 없다"고 자부하고 그리스도교의 간구하는 기도는 무축(巫祝)이 기구하는 것과 차이가 없다고 여기고 있다.[45] 안정복의 시야에는 성 방지거가 행한 '순종의 삶'이 철저히 사의(私意)를 배제함으로써 기복적 무속과는 다른 지평에 있음이 간취되지 못한다. 어찌 보면, 안정복과 같은 공서파 유교지식인들이 그리스도교를 대면할 때, 그리스도교의 심층에 도달하는 데 스스로 한계를 조성하는 측면일지도 모르겠다.

안정복은 「천학문답」을 쓰기 전, 『천주실의』에서 리가 개체의 실재에 의존해 있는 것이라고 한 설명을 기가 리보다 우선한다고 주장하는 유형으로 파악하고 그의 선생 이익에게 의문을 제기한 바 있다.[46] 이익의 답신은 현재 전하는 문집에는 보이지 않는다. 또한 『천주실의』의 리 비판 논리에 대해서 별도로 분석한 성호의 견해는 발견되지 않는다. 「천학문답」에서 안정복이 스스로 제시하는 반론의 논지는 이렇다.

---

45) 민족문화추진회 편, 앞의 책, 앞의 글, 2001, 148쪽. "惟此一心, 本乎天性. 若能操存此心, 保有其性, 無忘吾上帝所賦之命, 則事天之道, 無過於是. 何必如西士朝晝祈懇, 赦其舊過, 求免地獄, 如巫祝祈禱之事, 一日五拜天, 七日一齋素然後, 可以盡事天之道乎?"

46) 민족문화추진회 편, 앞의 책, 「上星湖先生別紙」(丁丑), 2001, 369쪽. "天主實義第二篇又曰, 有君則有臣, 無君則無臣. 有物則有物之理. 無此物之實, 則無此理之實.' 此所謂氣先於理之說. 此果如何."

상제는 주재함을 지칭하는 것이니 만물의 총체적인 주재자임은 우리 유가에서도 이미 말한 것이다. 사람들이 천(天)을 지칭하는 맥락은 두 가지가 있다. 주재로서의 천이니, "천이 명한 성", "천의 명령을 두려워한다"는 부류에서 이 천은 곧 리이다. 다른 하나는 형기(形氣)로서의 천이니, 이 천은 사물이다. 주돈이의 태극도설은 공자가 "태극이 양의(兩儀)를 낳는다"고 한 말에 근본을 두었다. 주재함이 있는 것으로 말할 때는 상제라고 하고, 아무런 형적도 없는 것으로 말할 때는 태극, 리라고 하니, 상제와 태극의 리를 둘로 갈라서 말할 수 있겠는가? 리치가 하는 말에 "단지 옛날 선군자가 천지의 상제를 공경하였다는 것은 들었어도, 태극을 높이 받들었다는 것은 듣지 못하였다"라고 한다. 또 이르기를 "리, 이것은 다른 것에 의존하는 것으로 개체가 있으면 그 개체의 리가 있지만, 개체가 없으면 개체의 리도 없다. 군주가 있으면 신하가 있지만, 군주가 없으면 신하도 없다. 만일 텅 빈 리를 사물의 근원으로 삼는다면 이것은 불노(佛老)의 설과 차이가 없는 것이다"라고 한다. 이들 말이 과연 말이 되는가? 상제는 리의 근원이 되어 이 천지만물을 만들었다. 천지만물은 스스로 생길 수 없으니, 반드시 천지만물의 리가 있기 때문에 이 천지만물을 낳는다. 어찌 그 리가 없는 데 저절로 생기는 이치가 있겠는가? 리치의 이 주장은 후대 유학자들이 기가 리보다 앞선다고 하는 설로서 변파할 것도 없다. 공자는 "태극이 양의를 낳는다"라고 하였고, 또 "한 번 음이 되고 한 번 양이 되는 것을 도라고 한다"라고 하였으니, 도가 곧 리이다.[47]

47) 민족문화추진회 편, 앞의 책, 「天學問答」, 2001, 148쪽. "上帝, 主宰之稱, 而爲萬物之總主, 吾儒已言之矣. 人之稱天有二. 一是主宰之天, 曰'天命之性'·曰'畏天命'之類, 是天卽理也. 一是形氣之天, 是天卽物也. 周子之圖, 本於孔子'太極生兩儀'之言. 以有主宰而言之則曰上帝, 以無聲無臭而言之則曰太極曰理, 上帝與太極之理, 其可貳而言之乎? 其言曰'但聞古先君子敬恭于天地之上帝, 未聞有尊奉太極'者, 又曰'理是依賴者, 有物則有物之理, 無物則無物之理, 有君則有臣, 無君則無臣. 若以虛理爲物之原, 是無異乎佛老之說'云. 此等言語, 其果成說乎? 上帝爲理之原, 而造此天地萬物, 天地萬物不能自生, 必有天地萬物之理, 故生此天地萬物. 安有無其理而自生之理乎? 此卽後儒氣先於理

리학에서는 상제와 천을 천명의 부여, 주재라는 맥락에서 설명할 때, 그 내용을 어떤 인격적 위상을 지니는 유일신과 같은 존재가 특정한 시점에서 행한 역사적 행위와 연관시키지 않는다. 대신 만물의 근원이 되는 본성과 원리가 본래부터 부여되어 있고[賦命], 만물의 생장수장을 가능하게 한다[主宰]는 맥락에서 그 의미를 재정립한다. 안정복의 반론은 이러한 리학의 맥락에 충실하다. 그는 상제와 태극 또는 리는 동일한 개념 안에서의 상이한 표현으로 이해해야 하며, 제작자와 개체의 속성 등으로 둘에 차이를 두어 이해해서는 안 된다고 말한다. 곧 상제=도=태극=리=소이와 형(形)=기(氣)=물(物)=음양이라는 두 존재의 층위로 나누어 둘 사이를 체용의 관계로 이해하는 세계상이다.

리치가 창조주로서 피조물에 대한 관장을 지칭하는 개념으로 주재의 의미를 전환시킨 것에 대하여, 하비안은 창조주의 개념이 동아시아에도 있다는 층위에서 답하고, 주재 개념 자체에 대해서는 주목하지 않았다. 주재 개념이 리학에서 지니는 의미맥락은 안정복의 답변에서 명확히 드러난다. 그렇지만 안정복의 답변에서도 리치가 재배치한 맥락에 연루되어 이중의 사유가 착종되어 있는 모습을 볼 수 있다. "상제는 리의 근원이 되어 이 천지만물을 만들었다. 천지만물은 스스로 생길 수 없으니, 반드시 천지만물의 리가 있기 때문에 이 천지만물을 낳는다"라고 한 부분은 리학에서 애써 탈인격화시켰던 상제의 개념을 어느덧 리 자체가 아닌 리의 근원[原]으로서 위상을 설정하고 만물의 산출자로 이해하는 문장 구성으로 흐르고 있다. 비록 둘로 나누어서 이해해서 안 된다는 상제=리=도의 시야를 명확히 언명하였음에도 불구하고, 위의 언명은 제작자로서 창조주로서 상제 개념을

之說, 不足卞矣. 孔子曰'太極生兩儀', 又曰'一陰一陽之謂道', 道卽理也."

인격화하여 리치가 제기한 것이 강한 충격을 주어 동아시아 지식체계에 착종을 일으키고 있음을 보여준다.

4) 대진(戴震)과 정약용(丁若鏞)

리학의 입장에서 또는 하비안이나 적기(寂基)처럼 불교 등 비유교적 전통과 결합해서 리치의 견해를 반박하는 동안, 거꾸로 리치의 견해를 수용, 또는 활용하여 리학의 개념체계를 비판하면서, 리학의 이론 근거를 허물어뜨리고, 인륜을 정당화하는 대체 논리와 새로운 수행방식을 세우는 노력도 나타났다. 그러한 노력은 서광계(徐光啓) 등 리치와 접촉하여 직접 영향을 받았던 학자들로부터도 그 단서를 발견할 수 있기는 하지만, 그 보다는 한 세기 뒤 고문경학의 연구가 성행하는 시기 대진과 정약용에게서 발견할 수 있다.

대진(1724~1777)과 정약용(1762~1836)은 청과 조선 모두 서교에 대하여 이단으로 강경하게 대응하는 시기에 활동하였다. 적응주의적 선교방식이 후퇴하고 전례논쟁을 겪으면서, 선교를 금지하는 보수적 대응이 한층 강경해지는 시기였다. 정약용은 형제와 조카가 금지정책 속에 희생되었고, 자신은 간신히 살아남은 상황이었다. 이들 두 사람 모두 서학에 대한 지적 성찰을 가지고 있었지만, 자신들의 학문적 탐구 속에 자신들의 성찰을 직접 언명하지 않았다. 현재 남은 사료로 볼 때, 서교의 정당화 논리에 대한 긍정적인 언급은 말할 것도 없고 서교의 리학 비판 논리에 대하여 이론적으로 직접 반론하는 비판적 언급도 발견할 수 없다. 이들이 처해 있는 정치적 상황에 대한 지극히 신중한 대응의 결과로 판단된다.

대진과 정약용 모두 리학의 주요 개념을 근본적으로 반박하고 유교의 본지를 새롭게 세운 점에서 공통적이다. 특히 리와 태극, 성 등의 의미내용 가운데 리학이 부여하였던 형이상자로서의 존재 개념을 육경의 본래 문맥에 의거하여 비유교적인 개념으로 비판한 점에서, 인륜의 실천을 위해 거경함양(居敬涵養)의 정좌(靜坐)나 사상마련(事上磨練)의 치양지(致良知) 등 수행방법을 채택하지 않은 점에서 두 사람은 공통적이다. 리학의 개념체계에 대한 양자의 비판은 근본적이었다. 그런데 이들의 리학 개념체계에 대한 비판에는 리치가 『천주실의』에서 사용하였던 리학 비판의 맥락과 공통되는 부분을 발견할 수 있다. 직접 논거로 인용하여 제시하지 않지만, 리치의 논점을 충분히 이해한 바탕 위에서 활용하고 있다고 해석되는 부분이다.

대진은 리를 사물과 다른 차원의 그러면서도 사물과 유사한 별도의 존재로 설정하는 설명방식을 일체 사용하지 않는다. 그는 리를 유형별로 구분하는 행위와 내용을 지칭하는 개념으로 재해석하면서, 그 구분이 한 개인의 주관적인 것이 아니라 모든 사람 곧 천하만세에 통용될 수 있을 때 리라고 부른다고 말한다. 그러나 이 리는 어디까지나 사물 또는 상황에서 '반드시 어떠어떠하게 하거나 해야 하는 것[必然]'에 따라 또는 '유형[區, 類]'에 따라 '나누고[分]', '구별하는[別]' 행위, 내용, 결과를 의미한다. 그는 구분하는 행위와 내용 또는 결과를 떠나서, 우리가 구분할 때 의지해야 하고, 우리로 하여금 구분하게 해주는 별도의 존재론적 지위를 설정하지 않는다. 그는 다음과 같이 말한다.

"붙들고 지녀서 항상 기준으로 삼는 것을 '칙(則)'이라고 한다. 각각 그 유형대로 구분하는 것을 '리(理)'라고 한다. 말하고 행동할 때 보배로 삼는 것을 '아름다운 덕[懿德]'이라고 한다. '물(物)'은 일[事: 상황과 사태]이다. 그 일을 말하면, 일상의 먹고 마시는 것을 벗어나지 않는다. 이것을 버리고 리를 말하면, 옛 성현이 말한 리가 아니다."[48]

주희는 「증민」의 "물(物)이 있으면 칙(則)이 있다"의 물과 칙을 각각 형기와 리를 의미하는 것으로 해석하였다. 그리고 그 칙은 '응당 그러해야 하는 준칙[當然之則]'으로서의 인륜이고 인간에게는 본래부터 주어지는 본성을 의미한다고 설명하였다.[49] 곧 물은 형기로서 형이하자의 범주이지만, 칙은 리로서 기의 범주인 사와 구별되는 형이상자의 존재론적 위상을 지닌다. 반면, 대진은 '칙'을 인용문처럼 '붙들고 지녀서 항상 기준으로 삼는 것'이라고 하거나, 또는 '순수하고 중정함을 일컫는 명칭'이라고 그 의미를 설명한다.[50] 그리고 '리'는 사태의 실정을 잃지 않는 것, 곧 실정을 과도하게도 또는 부족하게도 행함이 없는 것[51]이라고 말한다. 대진은 "리의(理義)가 내 마음을 기쁘게 한다"

48) 冒怀辛 譯註, 『孟子字義疏證詮譯』, 成都: 巴蜀書社, 1992, 176쪽. "以秉持爲經常曰則, 以各如其區分曰理, 以寶之於言行曰懿德. 物者, 事也. 語其事, 不出乎日用飮食而已矣, 舍是而言理, 非古賢聖所謂理也."

49) 朱傑人·嚴佐之·劉永翔 主編, 앞의 책 16, 『朱子語類』 62-39, 2002, 2012쪽. "故曰, 天生烝民, 有物有則. 物乃形氣, 則乃理也." ; 위의 책 1, 『詩集傳』「烝民」, 2002, 708쪽. "則, 法. …無非物也, 而莫不有法焉, 如視之明·聽之聰·貌之恭·言之順·君臣有義·父子有親之類, 是也. 是乃民所執之常性 …" ; 위의 책 14, 『朱子語類』 18-82, 2002, 620-621쪽. "天生烝民, 有物有則, 則字卻似衷字. 天之生此物, 必有箇當然之則, 故民執之以爲常道, 所以無不好此懿德. 物物有則, 蓋君有君之則, 臣有臣之則, 爲人君, 止於仁, 君之則也. 爲人臣, 止於敬, 臣之則也. 如耳有耳之則, 目有目之則, 視遠惟明, 目之則也. 聽德惟聰, 耳之則也. 從作乂, 言之則也. 恭作肅, 貌之則也. 四肢百骸, 萬物萬事, 莫不各有當然之則, 子細推之, 皆可見."

50) 冒怀辛 譯註, 앞의 책, 「理」 12, 1992, 185쪽. "『詩』曰'有物有則', 是也. 物者, 指其實體實事之名; 則者, 稱其純粹中正之名. 實體實事, 罔非自然, 而歸於必然, 天地·人物·事爲之理得矣."

51) 冒怀辛 譯註, 위의 책, 「理」 1, 1992, 175쪽. "理也者, 情之不爽失也." ; 「理」 2, 175쪽. "在己與人

고 할 때 '리의'는 곧 '옳다고 또는 그르다고 여김이 합당한 것'으로 사물 밖에 별도로 존재하는 것이 아니라고 말한다.[52] 곧 리에 대하여 대진은 각각의 사태에서 실정에 맞게 행하는 행위와 그 행위의 내용을 가리키며, 행위를 떠나서 별도의 존재론적 위상을 설정하지 않는다.

대진은 주자가 리의 덕목으로 인(仁)을 말하면서, '마음의 지각[心知]'과 다른 층차에서 마음에 주어져 있다고 별도의 존재론적 위상을 가지는 것으로 설명하는 것에 대하여 노불의 영향이라고 비판하며 반대한다. 그는 측은히 여기는 마음은 '사는 것을 희구하고 죽는 것을 두려워하는 마음[懷生畏死之心]'에서 비롯하며, 이 '욕구[欲]'와 '혈기상에서 일어나는 심의 지각[血氣心知]' 밖에서 인의예지를 설명해서는 안 된다고 주장한다.[53] 대진은 '성(性)' 자체는 음양과 오행의 차원에서 분화되면서 성립하는 것으로 모든 생물의 공통적인 부분이라고 말한다. 곧 성은 음양오행을 특정한 형태로 가지면서 성립하는 개체의 속성이며, 음양오행 이전부터 본래 존재하는 것으로서의 존재론적 위상을 가지지 않는다. 그는 인간과 다른 생물의 차이는 심지(心知) 곧 지각능력의 차이에 있다고 여긴다. 곧 인의예지의 인륜 행위를 인간이 다른 생물보다 더 잘 하는 것은 인간이 심지가 더 뛰어난 것, 달리 말하면, 생을 추구하는 자연적 욕구를 필연의 수준으로 확충해가는 능력에 있다

皆謂之情, 無過情無不及情之謂理."

52) 冒怀辛 譯註, 위의 책, 「理」 7, 1992, 180쪽. "理義非他, 可否之而當, 是謂理義. 然又非心出一意以可否之也, 若心出一意以可否之, 何異强制之乎! 是故就事物言, 非事物之外別有理義也."

53) 冒怀辛 譯註, 위의 책, 「性」 1, 1992, 202쪽. "然則所謂惻隱·所謂仁者, 非心知之外別'如有物焉藏於心'也, 己知懷生而畏死, 故怵惕於孺子之危, 惻隱於孺子之死, 使無懷生畏死之心, 又焉有怵惕惻隱之心? 推之羞惡辭讓是非, 亦然. …古賢聖所謂仁義禮智, 不求於所謂欲之外, 不離乎血氣心知, 而後儒以爲別如有物湊泊附着以爲性, 由雜乎老莊釋氏之言, 終昧於六經孔孟之言故也."

고 여긴다.[54]

이상에서 보면, 대진은 '리', '성', '인의예지'에 대하여 심지의 행위나 내용으로 설명하며, 심지와 별도의 존재론적 지위나 위상을 부여하는 것을 철저히 반박하고 있다. 이러한 대진의 관점은 리치가 리를 실체가 아닌 속성의 범주에 소속시킨 논점과 상응한다. 그러나 대진은 『맹자자의소증』 안에서 한 번도 리치를 언급하지 않았다. 또한 리치가 리를 설명한 학술적 메타 개념으로서의 '의뢰(依賴)', '자립(自立)', '종품(宗品)'과 같은 개념도 역시 사용하지 않았다. 그렇다면 대진은 리치의 논의를 일체 접하지 않거나 또는 고려하지 않고 별도로 리 개념에 대한 자신의 성찰을 제시한 것일까?

『천주실의』가 『맹자자의소증』에 미친 영향에 대해서는 적극적으로 인정하는 견해와 소극적으로 평가하는 견해로 나뉘는데, 90년대 이후 그 영향의 세부적 맥락을 밝히려는 데 초점을 둔 연구 성과들이 제시되고 있다. 영향의 맥락은 크게 두 가지 방향으로, 하나는 교접한 역사적 사실에 관한 것이고, 하나는 학문방식에 관한 것이다.[55] 후자

---

54) 대진은 自然과 必然의 개념을 가지고 순자와 맹자의 견해 차이를 설명한다. 순자가 禮義를 성인이 제정한 가르침으로 설정한 것에 대하여, 대진은 예의를 必然의 수준에서 설명하는 것으로, 自然의 性에서 나온 것임을 간과한 점에서 잘못이라고 비판한다. 대진은 맹자의 성선론은 自然의 수준을 말하는 것이며, 그 자연의 수준을 擴充하여 완전하게 발휘하면 필연의 수준이 되는 것이라고 설명한다. 冒怀辛 譯註, 위의 책, 「性」 6, 1992, 205쪽. "荀子知禮義爲聖人之教, 而不知禮義亦出於性; 知禮義爲明於其必然, 而不知必然乃自然之極則, 適以完其自然也. 就孟子之書觀之, 明理義之爲性, 舉仁義禮智以言性者, 以爲亦出於性之自然, 人皆弗學而能, 學以擴而充之耳."

55) 서학이 건가시기 한학에 미친 영향에 관한 연구사는 湛曉白 · 黃興濤, 「清代初中期西學影響經學問題研究述評」(『中國文化研究』 2007-1, 北京: 北京語言大學, 2007), 68-81쪽 참조. 戴震의 西學에 대한 영향을 역사적으로 접근하여 연구한 성과로 許蘇民, 『戴震與中國文化』(貴陽: 貴州人民, 2000) 참조.

학문방식에 관해서는 다시 논증 체제에 관한 것과 개념 내용에 관한 것 양자의 측면에서 접근하고 있다.

논증 체제에서 보면, 연구자들은 대진이 『맹자자의소증』에서 사용하는 설명방식이 『기하원본』에서와 같은 연역논리를 사용하는 점에 주목한다. 논증하려는 주장을 정리나 공리 형태로 먼저 정의해서 제시하고 나서 육경을 비롯한 역대 문헌의 용례에서 논거를 제시하여 정당화하여, 리학의 주장들을 반박하는 형태의 논증방식을 사용하는 점이다.[56] 또한 많은 연구들은 리학의 개념이 불교와 도교의 영향을 받은 것을 지적하면서, 육경의 본의가 리학의 개념과 다름을 드러내어 비판하는 점도 『천주실의』의 체제와 동일하다고 본다.

『천주실의』의 영향을 대진이 사용한 논증 방식에서뿐 아니라, 사용하는 개념의 의미내용 자체에서도 영향의 흔적을 지적하기도 한다. 대진이 성(性) 개념을 유적 특성으로 이해하는 것은 리치가 '각 류(類)의 본체[各物類之本體]'로서 "류(類)가 같으면 성이 같고 류가 다르면 성이 다르다[同類同性, 異類異性]"고 한 견해와 같다고 본다. 또한 대진이 성(性)의 핵심 의미를 심지(心知)로 이해하는 것은 리치가 지각과 이성으로 인성의 본질적 의미를 세우고, 인의예지를 추론 이후에 성립하는 개념으로 설정하는 것과 같다고 본다.[57]

체제와 개념 내용의 측면에서 리치와 대진 양자 사이의 유사성과 영향을 인정하면서도, 위잉스(余英時)와 장샤오린(張曉林) 등은 대진이 아퀴나스의 토미즘 체제를 수용하지 않았으며, 유학 자체의 내부적

---

56) 蕭萋父 · 許蘇民, 『明清啓蒙學術的流變』(沈陽: 遼寧教育出版社, 1995), 663-664쪽 ; 徐道彬, 「戴震學術地位的確立與"西學中源"論」(『清史研究』 2010-3, 北京: 中國人民大學青史研究所, 2010), 51-65쪽.

57) 張曉林, 「戴震的"諱言"－論『天主實義』與『孟子字義疏證』之關系」(『華東師範大學學報』(哲學社會科學版) 34-7, 上海: 華東師範大學, 2007), 19-20쪽.

논의 맥락에 기초하고 있다고 지적한다. 장샤오린은 왕정상(王廷相), 나흠순(羅欽順) 등 명대 리학 비판의 전통의 위에서 대진이 리학의 개념들을 비판하고 육경의 맥락을 드러내 본의를 밝히는, 유학 내적인 정당화의 맥락이 근간을 이룬다고 본다.[58] 그러나 대진이 왕정상이나 나흠순을 직접 끌어들여 자신의 논점을 정당화하는 것은 아니어서 이 역시 간접추론의 형태를 벗어나지는 못하는 한계가 있다. 다만 건가 시기 한학이 고증에만 머문 것이 아니라 고증을 통해 유학의 본의를 재확립하는 철학적 또는 의리(義理) 차원의 논의가 있었고[59], 그 논의에 서학의 영향이 있었다고 하더라도 유교 내적인 정당화의 방식으로 진행되었다는 것을 중국학자들은 강조하고 있다.

대진과 마찬가지로 『천주실의』를 간접적으로 활용하여 리학의 개념들을 비판하고, 육경의 본의를 드러내어 유교의 주요 개념을 재정립하는 실질적 작업은 정약용에게서 재현된다. 정약용 역시 자신의 저술 속에서 리치의 『천주실의』나 서학의 내용에 대한 직접적 언급을 일체 하지 않았다. 그러나 대진과 달리, 정약용은 리치가 사용하는 '종품(宗品)', '의뢰(依賴)', '자립(自立)' 등의 메타적 개념어를 일부 차용하기도 하고 변용하면서 리치의 논리를 적극 활용하여 리와 태극 등을 비롯한 리학의 개념체계를 근본에서 반박한다. 따라서 『천주실의』의 논점을 활용하는 것이 대진보다 더 적극적이다.

정약용은 1783년(22세) 경의(經義)진사로 태학에 머물면서 『중용』에

58) 張曉林, 위의 글, 2007, 17쪽.

59) 湛曉白 · 黃興濤, 앞의 글, 2007, 71쪽, 74쪽. 張壽安의 『以禮代理－凌延堪與淸中葉儒學思想之轉變』(石家庄: 河北教育出版社, 2001)은 余英時의 관점에 따라 건가 시기 고증학 속에 유학의 이념을 새롭게 재정립하려는 '사상'으로서의 학술운동이 있었음을 논증한 대표적 연구성과로 꼽힌다.

대한 책문(策問) 중 리발(理發)과 기발(氣發)에 관한 답변에서 이이의 입장을 지지하는 견해를 제출하였다. 그는 당시 이 문제에 관해 이벽(李檗)과의 논의에서도 이이의 입장에 있었다고 스스로 밝히고 있다.[60] 후일 「이발기발변」(1801) 등에서 이황과 이이가 논의하는 중점이 다름을 들어 양쪽의 입장을 서로 모순되게 이해할 필요가 없다고 양시론의 입장을 취였지만, 리와 기의 관계에 대하여 20대 초반 정약용은 다음과 같은 명확한 견해를 가졌던 것으로 보인다: "대개 기는 스스로 존재하는 것[物]이고, 리는 의존하여 부속된 것[品]이다. 의존하여 부속된 것은 반드시 스스로 존재하는 것에 의지한다. 그러므로 기가 발동함이 있으면 그런 리가 있다."[61] 여기서 '의존해서 존재하는 것'으로 리를 정의한 것은 리치의 견해에 따른 것처럼 보이지만, 실은 주자의 견해에 의거한 것이다. 왜냐하면 정약용은 이어서 "동유(東儒)가 이른바 '발동하는 것은 기이고, 발동하게 하는 것은 리이다'라고 한 설명은 참되고 확실하니 누가 뒤바꿀 수 있겠는가?"라고 하여 '소이(所以)'로서 지니는 리의 존재론적 위상을 명확히 인정하고 있기 때문이다.[62] 따라서 기존 연구에서 이 대목을 두고 정약용이 리치가 리를 속성-의뢰자로 이해한 입장에 입각하여 설명한 것이라고 말한 것은 합당해보이지 않는다.[63]

---

60) 다산학술문화재단 편, 『정본여유당전서』 3, 「自撰墓誌銘」(集中本), 2012, 253쪽.

61) 다산학술문화재단 편, 위의 책, 『中庸講義補』, 2012, 396쪽. "蓋氣是自有之物, 理是依附之品, 而依附者必依於自有者."

62) 다산학술문화재단 편, 위의 책, 위의 글, 396쪽. "東儒所云'發之者氣也; 所以發者理也'之說, 眞眞確確, 誰得以易之乎?"

63) 백민정, 「리치와 다산 정약용 철학의 거리」(『교회사연구』 39, 한국교회사연구소, 2012), 217-218쪽. 『중용강의보』는 체제가 정조의 책문, 1784년(23세)에 올린 대답, 그리고 뒤에 부가하여 보충한 견해 등 세 부분을 중심으로 구성되어 있다. 따라서 이 책이 1814년(53

1814년 저술이 완성된 『대학공의(大學公議)』에서 정약용은 물(物)과 사(事)의 의미를 다음과 같이 정의한다: "물이란 독립해서 형상을 이루고 있는 것에 대한 지칭이다. 사란 행위[作爲]함이 있는 것에 대한 지칭이다."[64] '독립해서 존재한다[自立]'는 리치가 실체로서 개체의 의미를 정의할 때 근거로 삼는 개념이다. 리치는 실체를 '자립자(自立者)'로 번역하였는데, 정약용이 여기서 리치의 용어를 차용하는 대신, '자립(自立)'이라는 의미내용을 끌어와 '독립해서 형상을 이루는 것'으로 스스로 정의하고 있다. 그는 『대학』의 성의(誠意), 정심(正心), 수신(修身), 제가(齊家), 치국(治國), 평천하(平天下)에서 의(意), 심(心), 신(身), 가(家), 국(國), 천하(天下) 등이 곧 물(物)에 해당하고, 성(性), 정(正), 수(修), 제(齊), 치(治), 평(平)이 사(事)에 해당한다고 설명한다.[65] 정약용은 리치가 속성을 표현하였던 '의뢰(依賴)'의 용어를 사용하지는 않지만, 눈으로 구별하는 사각형과 원의 모양, 또는 귀로 구별하는 궁(宮)과 상(商)의 소리 등의 개념은 그 자체로 독립적 형상이 없는 것으로 '물(物)에 의지하지 않으면[不寓於物]' 어느 것도 '독자적으로 존립할 수 없는[不能自立]' 것이라고 설명한다.[66] 이것은 모양이나 소리 등 속성에 속하는 개념

세)에 저술되었지만, 위에 인용한 대목은 두 대목이 모두 정약용의 대답 가운데 나오는 것이고, 「자찬묘지명」 등에서 정약용 스스로 그 사실을 밝히고 있다. 따라서 두 인용 부분은 22~23세 시기 정약용이 리기에 관한 주자의 설을 이이의 견해에 입각하여 간명하게 정리한 것이라고 판단된다.

64) 다산학술문화재단 편, 『정본여유당전서』 6, 『大學公議』 「物有本末」, 2012, 93쪽. "物者, 自立成象之名也. 事者, 有所作爲之名也."

65) 다산학술문화재단 편, 위의 책, 위의 글, 2012, 92-93쪽. "物讀之如有物有則之物. 物者意心身家國天下也. 事者誠正修齊治平也."

66) 다산학술문화재단 편, 『정본여유당전서』 23, 『樂書孤存』 「論六律與五聲不同」, 2012, 37쪽. "方員者, 無形者也. 不寓於物, 則方員不能自立, 方員者, 無形者也. 【方員雖不離物形, 而未嘗爲物體. 與長短·厚薄·大小之等, 同歸物情, 不得爲物體, 是無形者也.】 宮·商者, 無形者也. 不寓於

은 유형적이고 독립적인 개체에 의존해서 그 개념이 지각됨을 말하는 것이다. 비록 리치가 사용하였던 '의뢰자(依賴者)'의 용어는 끌어들이지 않았지만, '독립해서 형상을 이루는[自立成象]' 물(物)에 의지해서 그 의미가 발휘되는 것이라고 말함으로써, '의뢰'가 지시하는 의미를 유연하게 충분히 활용하고 있음을 보여준다. 곧 물과 사에 대한 정의나, 방원(方圓)의 개념에 대한 정약용의 설명은, 존재하는 것에 대한 구분을 자립적 존재[自立者]와 의존적 존재[依賴者]의 두 층위로 나누어 리치가 설명하였던 맥락을 활용한 것이다. 이것은 『천주실의』 등에서 제시된 토미즘의 범주론이 정약용에게서 존재 유형을 구분하고 정당화하는 방법으로 적극 활용되고 있음을 보여준다.

정약용은 리학 이전의 고대 문헌에서 리가 옥이나 돌의 결과 같이 사물마다 다르게 가지는 개별적 특성[脈理]과 그 특성에 맞게 사물을 다루는 것[治理]을 함의하였으며, '치리(治理)'의 의미에서 파생하여 송사를 처리하는 옥관을 지칭하는 용어로 사용되었다고 고증한다. 그리고 성(性)을 리로 정의한 경우가 없으며, 모든 사물이 동일하게 지니는 무형의 성이라는 개념은 리학에서 부여한 새로운 의미라고 지적한다.[67] 리가 사물마다 지니는 사물 자체의 독특한 특징과 그 특징에

物, 則宮·商不能自立, 宮·商者, 無形者也. 人之目力·耳力, 亦無形者也. 耳目有形, 其所以視所以聽者未有形質, 目力·耳力, 無形者也.【目力·耳力, 雖不繼人體, 其視聽之能, 實無形質.】" ("【……】"은 정약용 자신이 부가한 주석이다. 이하 동일함)

67) 다산학술문화재단 편, 『정본여유당전서』 7, 『孟子要義』「告子: 富歲子弟多賴, 犇麥易牙章」, 2012, 202~3쪽. "鏞案, 理字之義, 因可講也. 理者, 本是玉石之脈理.【徐鉉云.】 治玉者, 察其脈理, 故遂復假借, 以治爲理.【字從玉.】…治理者, 莫如獄, 故獄官謂之理 …靜究字義, 皆脈理·治理·法理之假借爲文者【法理卽獄理】, 直以性爲理, 有古據乎? …夫氣質之慾, 人與獸不殊, 其所異者, 惟此理義之性, 而又於是建立本然一名, 乃云'本然之性, 人物同得'. 然則人仍禽獸, 禽獸仍人, 其復有靈頑貴賤之別矣? 此係聖道之大段, 不敢不辨."

맞게 사물을 다루는 것을 가리킨다는 말은, 대진이 '유형에 따라 구분하는 것'으로 리의 의미를 설명하는 맥락과 같다. 정약용은 태극에 대해서도 본래 "천지가 분화되기 이전 혼돈한 상태의 존재, 곧 구체적인 형태를 가지기 시작하는 것으로 음양이 배태된 만물의 시초"를 의미하며, '형상이 없는 리'라는 의미는 나타내지 않았다고 지적한다.[68] 요컨대, 대진과 마찬가지로, 정약용은 리와 태극이 육경에서 지니는 원의가 사물에 나타난 특징과 사물의 상태를 지칭하는 데 있음을 드러내서, 사물과 독립적으로 사물의 성립 근거[所以]로서 존재론적 위상을 부여하였던 리학의 견해를 반박하고 있다.

정약용이 리학의 개념 내용 가운데 집중적으로 반복해서 비판하는 부분은 인의예지 등 인륜을 지칭하는 개념을 인간과 모든 사물에 실재하는 형이상의 리로 해석하는 것이다. 정약용은 인의예지가 형이상의 본래적인 실재를 의미하는 리나 성의 범주가 아니라, 지속적인 행위를 통해 이루어진 결과를 지칭하는 덕의 범주에 속하는 개념이라고 재해석한다. 그는 먼저 성의 개념이 육경에서 '욕구한다[欲]', '좋아한다[樂]'는 기호(嗜好)를 의미한다고 재해석하고,[69] 리학에서 성의 의미 내용으로 설정한 '본연지성(本然之性: 본래부터 그렇게 주어진 본성)'의 개념은 『능엄경(楞嚴經)』 등 불교에서 차용한 비유교적 개념이라고 반

68) 다산학술문화재단 편, 『정본여유당전서』 17, 『易學緖言』(卷三) 「沙隨古占駁」, 2012, 178쪽. "太極者, 天地未分之先, 渾敦有形之始, 陰陽之胚胎, 萬物之太初也. 其名僅見於道家, 而周公孔子之書, 偶未之言, 非敢曰天地之先, 無此太極, 但所謂太極者, 是有形之始, 其謂之無形之理者, 所未敢省悟也. 濂溪周先生嘗繪之爲圖, 夫無形則無所爲圖也. 理可繪之乎?"

69) 다산학술문화재단 편, 『정본여유당전서』 7, 『孟子要義』 「盡心: 廣土衆民, 君子欲之, 睟面盎背章」, 2012, 237쪽. "余嘗以性爲心之嗜好, 人皆疑之, 今其證在此矣. 欲樂性三字, 孟子分作三層, 最淺者欲也, 其次樂也, 其最深而遂爲本人之癖好者性也. 君子所性, 猶言君子所嗜好也. 但嗜好猶淺, 而性則自然之名也. 若云性非嗜好之類, 則所性二字, 不能成文. 欲樂性三字, 旣爲同類, 則性者嗜好也."

론한다.[70] 그리고 덕은 기호의 형태로 주어진 소질이 지속적 행위를 통해 이루어진 결과를 지칭한다고 여긴다. 따라서 "기호로서의 성만 가지고는 그 자체로 덕이 될 수 없다"[71]고 말한다.

정약용은 인, 의, 예, 지가 모두 덕을 지칭하는 명칭으로, 효제 등 인륜을 독실하게 실천하여 이루어진 결과를 지칭하는 개념이라고 말한다. 이를테면 인(仁)은 덕을 가리키는 명칭인데, 그것은 효제(孝悌)라는 인륜적 소질 또는 성향을 성실히 수행하여 얻어진 결과를 지칭하는 명칭이라고 말한다. 정약용은 인을 효, 제, 자, 충, 신 등의 인륜적 행위들을 전체적으로 포괄하여 지칭하는 용어로 정의하기도 한다. 정약용은 측은(惻隱), 수오(羞惡), 사양(辭讓), 시비(是非)의 기호로 발휘되는 마음을 실행하여 "확충하는 데 이르지 않으면, 인의예지라는 명칭은 끝내 성립될 수 없으며", 측은, 수오, 사양, 시비의 마음 안에 있는 리로 인의예지를 이해하는 것은 『맹자』의 본지가 아니라고 말한다.[72] 이것은 측은, 수오, 사양, 시비의 행위 이전에 이들 행위를 가능하게 하는 것[所以]으로서 인(仁)이 독립적으로 존재하는 것이 아님을 천명하는 것이다.

인 등 인륜을 지칭하는 용어가 행위를 통해 얻어진 결과를 지칭하는 명칭 또는 개념으로 이해해야 한다는 것에는, 이들이 독립해서 형

---

70) 다산학술문화재단 편, 『정본여유당전서』 9, 『論語古今註』 「陽貨: 子曰性相近也, 習相遠也. 子曰惟上知與下愚, 不移」, 2012, 282쪽. "本然之說, 本出佛書. 『楞嚴經』曰'如來藏性, 清淨本然.' … 又曰'譬如清水, 清潔本然.' …本然之性, 明是佛語, 豈可以此解孔孟之言乎?"

71) 다산학술문화재단 편, 『정본여유당전서』 2, 『文集』 「原德」, 2012, 202쪽. "因性與行, 有德之名. 徒性不能爲德也."

72) 다산학술문화재단 편, 『정본여유당전서』 7, 『孟子要義』 「告子第六 · 公都子曰告子曰性無善無不善章」, 2012, 196~7쪽. "四德者, 四心之所擴充也, 未及擴充, 則仁義禮智之名, 終不可立矣. … 雖然, 仁義禮智竟成於行事之後, 若以爲在心之理, 則又非本旨."

상을 이루는 물(物)과 같은 존재가 아니라 사물의 어떤 구체적 또는 유형적 상태에 의거해서 성립하는 속성적 개념이라는 문법이 담겨 있다. 정약용은 방원(方圓)과 같은 물리적 속성 개념뿐 아니라 인의와 같은 심리적 속성에 대해서도 자립적 존재와 의존적 존재라는 존재 양식의 구분을 활용하고 있는 것이다. 정약용은 또한 그 심리적 속성은 소질로서 주어진 상태를 '확충(擴充)'과 같은 지속적 수행을 통해서 그 구체적 형태가 갖추어지는 특징을 가진다는 점을 강조하여 리학에서 수립한 선험적 완전성을 회복하는 방식의 수행방법을 걷어내고 있다. 가령 『중용』 1장의 '미발(未發)의 중(中)'을 주희처럼 심에 내재된 인륜의 근거 곧 리/소이의 본연성 내지는 실재성을 드러내는 의미맥락으로 이해하지 않고, 수행을 통한 확충의 결과로 이해한다.[73] 효제에 대해서도 인(仁)이라고 하는 형이상의 선험적 본성[理]을 수행하는 유형적 단서가 아니라, 인이라는 결과[德]를 성취하기 위한 실제적 수행 내용으로 그 의미를 재정립한다. 요컨대, 정약용은 리치가 실체와 속성의 두 범주로 존재 유형을 구분하여 리학을 비판하였던 논지를 활용하여, 리학의 개념체계를 반박하고 원의를 드러낼 뿐 아니라, 인륜을 수행하는 새로운 이론을 수립하고 있다.

대진은 인이나 덕을 선험적으로 존재하는 것이 아니라 인륜의 수행을 통해 성립하는 것으로 설명하지만, 명확히 그것이 그런 수행의 결과를 지칭하는 명칭으로서 그런 수행에 의존해서 성립하는 개념이라는 설명을 제시하지는 않는다. 반면, 정약용은 개별적인 행위들을

73) 다산학술문화재단 편, 위의 책, 『孟子要義』 「滕文公: 滕文公爲世子, 孟子言必稱堯舜章」, 2012, 92쪽. "鏞案, 喜怒哀樂未發謂之中者, 謂君子戒愼恐懼, 盡其愼獨之工, 則執中在心, 不偏不倚, 特不與物接, 未有喜怒哀樂之發耳, 豈人性本體之謂乎?"

전체적으로 지칭하는 곧 개별적 행위들에 의존하여 성립하는 개념이라는 뜻을 분명히 드러내고 있다. 그는 인의예지와 덕 등을 어떤 행위의 결과에 대한 '지칭[名]' 또는 '전체적 지칭[總名]'이라고 반복해서 말한다. 이것은 '방원(方圓)'의 개념이 구체적 사물에 의지해서 그 존재성을 발휘하듯이, 인의예지와 덕도 자립적으로 실재하는 존재론적 지위를 가지지 않으며 오직 효제의 실천을 통한 구체적 결과에 의지해서 의미가 발휘되는 개념임을 명확히 드러낸 것이다. 정약용은 효제라는 개념어 역시 자식이 부모를 섬기는 행위가 있은 뒤에, 그리고 젊은이가 어른을 섬기는 실천이 뒤에 그 의미가 성립되고 발휘되는 개념이라고 강조한다.[74] 요컨대, 다산은 인의예지와 효제 등 유교의 인륜 개념들을 철저하게 행위의 결과에 대한 지칭 개념으로 설명하여, 그 자체로 일반 사물과는 다른 형이상의 실재성을 지닌다는 리학의 맥락을 철저하게 걷어내고 있다. 이러한 다산의 반박 논리는 리치가 리학의 주요 개념들이 실체로서 존재하는 것이 아니라 실체에 의지해서 존재하는 속성의 범주에 속한다고 반론하였던 맥락이 유연하게 그리고 적극적으로 활용되는 한 방식을 보여준다.

한편, 유교의 개념체계를 새롭게 정당화하면서 대진과 정약용은 모두 체용의 개념을 사용하지 않는다. 곧 세계를 소이와 작용의 상관적 맥락 속에 존재하는 사태로 이해하는 사유문법이 이들에게서는 인의예지 등 인륜 개념이나 태극 등 우주론적 개념을 설명하는 과정에서 사라지고 있다. 대신 리치가 존재 유형을 자립적인 것과 의존적인

74) 다산학술문화재단 편, 『정본여유당전서』 9, 『論語古今註』 「里仁: 子曰富與貴 …顚沛必於是」, 2012, 144쪽. "子事親然後有孝之名; 少事長然後有弟之名; 臣事君然後有忠之名; 牧養民然後有慈之名. ; 孝弟是專稱, 惟事親敬兄, 乃爲其實, 故有子謂諸仁之中, 孝弟爲之本."

것으로 구분하는 문법이 활용되고 있다. 이들은 토미즘이 또는 아리스토텔레스의 범주론으로 거슬러 올라가는 이 사유문법에 대하여 그 특성이나 정당성에 대하여 묻지 않는다. 그저 조용히 활용하고 있을 뿐이다. 이것은 이 양자가 인의예지 자체를 육경과 경학사적 맥락에서 정당화하는 것이 표면상으로는 리학의 체계를 비판하는 지극히 유교사적 또는 동아시아 전통 내적 성찰로 보이지만, 실은 근저에서는 무반성적으로 실체-속성의 사유문법에 의지하여 체용론을 비판하는, 어느덧 리치의 논리에 가담하게 되는 오리엔탈리즘의 상황에 빠져 있음을 발견하게 된다.

4. 서학(西學)으로 추동된 리학 체제의 변화

리치가 실체-속성의 범주론을 이용하여 리학의 주요 개념이 지니는 존재론적 위상을 재설정한 것은 사유체계에 아리스토텔레스의 방법론이 부재하다는 발리냐노의 견해를 이어받은 것이다. 리치는 리를 속성의 범주로 재배치하고, '주재' 개념을 상제에게 부여하여 전지전능한 창조주의 주재를 정당화하였다. 이로써 리학에서 천(天)을 리로 재해석하여 천 또는 상제의 만물에 대한 주재를 탈인격화시켰던 맥락이 토미즘의 시야에서 일방적으로 배제되었다. 리치는 리와 같은 속성 개념은 그것이 의존하고 있는 실체에 대한 지각과 추론 인식 이후에 성립하는 개념으로 규정하였다. 그러는 동안 존재를 체와 용 또는 소이(所以)와 작용(作用)의 관계에서 이해하는 리학의 사유문법은 간과되고 배제되었다. 또한 체용론의 맥락에서 설명되었던 리학의 함양(涵養) 등 수행론 역시 고려대상이 되지 못하였다.

하비안이 그리스도교를 옹호하는 입장에서 천주를 체로 리를 용으로 비유하였을 때, 체와 용은 본래 지녔던 의미 맥락을 떠나서 실체와 속성을 나타내는 메타 개념으로 차용되고 있음을 보여준다. 반면 하야시 라잔이 기물[器]을 만드는 소이가 리라고 대답할 때, 천주를 기물과 같은 용(用)의 위상에 그리고 리를 그 용의 소이로서 체에 배치하는 체용론의 사유문법이 작동한다. 곧 하비안과 라잔은 체와 용이라는 메타 개념을 빌어서 서로 논쟁하는데 그 의미 맥락에 실체–속성의 사유문법과 소이–작용의 사유문법이 교착되고 있음을 보여준다.

하비안의 「파제우자(破提宇子)」는 불교, 도교, 신도 등 비유교적 개념과 유교의 개념을 함께 혼용하면서 리치의 관점을 반박하였고, 서창치(徐昌治)의 『성조파사집(聖祖破邪集)』 역시 불교와 유교를 결합하여 리치의 관점을 비판하였다. 이것은 안정복 등 조선의 리학자들이 리학정통론의 입장에서 비유교적 사유들을 이단으로 배제하면서 리치의 관점을 비판한 것과 대조되며, 유교가 작동하는 지역적 차이를 보여준다.

유교와 불교의 견해가 결합하여 리치의 관점을 반박할 때, 체용의 논리가 결합의 기반이 된다. 리치가 무형의 실체로서 제시한 영혼 개념에 맞서, 하비안이 리학의 도심(道心)과 유식불교의 심왕(心王)을 일치시켜 그 작동방식을 리(理)와 사(事)의 두 층차로 설명할 때, 황정(黃貞)이 만법을 심의 산물로 여기면서 만사에 수응하는 체로서 심의 기능을 설명할 때, 체(體)-리(理) 대 용(用)-사(事)의 구조로 세계를 이해하는 체용론이 기반이 되어 불교와 유교의 개념을 결합시키고 혼용 가능하게 한다. 곧 체용론은 유교와 비유교가 실체-속성론에 맞서는 공통의 기반으로 작용한다.

안정복은 리로서 주어진 본분에 충실하고 그 결과에 관심을 두지 않는 것이 유교의 본령이라는 리학의 관점에 입각해, 그리스도교뿐 아니라 불교와 도교 등 비유교적 전통에 대해 본분을 벗어나 내세의 구원과 같은 사의(私意)를 추구하는 이단으로 비판하는 입장을 취한다. 또한 상제, 태극, 리는 체용의 체로서 동일한 존재론적 위상을 가지면서 의미의 강조점이 주재에 두어지는 것과 무형에 두어지는 표현방식의 차이로 설명한다. 악의 문제에 대해서도 구원론에 맞서 형기로 인한 욕망을 조절함으로써 자신 안에서 해결할 수 있다는 조선후기 성리학이 도달하였던 절욕론의 관점에서 반론한다. 이러한 견해들은 기본적으로 리학에 투철한 세계상을 보여준다. 한편, 리학정통론에 서면, 사의를 버리는 삶의 방식이 비유교적 전통에도 존재하며, 비유교적 방식으로도 가능하다는 인식으로 나아가는 것이 어렵다는 것을 보여준다. 또한 만물의 제작자로서 신의 관념을 주장하는 리치의 논점에 맞서면서, 상제를 리의 근원으로 기술하는 등 부지불식간에 제작자의 관념이 깃든 표현방식에서 자유롭지 못하게 되는 점도 발견된다.

리치의 관점은 체용론에 입각한 보수적 대응을 야기하였을 뿐 아니라 유교의 개념체계를 체용의 개념 틀에서 벗어나 새롭게 정당화하는 방법으로 활용되기도 하였다. 대진(戴震)과 정약용(丁若鏞)은 모두 육경의 본래 문맥에 의거하여 리, 태극, 성 등 주요 개념에 부여하였던 소이로서의 체 또는 형이상 개념이 비유교적 개념이라고 비판하였다.

정약용은 특히 본연이라는 개념이 『능엄경(楞嚴經)』 등 불교에서 가져온 개념이라고 고증하였다. 두 사람은 모두 지각과 추론, 실천적 수행 등 경험적 행위나 그 행위의 결과와 관련시켜 인의예지와 같은 덕목들의 의미를 부여하였다. 여기에는 속성을 나타내는 개념들은 그 속성이 의지해 있는 실체에 대하여 지각하고 추론한 이후에 개념 내용이 성립한다는 논리가 반영되어 있다. 곧 존재방식을 실체와 속성으로 나누어 그 의미맥락을 이해하는 리치의 관점이 공통적으로 활용되고 있다.

대진과 정약용은 성(性)의 개념을 유적 차이성과 욕구의 두 측면에서 그 의미맥락을 재정립하였다. 대진은 혈기심지(血氣心知)에서 욕구로서의 성의 개념이 성립하고, 자연적 욕구를 필연의 수준으로 확충해가는 것에서 인의예지의 인륜이 성립한다고 설명하였다. 정약용은 한 걸음 더 나아가 욕구로서의 성을 기호(嗜好)라는 새로운 용어로 나타냈다. 그는 인의예지가 효제 등 인륜 행위를 지속적으로 실천하여 얻어진 결과를 지칭하는 개념이라는 점에서, 자연적으로 결정되는 리의 범주가 아니라, 행위를 통해 획득되는 것을 나타내는 덕의 범주라고 의미맥락을 재정립하였다. 이로써 유교의 인륜에 대하여, 소이로서 존재론적 지위를 가졌던 리 개념과 체용의 논리체계를 폐기하고, 기호로서의 성과 인륜의 실천행위와 그 결과로서 덕의 개념을 중심으로 삼는 새로운 개념체계로 대체하였다. 여기에는 인의예지뿐 아니라 효제 등의 인륜 개념들을 어떤 행위를 수행한 뒤에 붙인 개념으로 이해하는, 곧 실체와 속성의 관계로 개념의 의미맥락을 설명하는 성찰이 기반을 이루고 있다.

그러나 대진과 정약용은 리치가 사용하는 실체와 속성으로 개념의 존재방식을 나누어 이해하는 사유 문법 자체에 대해서는 아무런 논의를 하지 않았다. 단지 그 논의를 빌려서 리학의 체용론적 개념 체계를 대체하는 새로운 설명 체계를 수립하였다. 대진과 정약용이 새로 수립한 유교의 본지에 대한 설명 체계는 모두 육경의 본지에 의거하는 지극히 유교 내적인 것이었지만, 리학의 체용론적인 개념 체계를 대체하는 방법에서 그리고, 본지의 의미맥락을 새롭게 정당화하는 방법에서 리치의 실체-속성 개념 체계를 아무런 반성적 성찰 없이, 간접적이지만 적극적으로 활용하였다. 이것은 18~19세기 유교 지식인이 토미즘의 개념 체계를 이용하여 자신의 유교를 새롭게 정당화하는 오리엔탈리즘이 발생하는 맥락을 보여준다.

【참고문헌】

1. 1차 문헌

朱傑人・嚴佐之・劉永翔 主編, 『朱子全書』(전27책), 上海: 上海古籍出版社, 2002.

梅謙立(Thierry Meynard) 註, 『天主實義今注』, 北京: 商務印書館, 2014.

朱維錚 主編, 『利瑪竇中文著譯集』, 上海: 復旦大學出版社, 2001.

海老沢有道 외 校注(著), 『キリシタン書・排耶書』(日本思想大系 25), 東京: 岩波, 1970.

夏瑰琦 編, 『聖祖破邪集』, 「聖祖破邪集校注本序」, 홍콩: 宣道出版社, 1996.

鄭安德 編, 『明末清初天主教和佛教辯論資料選』(上), 北京: 北京大學宗教硏究所, 2000.

冒懷辛 譯註, 『孟子字義疏證全譯』, 成都: 巴蜀書社, 1992(林玉均 譯, 『맹자자의소증・원선』, 서울: 홍익출판사, 1999).

민족문화추진회 편, 『順菴集』 1・2(韓國文集叢刊 229・230), 서울: 경인문화사, 2001.

다산학술문화재단 편, 『定本與猶堂全書』(전32책), 서울: 사암, 2012.

2. 2차 문헌

Christopher A. Spalatin, S. J., "Matteo Ricci and a Confucian Christianity – A Study Based on Ricci's Book of 25 Paragraphs", Pontifical Gregorian University Faculty of Theology, 신학박사학위논문(서강대학교 도서관 소장본), 1974(*Matteo Ricci's Use of Epictetus(Excerpta ex Dissertatione ad Doctoratum in Facultate Theologiae Pontificae Universitatis Gregorianae)*, 왜관: University of Gregoriana Press, 1975).

Gottfried Wilhelm Leibniz 저, Henry Rosemont, Jr.・Daniel J. Cook 공역, *Discourse on the Natural Theology of the Chinese*, Honolulu: The University Press of Hawaii, 1977. (이동희 역, 『라이프니쯔가 만난 중국』, 서울: 리학사, 2003)

코플스톤 저, 강성위 역, 『토마스 아퀴나스』, 서울: 성바오로서원, 1968(초판)/1980(중판).

蕭萐父・許蘇民, 『明清啓蒙學術的流變』, 沈陽: 遼寧教育出版社, 1995.

許蘇民, 『戴震與中國文化』, 貴陽: 貴州人民, 2000.

히라카와 스케히로 저, 노영희 역, 『리치』, 서울: 동아시아, 2002.

백민정, 「心性論을 중심으로 본 정약용과 마테오 리치 사이의 관계」, 『동방학지』 136, 연세대학교 국학연구원, 2006.

_____, 「마테오 리치와 다산 정약용 철학의 거리」, 『教會史硏究』 39, 서울: 한국교회사연구소, 2012.

湛曉白・黃興濤, 「清代初中期西學影響經學問題硏究述評」, 『中國文化硏究』 2007-1, 北京: 北京語言大學, 2007.

張曉林, 「戴震的"諱言"－論『天主實義』與『孟子字義疏證』之關系」, 『華東師範大學學報』(哲學社會科學版) 34-7, 上海: 華東師範大學, 2007.

김선희, 「「排耶蘇」에 나타난 하야시 라잔(林羅山)의 유학사상에 대한 일고찰」, 『일본문화연구』 33, 서울: 동아시아일본학회, 2010.

_____, 『마테오 리치와 주희, 그리고 정약용 －『천주실의』와 동아시아 유학의 지평』, 서울: 심산, 2012.

안성호, 「17세기 초 마테오 리치의 『천주실의』와 19세기 제임스 레그의 중국유교경전 영어 번역본에서 사용된 용어 '上帝'간의 신학적 연속성」, 『한국기독교와 역사』 32, 서울: 한국기독교역사연구소, 2010.

徐道彬, 「戴震學術地位的確立與"西學中源"論」, 『淸史硏究』 2010-3, 北京: 中國人民大學靑史硏究所, 2010.

播本崇史, 「明末天主教における「靈」と「理」に關する一考察」, 『東洋大學中國哲學文學科紀要』 21, 東京: 東洋大學中國哲學文學科, 2013.

梶田叡一, 『不干齋ハビアンの思想: キリシタンの教えと日本的心性の相克』, 大阪: 創元社, 2014.

利瑪竇(Matteo Ricci) 著, 文錚 譯, 梅歐金 校, 『耶穌會與天主教進入中國史』, 北京: 商務印書館, 2014.

Ⅳ. 유교와 천주교의 만남

『천주실의』와 신후담의 상제와 천주, 리 개념에 대한 이해

엄연석

1. 동서철학의 만남과 지평융합 및 교착

이 글은 상제(上帝)와 천주(天主), 리(理), 태극(太極) 등의 개념과 도(道)와 기(器) 또는 리(理)와 기(氣) 사이의 의미의 지평을 중심으로 하여 본 연구과제의 중심 개념인 지평융합 및 교착 분석의 방법과 사례를 마테오 리치(Matteo Ricci, 利瑪竇, 1552~1610)의 『천주실의(天主實義)』와 신후담(愼後聃, 1702~1761)의 리기론을 중심으로 검토하고자 한다. 구체적으로 본론에서는 이들 개념이 여러 사상 유파에서 어떠한 독자적인 의미 영역을 가지고 있으며 이런 의미들의 변이로부터 그 교착하는 지평을 낳는 기준들을 검토하고자 한다. '지평융합과 교착의 분석'이란 동서철학과 사상을 구성하는 특정 개념들이 서로 만나면서 상관적으로 결합되는 의미의 교착되는 영역과 지평을 설정하고 그 개념들에 대한 상관적 분석을 수행하는 것이다.[1] 동서철학 사상에 내

1) '지평융합과 교착'에서 '지평'은 역사적 현실과 연관된 외연적 지평과 개념의 의미를 구성하는 내포적 지평으로 나눌 수 있다. 이를테면 유가철학의 '위민(爲民)'과 서양 정치철학의 민주(民主)'를 비교할 때 '민(民)'은 동서양 각각의 시대에 특정한 의미를 가지는 내포적 지평이 되는 동시에 각기 다른 역사적 현실을 점하는 대상으로서 외연적 지평이 된다.

포되어 있는 상제, 천주, 리, 그리고 태극과 같은 개념들 사이에 교착하는 지평을 설정하고 이를 분석하기 위해서는 먼저 이들 개념이 어떠한 시대적 국면에서 처음 서로 만나기 시작했는가 하는 점을 정리할 필요가 있다.

동서철학사상의 여러 개념들이 만나면서 그 의미를 확장 변이시키며 서로 지평을 공유하고 교착하게 된 배경에는 서양의 종교개혁과 지리상의 발견이 있었다. 16세기 서구의 종교개혁의 결과 북유럽이 가톨릭으로부터 분리되면서 포교의 필요성이 커진 때에 지리상의 발견으로 신대륙과 동양에 대한 포교를 위하여 선교사들을 파견하게 되었다. 중국의 경우 예수회 선교사들이 명대 말기인 1583년에 처음으로 도착하였다. 이때 중국에 온 마테오 리치와 같은 예수회 선교사들은 당시 서양인의 비서양 지역에 대한 우월감과 배타적 태도와 달리 중국사상과 문화를 존중하면서 포교에 대한 중국인들의 거부감과 반감을 완화하려 노력하였다. 이들은 유교 경전을 깊이 연구하면서 천주교 사상과 조화를 이루고자 하였다. 또한 이들은 적응주의적 선교방침을 가지고 선진 유교의 소사상제(昭事上帝), 조상숭배, 상선벌악사상, 인(仁) 사상 등을 긍정적으로 수용하여, 그리스도교의 천주존재와 속성, 영혼불멸, 사후천당지옥, 애주애인(愛主愛人) 등을 설명하였다. 하지만, 유교는 철학학파이며 자연종교라고 간주하면서 궁극적으로는 유일한 계시종교인 천주교에 의해 보완되고 귀일되어야 한다는 보유론적 신념을 가지고 있었다.[2)]

이때 외연적 지평이 내포적 지평과 상호 가역적으로 연속성을 가질 때 '지평융합'이 일어난다면, 외연적 지평과 내포적 지평이 불연속적 의미를 가질 때 '지평교착'이 발생한다.

2) 최기복, 「천주교회의 유교제례 금령과 다산의 상제례관」(『교회사연구』 39, 한국교회사연구소, 2012), 335-337쪽.

예수회 선교사들이 중국에 도착한 이후 최초의 고민은 그리스도교 신(神, Deus)의 명칭을 중국어로 어떻게 전달할 것인가 하는 문제였다. 이때 루지에리(Ruggieri, ルッジェーリ)는 '신(神)'의 번역어로 '천주(天主)'를 썼다. 루지에리가 처음 천주라는 말을 신의 번역어로 사용하기 시작한 이래 천주는 『천주실록(天主實錄)』, 『천주실의(天主實義)』 등에서 번역어로 본격적으로 쓰이기 시작하였다. 마테오 리치는 자신들이 말하는 천주가 바로 중국에서 말하는 상제이다[3]라고 언급하였다. 마테오 리치는 중국경전 속에서 상제를 찾아내었는데, 이것은 유일신으로서 문왕과 같은 성왕(聖王)의 섬김을 받는 존재이며 법도를 제정하고 죄인을 벌하는 인격적 존재로 인식되었다.[4]

하지만, 예수회와 달리 도미니코회와 프란체스코회 선교사들은 중국의 전통문화에 대한 이해보다는 그리스도교 신앙의 순수성과 통일성을 지켜야 한다는 보다 근본주의적인 선교정책을 취하면서 선교회간 중국전통문화에 대한 견해 차이로 전례논쟁을 촉발하였다. 이 논쟁의 중심에는 그리스도교의 유일신(Deus)에 대한 중국 번역어로서 '천주' 이외 '상제', '천' 개념을 사용할 수 있는가의 여부, 전통적인 조상제사를 지낼 수 있는가 등의 문제가 놓여 있었다.[5] 이처럼 서양 천

3) 『天主實義』 卷1, "吾國天主卽華言上帝."

4) 김선희, 「천학의 지평과 지향」(『시대와 철학』 20, 2009), 14쪽.

5) 예수회원들은 천주가 가장 적절한 용어이지만, 상제나 천 역시 만물의 주재자를 가리키므로 병용할 수 있다고 보았다. 반면 프란치스코회원과 도미니코회원들은 天, 太極은 神적 의미가 없고 上帝는 태극보다 하위 개념이므로 사용할 수 없다고 판단하였다. 조상제사와 공자 공경의례에 대해서도 예수회원들은 자녀나 제자들이 부모나 스승에게 드리는 효도와 존경의 상징적 표현이며 사회적 의례와 관례로 천주교 제사와 다르다고 하여 허용한 반면, 다른 교파 회원들은 전통제례의식을 선조와 공자를 신적 존재로 섬기는 종교적 행위라고 보아 미신 내지 우상숭배로 보고 금지하였다.(최기복, 위의 논문,

주교가 중국에 들어와 선교를 시작하면서 천주교 교리를 중국인들에게 이해시키기 위하여 개념과 용어들을 번역하고 격의(格義)하는 과정에서 여러 논쟁과 갈등 양상이 야기되었다. 이러한 과정에서 상제, 천주, 리, 그리고 태극과 같은 개념들은 상호간의 의미를 착종시키며 접변의 양상을 드러내었다.

그러면 다음 제2장에서 지평교착의 의미와 분석방법을 설명하고자 한다. 이어서 제3장에서는 천주교가 중국에 전래되던 당시 'DEUS'의 번역어로서 천주 및 상제 개념을 선택한 이유와 내용에 대하여 살펴보고자 한다. 제4장에서는 마테오 리치의 천주에 관한 학설의 근거가 되었던 이론으로서 아리스토텔레스 철학을 자신의 신학이론의 근거로 삼았던 토마스 아퀴나스의 천주와 피조물 사이의 관계와 관련한 천주관을 살펴보기로 한다. 제5장에서는 마테오 리치의 천주 또는 상제관과 신후담의 상제관이 만나면서 교착되는 양상을 살펴보기 위하여 먼저 『천주실의』에서 천주(DEUS)와 상제, 리 개념의 의미를 그 상관관계의 측면에서 해명하고자 한다. 제6장에서는 신후담이 제시하는 상제와 리 개념에 대한 상관적 의미를 살펴봄으로써 마테오 리치와의 세계관의 지평교착을 해명하고자 한다. 결론에서는 본론을 요약하고 근현대 한국의 동서철학사상이 접변하는 양상에 대해 연구할 수 있는 토대로서 지평교착의 의미에 대한 분석이 가지는 의의를 요약하기로 한다.

337-338쪽)

2. '지평교착'의 의미와 분석방법

이 장에서는 해석학에서 말하는 지평(地坪)의 의미를 검토하고 이를 기초로 '지평교착'이 어떠한 의미를 가지고 있는가를 살펴보고자 한다. '지평'이라는 말은 가다머(Hans Georg Gadamer, 1900~2002)가 인식의 특성과 이해의 역사성을 제시한 『진리와 방법』(*Wahrheit und Methode*)에서 사용한 말로 그의 해석학 체계의 핵심 개념이다. 지평 개념은 가다머에 앞서 후설(Edmund Husserl, 1859~1938)이 『이념 I』에서 '세계현상의 의미'를 문제 삼을 때 제기했던 개념이다. 여기에서 그는 의식의 통일을 구성(構成, Konstitution)하는 지평지향성(Horizont Intentionalität)과 대상적 측면에서 바로 그렇게 파악하는 지평지향성을 언급하였다. 이 '지평지향성'을 현상학적 의미에서 보면 '수행하는 삶의 일'이 된다. 후설에서 의식류를 구성하는 지평지향성은 모든 것을 포괄하는 세계지평을 구성하고, 세계현상의 의미는 현상학적 세계개념으로 삶의 세계가 되고 모든 경험에 앞서 있는 선행적 근거가 된다.[6)]

지평(Horizont)이라는 것은 고정되어 있는 경계가 아니라 관찰자와 더불어 움직이고 계속 앞으로 나아갈 수도 있는 그런 것이다. 그런 맥락에서 연속적 체험의 통일성을 이루는 지평지향성에 상응하여 대상적 측면에서도 마찬가지로 포괄적인 지평지향성이 성립된다. 왜냐하면 모든 존재자는 세계 속에 존재하며 따라서 세계의 지평을 수반하기 때문이다.[7)]

6) 박남희, 「가다머의 지평융합 비판」(연세대 대학원 박사논문, 2003), 75쪽.

나아가 가다머는 지평을 '상황(Situation)'이라는 개념과 연결하여 보고 있다. 상황이라는 개념은 관찰의 가능성을 제한하는 관점을 가리키는 것으로 정의될 수 있다. 따라서 상황 개념은 그 본질상 지평 개념을 내포한다. 지평이라는 것은 어떤 지점에서 시야에 들어오는 모든 것을 포괄하는 가시권을 가리킨다. 해석학적 상황을 탐구한다는 것은 역사적 전통이 우리에게 제기하는 문제들을 풀기 위하여 올바른 문제의식을 확보한다는 것을 뜻한다.[8] 또 선입견은 우리 자신이 속해 있는 현재의 지평을 형성한다. 선입견은 우리의 시야를 제한하는 어떤 것을 가리킨다. 사실 현재의 지평은 끊임없이 형성되는 과정 속에 있다. 우리는 모든 선입견의 타당성 여부를 부단히 검증해야 하기 때문이다. 현재와 무관하게 추구해야 할 역사적 지평이 존재할 수 없듯이, 현재의 지평 역시 독자적으로 존재할 수 없다. 오히려 이해라는 것은 서로 무관하게 존재하는 것처럼 보이는 상이한 지평들의 상호 융합과정이다.[9]

결국 가다머에게서 이해는 항상 독립적으로 존재한다고 주장되는 지평들의 융합의 과정이다. 곧 지평들은 서로 고립되어 있는 것이 아니라 항상 변화하면서 융합하는데, 이러한 지평들의 융합에서 이해가 발생한다. 이것이 바로 지평융합(Horizontverschmelzung)으로서의 이해이다. 나아가 가다머는 '영향작용사적 의식을 해석학적 상황의식이라고 한다. 또한 그는 지평 안에 있는 것은 하나의 상황으로 바뀌며 옮아가는 것이라고 하지만, 이 말이 본래 의미하는 것은 지평에서 '다른

7) Gadamer, H.G., 임홍배 역, 『진리와 방법』(문학동네, 2012), 108-109쪽.

8) 위의 책, 187쪽.

9) 위의 책, 192쪽.

상황'이 문제되고, '달리' 이해하는 지평을 열어주고 있다는 것이다.[10)]

모든 사람은 그의 역사적 입장에서부터 일정한 역사적으로 제약된 이해의 세계를 갖고 이 속에서 그는 행동하고 말하고 이해한다. 각자는 자신의 세계를 갖고 이 세계는 다른 사람의 세계와 동일하지 않다. 각자는 현실성을 보는 방식을 가진 독자적인 대행될 수 없는 그리고 반복할 수 없는 입장을 가진다. 그럼에도 불구하고 사람에서 사람에로의 대화의 직접성에 있어서와 마찬가지로 넓은 시간적이며 정신적인 거리를 다리 놓아야 할 역사적 매개에 있어서도 이해는 존재한다. 모든 경우에 있어서 이러한 이해는 하나의 포괄적인 전체 지평의 공통성을 전제한다. 이 공통성의 배경 위에서 비로소 상이한 입장들이 서로 관련될 수 있고, 상이한 통찰 방식이 서로 만나고 상이하게 제약되고, 제한된 지평들이 서로 융합될 수 있다.[11)]

위의 설명을 종합하면, 지평은 현재 또는 역사적 상황이 규정하는 시야의 범위 또는 한계이다. 이 지평은 해석학적 상황을 드러내는 역사적 위치 또는 텍스트적 의미 영역이라고 할 수 있다. 그래서 해석자가 속한 현재의 지평과 대상 또는 텍스트에 속한 과거의 지평이 언제나 운동을 하면서 지평이 융합되는 과정에서 이해가 이루어진다. 이렇게 볼 때 '지평'은 역사적 상황을 반영하고 있는 문집과 같은 텍스트의 의미지평, 그리고 역사적 전승을 내포하고 있는 해석자의 지평을 포괄하는 복합적 의미를 갖는다.

그러면 지평과 관련하여 '지평교착'이라는 말은 어떤 의미를 가지는가? 이 의미를 살펴보기 위해서는 우선 '교착(交錯)'이라는 말이 어떤

10) 박남희, 같은 책, 79쪽.

11) 에머리히 코레트 저, 신귀현 옮김, 『해석학』(종로서적, 1993), 191쪽.

의미인가를 규정할 필요가 있다. '교착'은 사전적인 의미로 '어떤 대상이 다른 대상과 서로 이리저리 뒤섞여 엇갈려 있음'을 뜻한다.[12] 이렇게 엇갈리게 되면 필연적으로 만나는 지점이 생기고, 서로 영향을 주고받게 된다. 그렇다면 '지평교착(地平交錯)'은 텍스트 지평과 텍스트 지평, 또는 텍스트 지평과 해석자의 지평이 서로 뒤섞여서 엇갈려 만나면서 서로 공통된 의미지평과 영역을 가지게 된다. 따라서 서로 만나면서 엇갈리는 지평교착은 서로 영향을 주고받음으로써 지평융합이 일어남으로써 하나의 공통된 의미지평을 가지면서도 각각의 고유한 의미지평을 동시에 가진다.

이제 근현대한국의 동서철학사상 접변에서 중심이 되는 지평교착으로서 마테오 리치의 천주, 리기 개념과 신후담의 천주 개념에 대한 비판과 리에 대한 해석 사이의 지평교착의 양상을 고찰하고자 한다. 다시 말하면 두 학자 또는 사상이 제시하는 핵심 개념을 리, 천주, 상제로 나누고 지평교착의 범위를 인식방법, 초월성 또는 내재성 여부, 인격성 또는 비인격성 여부, 이상적 목표, 그리고 존재론적 지위 등에 유의하여 해명해 보기로 한다.

여기에서 인식방법은 지평에 대한 인식의 방법이 이성적 자각 또는 직관에 따른 것이냐 아니면 주관적이고 신비적인 체험을 통한 것이냐에 따라 두 가지로 구별된다. 초월성과 내재성 여부는 지평이 인간의 마음으로부터 초월적 대상으로 간주하느냐 아니면 마음에 내재해 있는 것이냐에 따라 구별된다. 다음 인격성 여부는 지평이 영명성과

12) '교착'의 의미에는 두 가지 대상이 서로 엇갈려 뒤섞인다[交錯]는 의미 이외에 '교착(膠着)'으로 '아주 단단히 달라붙음' 또는 '어떤 상태가 굳어 조금도 변동이나 진전이 없이 머묾'이라는 뜻도 있다.

감각, 그리고 의지를 가진 인격성을 가지는 것이냐 아니면 비인격적인 형이상학적 개념이냐에 따라 구별한다. 또 이상적 목표는 지평이 지향하는 목표가 개인적인 신앙과 구원을 위주로 하는 것이냐 아니면 정치적 도덕적 실천을 목표로 하는 것이냐에 따라 구별된다. 마지막으로 지평 개념의 존재론적 지위를 말하는 것으로 어떤 것에도 의존하지 않는 궁극적인 존재냐 아니면 다른 것에 의존하는 존재냐에 따라 구별할 수 있다.

3. 데우스(DEUS)의 번역어로서 천주 및 상제 개념

이 장에서는 예수회를 선구로 하는 서양 선교사들이 중국에 천주교를 전파하던 시기에 전교를 위한 핵심 개념으로서 데우스를 중국어로 어떻게 번역하였는가 하는 문제를 검토하고자 한다. 이와 관련하여 천주와 상제의 상관적 의미, 그리고 이들과 리(理)와 기(氣)가 내포하고 있는 의미 연관성을 마테오 리치와 신후담 철학 사이에 내포되어 있는 지평교착 양상을 통하여 검토해 보고자 한다.

그러면 먼저 그리스도교는 어떤 과정을 거쳐서 교리를 중국에 전교하고자 하였는가를 동서 사상의 접변 양상과 연관하여 살펴보기로 한다. 그리스도교가 16세기 이후 동아시아에 전파되기 시작하면서 실질적인 전파과정에서 보편적인 신으로 규정되던 데우스를 중국어로 어떻게 번역할 것인가 하는 문제가 핵심 주제로 떠올랐다. 이 주제는 이후 그리스도교가 중국과 한국에 전파되는 과정에서 수많은 논쟁과 사건을 발생시켰다.

데우스를 중국어로 번역하는 데 깊이 관계한 사람은 최초의 예수회 선교사였던 마테오 리치이다. 마테오 리치는 데우스를 중국어로 '천주(天主)'로 번역하면서 그리스도교를 중국에 전파하기 위한 교리서로서 『천주실의』를 저술하였다. 마테오 리치는 기본적으로 『시경』이나 『서경』의 천(天), 상제(上帝)가 그리스도교의 유일한 창조주 데우스와 동질의 개념이고, 따라서 그리스도교와 유교는 상호 교류와 조화가 가능하다는 인식을 하고 있었다.[13] 이러한 관점에서 마테오 리치는 데우스를 천주로 번역하는 동시에 『천주실의』에서 "이 천주는 바로 (중국의) 옛 경전에서 일컫는 상제이다"[14]라고 말하였다.

마테오 리치가 천주를 상제와 동일시한 이유는 상제 개념에 유일신의 의미가 내포되어 있는 것에서 찾고 있다. 그는 "더욱 사색하여 천(天)으로 상제를 이해하면 좋습니다. 하늘은 유일하며 위대하기 때문입니다"[15]라고 하였다. 그는 옛 경서를 살펴보면, 상제와 천주는 단지 이름만 다를 뿐임을 알게 된다[16]고 하였다. 요컨대, 그는 고대부터

---

13) 정백수, 「한중일 언어권의 Deus, God의 수용과 크리스트교의 전개」(『아시아문화연구』 20, 2010), 381쪽. 언뜻 보아 天主는 크리스트교 신의 유교적인 환경에서의 의미역인 동시에 Deus의 음역이기도 하여 실로 의표를 찌르는 번역이라고 할 수 있다.(380쪽)

14) 李瑪竇 지음, 송영배 외 옮김, 『천주실의』(서울대 출판문화원, 2013), 100쪽, "吾天主, 乃古經書所稱上帝也."

15) 위의 책, 104쪽, "更思之, 如以天解上帝, 天者一大耳."

16) 위의 책, 103쪽, "歷觀古書, 而知上帝與天主, 特異以名也."

중국인들이 숭상하던 상제 내에 유일신 사상이 존재함을 발견하고서, 데우스를 상제(혹은 天)로 번역하게 되었다[17]고 할 수 있다.

마테오 리치가 중국의 고대 경전을 열심히 학습하여 최초에 천주로 번역된 데우스를 『시경』이나 『서경』과 같은 경전적 근거를 가지고 '상제'로 번역하여 동일한 의미로 사용한 것은 갈등을 줄이면서 중국인들에게 그리스도교를 전파하기 위한 선교의 한 방법론이었다. 그러나 도미니코와 프란치스코 선교사들이 중국에 들어와 선교하기 시작하면서 예수회와 마테오 리치의 이러한 선교방법은 강력한 도전을 받게 되었다. 이들은 마테오 리치와 예수회 계열 선교사들이 데우스에 대한 번역어로서 '상제'를 쓰는 것에 대하여 적절치 않은 용어라고 비판하였던 것이다. 이 번역 개념 논쟁의 핵심은 바로 동서의 종교사상의 근본적인 개념의 만남과 충돌 및 의미 변화과정을 뜻하는 것으로, 먼저 선교사들 사이에 개념의 의미 일치 여부를 가지고 논쟁을 시작한 것이다. 하지만 이 번역 개념 선정을 둘러싼 논쟁의 이면에는 서구문화의 동양 문화에 대한 우월감과 경시 의식이 숨어있다.

이 대립하는 선교파 사이에 진행되었던 의례 논쟁의 핵심은 그리스도교의 데우스를 '천주' 이외에 상제나 천으로 쓸 수 있느냐, 전통적인 조상제사를 허용할 수 있느냐, 공자의 공경의식을 허용할 수 있느냐의 문제에 있었다. 여기에서 개념번역 논쟁에 대하여 예수회는 중국인에게 친숙한 상제나 천 또한 만물의 위격적 주재자를 지칭하므로 천주와 병행할 수 있다고 보았다. 반면, 프란치스코와 도미니코 선교

17) 안성호, 「17세기 초 마테오 리치의 천주실의와 19세기 제임스 레그의 중국유교경전 영어번역에서 사용된 용어 '상제(上帝)'간의 신학적 연속성」(『한국기독교와 역사』 32호, 2010), 306쪽.

사들은 천이나 태극은 신적 의미가 없는 물질적 개념이며, '상제'는 '태극'보다 하위 개념이므로 상제와 천은 사용할 수 없고, '천주'만 써야 한다[18]고 주장하였다.

이러한 논쟁의 와중에서 마테오 리치는 중국 고대 유학 경전에서 사용하는 상제를 천주 개념과 동일한 의미를 가지는 것으로 병용하면서도, 성리학에서 말하는 태극과 리 개념에 대해서는 비판을 가하고 있다. 여기에서 마테오 리치가 상제를 천주와 같은 의미로 쓰는 반면에, 성리학의 태극과 리를 비판하는 이유를 살펴볼 필요가 있다.

마테오 리치는 1603년 『천주실의』를 지어 서양 그리스도교 사상과 중국 전통 유교 사상이 서로 다른 것이 아님을 강조하면서 천주를 중국 전통사상의 상제와 같은 의미로 간주하였다. 그는 천주와 상제, 성리학의 리 사이의 상관적 의미를 두 가지로 요약하였다. 첫째는 중국

18) 최기복, 「천주교회의 유교제례 금령과 다산의 상제례관」(『교회사연구』 39, 2012), 338쪽. 도미니코와 프란치스코 선교회에 의해 촉발된 의례논쟁은 중국 황제와 교황청, 그리고 유럽이 관련되면서 약 백 년간 지속되었다. 이 논쟁은 1643년 도미니코회 모랄레스(Morales)의 예수회의 입장을 비판하는 17개항의 문제제기 ➛ 교황 이노첸시오 10세의 조상제사와 공자 공경 의례를 금하는 훈령 하달 ➛ 1651년 조상제사와 공경의례에 대한 예수회 마르티니(Martino Martini)의 옹호론 제기 ➛ 교황 알렉산더 7세의 예수회의 입장 허용 ➛ 1693년 메그로(C. Maigrot) 주교의 상제 호칭과 제사금지에 대한 교황청 결정 요청 ➛ 강희제의 예수회 입장지지 ➛ 교황 클레멘스의 1704년 상제와 천 개념 사용 금지와 조상제사 금지 ➛ 1717년 그리스도교를 금하는 강희제의 칙령 반포 ➛ 메차바르바(A. Mezzabarba)의 칙서를 통한 허용안 ➛ 상제 개념 사용과 제사를 엄격하게 금하는 교황 베네딕도 14세의 「Ex quo singulari」의 반포 등의 과정을 거쳐 진행되었다. 그런데 중국 의례에 대한 교황청의 판단기준은 그 근본 의미가 무엇이냐가 아니라, 그리스도교 신앙과 병행할 수 있느냐는 점이었다. 다시 말해 조상제사와 공자공경의식이 종교적 미신인 행위라면 그리스도교 신앙과 병행할 수 없고 단순히 사회적인 관습이라면 병행할 수 있다고 보았기에 이 의식들의 성격이 종교적이냐 아니면 사회적이냐는 데 판단의 초점이 있었던 것이다.(338-344쪽)

사상과 그리스도교 사상은 배타적이 아니고 서로 보완적인 것으로, 그리스도교의 신은 천주로서 상제와 같은 의미라는 것이다. 둘째는 성리학에서 말하는 리(理)는 아무런 신적인 영명성을 가지지 않으며 자립자가 아니고 의뢰자에 지나지 않는다는 것이다. 그는 『천주실의』에서 천주와 리의 존재론적 지위를 각각 자립성과 의존성으로 규정하면서 그 특징을 설명하였다.

> 천주라는 명칭은 근원을 일컫는 것이다. 만약 말미암는 바가 있다고 말하면 천주가 아니다. 사물 가운데 시종이 있는 것은 조수초목과 같은 것이 그렇다. 시작이 있으나 끝이 없는 것은 천지와 귀신과 사람의 영혼이 그렇다. 천주는 시종이 없으면서 만물들이 거기에서 시작되고 거기에 근본을 둔다. 사물은 천주로부터 생겨나지만, 천주는 생겨나는 곳이 없다.[19]

마테오 리치에 따르면, 천주는 만물을 생성하는 근원이 되며 다른 어떤 것에 말미암아 생겨나는 것이 아니다. 또한 천주는 시작이 있는 존재와 달리 시종이 없으며 생겨나는 곳 없이 만물을 생겨나게 한다. 이러한 언명은 천주가 어떤 다른 것에도 의존하지 않는 자립적 존재, 근원적 존재라는 것이다. 그는 나아가 천주는 만물을 낳는 천지를 주관하는 동시에 더할 것이 없는 위대한 소이연(所以然)이며 소이연 중에 원초적인 소이연으로 규정하면서 그 궁극성을 다음과 같이 강조하였다.

---

19) 『天主實義』 首篇1-5, "天主之稱, 謂之原, 如謂有所由生, 則非天主也. 物之有始有終者, 鳥獸草木是也. 有始無終者, 天地鬼神及人之靈魂是也. 天主則無始無終, 而爲萬物始焉. 爲萬物根底焉. 無天主則無物矣. 物由天主生, 天主無所由生."

만약 천주가 이 천지를 주관하지 않는다면 천지가 어떻게 만물을 낳고 기를 수 있겠습니까? 그렇다면 천주는 실로 더할 것 없이 위대한 소이연입니다. 그래서 우리 옛 학자들은 그것을 소이연 중에 원초적인 소이연이라고 생각했습니다.[20)]

반면에 마테오 리치는 성리학에서 만물의 근거로서의 의미를 가지는 리를 천주와 대비하여 자립성을 가지지 않고 의존적인 존재로 간주하였다. 그에 의하면, 리에는 영(靈)도 없고 각(覺)도 없어 영과 각을 낳을 수 없다. 천지 사이에서 살펴보면 오직 영자(靈者)만이 영을 낳고 각자(覺者) 만이 각을 낳을 뿐으로, 영각으로부터 영각이 없는 자를 낳을 수는 있지만, 영각이 없는 자로부터 영각이 있는 자를 낳는다는 말은 들을 수 없다. 이어서 그는 "리라는 것은 그것과 크게 달라서, 이 리는 의존적인 것으로서 스스로 설 수가 없으니, 어찌 영각을 포함하여 자립하는 부류가 될 수 있겠는가?"[21)]라고 언급하였다. 마테오 리치는 영각(靈覺)의 성질을 가지지 못하는 리가 영각을 가진 것들을 낳을 수 없다는 추론을 통하여 리가 다른 사물과 같이 의존적 존재라고 주장하였다.

20) 『天主實義』 首篇1-6, "使無天主掌握天地, 天地安能生育萬物乎? 則天主固無上至大之所以然也. 故吾古儒以爲所以然之初所以然."

21) 『天主實義』 2-6, "理無靈無覺, 則不能生靈生覺, 請了察乾坤之內! 惟是靈者生靈, 覺者生覺耳. 自靈覺而出不靈覺者, 則有之矣. 未聞有自不靈覺而生有靈覺者也. 又云, 理也者則大異焉. 是乃依賴之類, 自不能立, 何能包含靈覺, 爲自立之類乎! 理卑於人, 理爲物而非物爲理也."

4. 토마스 아퀴나스의 『신학대전』에서 천주 개념

윗 장에서는 마테오 리치가 『천주실의』에서 데우스를 천주와 상제로 번역한 과정과 함께 천주의 핵심적인 의미와 리에 대한 마테오 리치의 비판적 견해를 살펴보았다. 이 장에서는 마테오 리치가 쓴 『천주실의』의 천주에 대한 선이해를 위하여 그가 이론적 근거로 삼았던 토마스 아퀴나스의 신학적 관점을 아리스토텔레스 철학을 수용한 측면을 중심으로 고찰하고자 한다. 이 장에서는 특히 토마스 아퀴나스의 신학이론이 성리학의 리기론과 어떻게 구별되는가 하는 점과 마테오 리치의 천주관에 대한 영향에 유의하여 그 이론적 특징을 살펴보고자 한다.

천주 또는 신 개념을 중심으로 하는 토마스 아퀴나스 신학의 토대는 아리스토텔레스 철학의 형이상학에 기초하고 있다. 아리스토텔레스는 형이상학에 대하여 "존재를 존재로써(τὸ ὂν η ὂν) 그리고 그 자체의 본성에 의해 이것에 속해 있는 속성들을 탐구하는 하나의 학문이 있다"[22]라고 언급하였다. 아리스토텔레스는 보편적인 존재만이 존재의 영역과 모든 개별적인 존재자들의 바탕이 되고 이른바 모든 것들이 이 존재를 바탕으로 해서 명맥을 이어가고 있기 때문에 형이상학을 제일 첫 번째 것과 원인에 관한 학문이라고 정의하였다. 그는 나아가 형이상학의 세 번째 개념을 규정하면서 제일철학은 움직여지지 않는 자와

22) *Metaphysica* / Aristotle, translated by W. D. Ross. New York : Random House, 1960.

스스로 존재하고 있는 자에 관한 학문, 다시 말해 신(神), 즉 움직여지지 않고 움직이는 자와 존재하고 있는 것들의 제일원인에 관한 학문이라고 하였다.[23)]

아리스토텔레스는 존재의 원리를 질료, 형상, 운동, 목적의 네 가지 원인으로 설명하였다. 이 네 가지 원인은 서로 연결되어 있다고 할 수 있다. 곧, 운동이 가능하려면 우선 재료가 있어야 하고, 그것이 목표로 하는 형상이 있어야 한다. 다음으로 필요한 것이 바로 그것을 가능하게 해 주는 힘이 있어야 한다.[24)] 아리스토텔레스는 능동인과 관련하여 "운동 변화를 낳는 내재적인 힘이 없으면 형상을 믿는 사람들이 하듯이 영원한 실체를 가정해도 아무런 소용이 없다"[25)]고 주장하였다. 또한 그에게서 목적은 실체, 형상 및 이데아 이외에 아무것도 아니다. 자연에 있어서 모든 생성과 모든 운동의 밑바탕에 깔려 있는 원리는 항상 한 가지의 실체이거나 형상이다. 따라서 목적은 형상과 일치되고 운동원인을 형상원인과 동일시하는 것처럼 아리스토텔레스는 형상원인을 목적원인과 동일시하였다.[26)]

토마스 아퀴나스는 기본적으로 아리스토텔레스의 형이상학의 사원인설(四原因說)을 받아들여 그의 천주 또는 신 개념을 정립하였다. 그러면 아퀴나스는 하느님(神, 天主)의 존재와 관련하여 아리스토텔레스의 사원인설을 어떻게 해석하였는가를 목적인에 대한 견해로부터 살펴보기로 한다. 그에 따르면, "목적인의 원인성은 제일 먼저 것(prima)이다. 그 이유는 능동자가 작용하는 것은 목적 때문이 아니면 작용하

23) 요한네스 힐쉬베르거 저, 강성위 옮김, 『서양철학사』(이문출판사, 2003), 235쪽.

24) 안종수, 「마테오 리치의 이기관」(『철학논총』 제60집, 2010), 41쪽.

25) Metaphysica / Aristotle, 앞의 책, 12권 6장 1071b, 14.

26) 요한네스 힐쉬베르거, 앞의 책, 264쪽.

지 않으며, 능동자에 의해 질료는 형상 쪽으로 움직여지기 때문이다. 따라서 목적인은 원인들의 원인(causa causarum)이라고 불린다"[27]라고 하였다. 그는 목적인을 말하면서 능동인이 목적인에 따라 움직이는 것임을 암시하였다. 그는 "하느님은 제일 능동인이요 운동인으로서 세상 만물을 만들어냈지만, 하느님으로 하여금 제일 능동인이 되게 한 것은 하느님의 선하심이다. 선함을 전달하고자 하는 하느님의 목적이 창조 행위를 일으켰다. 하느님은 모든 사물에 목적을 부여하는 분으로서 첫 행동자(primum agens)이다"[28]라고 언급하였다. 여기에서 아퀴나스는 가장 근본적인 능동인이자 운동인으로서 하나님이 움직이는 근본 목적을 선으로 규정하였다. 이때 하느님은 선이라는 목적의 원인으로서 목적인이 되는 동시에 선이라는 목적으로 사물을 움직이게 하는 능동인이기도 하다.

---

27) 토마스 아퀴나스 저, 정의채 옮김, 『신학대전 1』, Part1, Queation5, article2, 99쪽. 그는 또 "목적은 능동인을 위한 원인이다. 왜냐하면 작용하는 것으로 하여금 작용케 하는 것은 목적이기 때문이다. 또 이 목적은 질료는 질료이게 하고, 형상은 형상이게 한다. 왜냐하면 질료는 형상을 스스로 목표라고 인정하고, 형상은 한 가지 목적을 위해서만 질료를 완성시키기 때문이다. 따라서 목적은 여러 원인들의 원인이라고 불린다"(요한네스 힐쉬베르거, 앞의 책, 634쪽. ; 『신학대전』 1, II, 1,2.)라고 하였다. 여기에서 아퀴나스는 목적은 질료와 형상, 그리고 능동인의 움직임을 궁극적으로 방향지우는 근본 원인으로서의 의미를 가지는 것으로 해석하고 있다.

28) 양명수, 「『천주실의』의 천주와 성리학의 리의 차이」(『철학사상』 31, 서울대 철학사상연구소, 2009), 220쪽. 양명수는 성리학의 '所以然'이 아퀴나스의 신학의 원인과는 다른데, 그것은 결국 '소이연'이 결코 능동인이 될 수 없음을 말하는 것이라고 보았다. 그런데 이러한 견해는 성리학의 리에 대한 이해를 좀 더 천착해 보면, 소이연의 리가 능동인이 되는 것으로 이해할 수도 있다. 기본적으로 성리학에서 氣는 운동하는 자체 현상이지 그 원인인 것은 아니다. 반면 리는 '所以動靜者'로서 움직이게 하는 원인이 되는 것이 분명하다고 할 수 있다. 다시 말하면 '능동인(能動因)'이라고 할 때 '인(因)' 개념은 움직임 자체가 아니라 움직임을 가능케 하는 근거로서 '소이(所以)'를 뜻하는 것이기 때문이다.

아퀴나스는 하느님이 피조물에 내재하고 초월하는 양태에 대해서도 일정한 견해를 피력하였다. 그는 조물주로서 천주와 피조물 사이의 내재 및 초월과 연관하여 "천주와 사물의 성(性)은 형상을 가리키는 것으로서, 천주의 성은 '본질에 의해 있는 것(per essentiam)'이고, 사물의 성은 그 본질에 참여함으로 있는 '참여된 형상(forma participata)'이다. 본질과 그 본질에 참여하는 자는 조물주와 피조물의 거리가 있다. 완전함과 불완전함의 거리가 있다"[29]라고 말하였다. 요컨대, 천주와 피조물은 서로 다른 본성을 가짐으로써 근본적으로 섞일 수 없는 거리가 있다는 것이다.

하지만 아퀴나스는 원인이 결과에 내재한다는 의미로 천주가 모든 것을 있게 하는 원인으로서 만물 안에 존재하는 것으로 보았다. 그에 따르면, 만물에 대해 직접적으로 작용하는 것은 하느님의 가장 큰 능력에 속한다. 따라서 자체 안에 하느님을 갖지 않을 만큼 하느님에게서 떨어져 있는 것이란 아무것도 없다. 그래서 만물의 생성 변화에 직접 개입하는 '다른 것 속의 작용의 근원'이라는 의미에서 '그 능력으로' 만물 안에 있다. '능동자는 능력에 의해 다른 것 안에 있다고 할 수 있다'[30] 하느님은 만물의 변화에 개입하는 능력을 가지고 이에 영향을 미

29) 양명수, 위의 논문, 230쪽. 장건익은 아퀴나스에서 신의 초월성과 내재성을 다음과 같이 설명하였다. "신은 창조행위(능동인과성)로 인해 존재가 창조되며 동시에 본질은 실존에 참여하게 되고, 이러한 실존과 본질의 참여관계로 인해 존재는 신성을 얻게 된다. … 존재의 창조자인 신도 자신과의 유사성인 신성을 통해 작품 안에 현존, 현현하며 존재의 최고의 완전성으로 내재한다. 그러므로 신은 완전히 초월적이며 동시에 참여와 분유, 그리고 관여의 방식을 통해 모든 존재에 현존한다"고 하여 신은 신성을 사물에 부여하는 방식으로 내재한다고 설명하였다.(장건익, 「토마스 아퀴나스의 참여론」(『연세학술논집』 40, 2004), 206쪽.)

30) 양명수, 위의 논문, 232쪽.

치는 측면에서 작용의 근원으로서 그것에 내재해 있다는 것이다.

아퀴나스가 말하는 천주를 성리학의 리와 비교하여 살펴보면 본성의 측면에서 그 각각의 특성이 구별됨을 알 수 있다. 성리학에서 리는 리일분수(理一分殊)의 리로서 모든 사물에 본성으로 내재해 있는 리가 동일하다. 그러나 천주는 오직 한 분으로서 모든 사물의 본성이 아니며, 사물의 본성과 별개의 본성을 갖는다. 다만 사물들이 천주의 본성에 참여할 뿐이다. 그 본성으로 말하면 하느님은 만물 안에 있다고 할 수 없다. 하느님은 그 본성의 탁월함으로 말미암아 만물 위에 있다. '만물 위에 있음', 그것은 초월성을 가리킨다.[31] 이처럼 성리학에서 리가 일리와 분수리를 구별함으로써 만물에 같은 리가 내재하는 것의 이론적 근거를 확보하는데 비하여, 아퀴나스에서 천주는 기본적으로 본성에 있어서 피조된 개별 사물들과 근본적으로 다르기 때문에 만물을 초월해 있는 것으로 이해된다. 그리고 이런 초월성은 천주의 본성이 지니는 탁월함에 말미암는 것이라고 보았다.

아퀴나스 신학은 모든 존재가 최고선으로서 존재 자체인 하느님에게서 유출된 것으로 보아, 피조물의 하느님과의 유사성(smilitudo)을 말하였다. 피조물은 하느님을 닮았다는 것이다. 그러나 그 유사성은 유비(analogia)에 따른 닮음이고, 유비라는 것은 유사성과 차이를 모두 지닌 개념이다. 비슷하지만 어떤 동등함이나 연속성을 거부하는 개념이다. 이러한 까닭에 하나님은 초월자로서 모방할 수 없는 존재이다. 인간은 하느님에 미치지 못하므로 인간은 하느님과 유사하지 않다. 따라서 아퀴나스에 있어서, 피조물은 하느님과 유사하며 유사하지 않다.[32] 모방하더라도 미치지 못한다는 것은 "농도의 짙고 옅음을 말하

31) 양명수, 위의 논문, 236쪽.

는 것이 아니다. 그것은 오히려 종적(種的)으로도 유적(類的)으로도 상통할 수 없는 것을 의미한다."[33] 이처럼 아퀴나스에서 천주는 피조물에 내재해 있는 측면에서 해석할 수 있다고 하더라도, 근본적으로 피조물과 연속할 수 없는 본성상 차이를 가짐으로써 피조물에 대하여 초월자로서의 의미가 강조된다. 이 점에서 성리학에서 말하는 리가 모든 사물에 내재해 있다는 관점과 크게 구별된다고 할 수 있다.

5. 『천주실의』에서 천주와 상제, 태극 개념의 상관적 의미

윗 장에서는 아리스토텔레스 형이상학을 계승한 토마스 아퀴나스 신학에서 하느님의 능동인이자 목적인으로서 만물에 내재하는 측면과 함께 개별사물과 근본적으로 구별되는 본성과 선을 궁극목적으로 하는 탁월함에 따른 초월성에 대하여 살펴보았다. 이 장에서는 보다 구체적으로 마테오 리치에서 천주와 상제의 구체적인 의미가 어떻게 설명되며 이들 개념과 리 개념이 어떤 상관적 의미로 이해되는가를 신후담이 설명하는 상제 개념과 의미지평이 어떻게 교착되는가를 고려하면서 고찰하고자 한다.

---

32) 『신학대전 1』, 1,4,3, 92쪽.

33) 양명수, 위의 논문, 237-240쪽.

『천주실의』에서는 천주 개념 자체에 대해서뿐만 아니라, 사원인설, 실체와 속성, 영혼불멸설, 천당지옥설, 선악 등 여러 이론 및 개념과 결부하여 매우 폭넓은 의미지평을 제시하고 있다. 『천주실의』에서 마테오 리치는 만물이 생성된 시원을 설명하기 위하여 아리스토텔레스에 연원을 둔 토마스 아퀴나스의 사원인설(四原因說)을 제시하였다. 곧 사물이 생성되는 데는 네 가지 원인이 있는데, 이것은 바로 운동인, 형상인, 질료인, 그리고 목적인이라는 것이다. 여기에서 "천주가 사물의 소이연"이라고 할 때 천주는 다만 운동인과 목적인을 말하는 것이고 형상인과 질료인을 말하는 것이 아니라[34]고 하였다. 마테오 리치의 설명에 따르면, 운동인과 목적인은 사물 밖에서 그 사물을 초월하여 존재하여 사물의 본래 몫일 수 없으며, 천주는 혼융하여 둘로 나누어짐이 없기 때문에 사물의 몫이 되지 않는다[35]고 하였다. 이렇게 볼 때 천주는 혼연하여 나누어지지 않는 일자(一者)라는 의미를 함축하고 있다. 그래서 그는 퇴계가 리를 극존무대(極尊無對)라고 하는 것처럼 천주를 뜻하는 사물들의 보편적인 본래의 근원은 둘일 수가 없다[36]고 하였다.

또한 천주는 개체의 부류와 같은 제한된 크기와 한계를 가지는 것들과 달리 모양이나 소리와 같은 감각적인 한계와 공간적 크기를 초

---

34) 『天主實義』 上卷, "吾按, 天主爲物之所以然, 但云作者爲者, 不云模者質者."

35) 위의 책, 같은 곳, "作者爲者, 此二者在物之外, 超於物之先者也. 不能爲物之本分. … 蓋天主渾全無二, 胡能爲物之分乎!"

36) 위의 책, 같은 곳, "物之私根原, 固不一也. 物之公本主, 則無二焉." 마테오 리치는 극히 존귀한 일자가 있어야 하는 이유는 천하의 사물은 지극히 많고 번성하기 때문에 이것이 없으면 사물들이 흩어지고 괴멸될 것이기 때문이라고 하였다.(송영배 외, 역, 『천주실의』, 62쪽) ; 지극히 큰 존재는 짝이 없으며 지극히 높아서 더 위에 아무것도 없습니다.(至大無偶, 至尊無上: 200쪽)

월해 있는 무한으로 묘사되고 있다.

> 모양과 소리가 있는 것은 우리가 그 형색을 보고 그 소리를 들어보면 그 본모습을 안다. 한계가 있는 것은 우리가 이 끝에서 저 끝까지 재어보면 그 체적을 알 수 있다. 대개 천주의 경우는 이런 부류에 속한 것이 아니고 모든 부류를 초월해 있으니, 어떤 부류에 대비할 수 있는가? 모양과 소리가 없다면 어떻게 자취에 따라 이해해 들어갈 수 있겠는가? 그 체가 무한하다면 육합(六合)으로도 경계지울 수 없으니, 어찌 천주의 높고 위대한 끝을 헤아릴 수 있겠습니까? 그 본모습과 특성을 드러내고자 한다면, 아니다[非]나 없다[無]는 것으로 드러내는 것이 가장 좋다.[37)]

마테오 리치는 천주의 특성은 어떤 긍정적인 의미를 가진 것으로 규정되지 않고 '아니다', '없다'는 방식으로 설명할 수밖에 없는 것으로 말하였다. 이 구절은 『노자』에서 '도라고 규정할 수 있는 것[可道]', '명명할 수 있는 것[可名]'은 보편적인 도나 명이 아니라고 말하는 것과 유사한 의미를 가진다. 이는 아리스토텔레스 논리학적 용어로 말하면 바로 특정한 규정성을 가지지 않는 '최고유개념'에 해당하는 것이라 할 수 있다. 요컨대, '천주'는 감각적 특성을 가지는 것으로서 일정하게 제한된 '이다', '있다'와 같은 규정을 넘어서는 무한성을 가지는 것으로 이해되고 있다.

마테오 리치에 있어서, 이와 같은 무한성을 가진다는 의미로부터 천주는 시작도 없고 마침도 없다는 의미가 이끌려져 나온다. 시간적

---

37) 위의 책, 같은 곳, "有形聲者, 吾視其容色, 聆其音響, 則知其情也. 有限制者, 吾度量自此界至彼界, 則可知其體也. 若天主者, 非類之屬, 超越衆類, 比之於誰類乎? 旣無形聲, 豈有迹可入而達乎? 其體無窮, 六合不能爲邊際, 何以測其高大之倪乎? 庶幾乎擧其情性, 則莫若以非者無者擧之. 苟以是以有, 則愈遠矣."

인 의미와 함께 공간적으로도 천주는 그것을 실을 수 있는 곳이 없을 정도로 크면서도 채워지지 않은 곳도 없을 정도로 미세하다.[38] 이처럼 천주의 무한성은 시간적으로 무시무종과 공간적으로 지대지소(至大至小)의 양극단을 아울러 초월하는 특성을 가지고 있다.

마테오 리치에서 천주는 만물의 본성을 자기 속에 가지고 있으면서 그 본성은 가장 완전하고 성대하며 또한 지극히 돈독하여 사람이 그것을 헤아릴 수 없고 만물로 비교될 수 없다고 하였다. 또한 그 정밀하고 신묘한 덕성 안에는 만 가지 이치를 내포하고 모든 성질을 가지고 있음으로써 온갖 능력을 갖추지 않음이 없다.[39] 그는 천주는 또한 사물 속에 있다고 하는 것으로 그 사물의 성분이 된다고 보았다. 이것은 달리 말하면 원인(소이연)이 그 결과 속에 있는 것과 같은 것이다.[40]

마테오 리치는 사람의 선악의 행동에 대하여 천주가 내리는 상벌이라는 응보의 연속성을 보장해주는 근거로서 영혼의 불멸을 말하고 있다. 그에 따르면, 사람은 혼과 백이 있는데, 사람이 죽으면 백은 흩어져서 땅으로 돌아가지만, 혼은 없어지지 않고 존재한다고 하였다. 그는 세상의 혼에는 생혼(生魂), 각혼(覺魂), 영혼(靈魂)의 세 가지가 있으며 이들은 각각 식물, 동물, 사람이 가지는 것이라고 보았다. 또 상품(上品)의 이름인 영혼은 사람의 혼으로 생혼과 각혼이 식물과 동물이 죽으면 소멸하는 데 비하여 영혼은 없어지지 않는다. 마테오 리치는 이 영혼의 존재론적 특성을 다음과 같이 설명하였다.

---

38) 위의 책, 같은 곳, "吾欲言其以往者, 但曰'無始'也. 欲言其以來者, 但曰'無終'也."

39) 송영배 외역, 『천주실의』 상권, 96쪽, "夫天主之性, 最爲全盛, 而且穆穆焉, 非人心可測, 非萬物可非倫也. … 天主性, 雖未嘗截然有萬物之情, 而以其精德, 包萬般之理, 含衆物之性, 其能無所不備也."

40) 위의 책, 같은 곳, "或在物, 如在其所, 若人在家在庭焉. 或在物, 爲其分, 若手足在身, 陰陽在人焉."

상품의 명칭은 영혼이라고 하니, 바로 사람의 영혼입니다. 이것은 생혼과 각혼을 겸하여 가집니다. 사람의 성장과 발육을 돕고 사람이 사물의 본모습을 지각하게 하며, 또 사람들이 사물들을 추론하게 하며 이치와 의리를 밝게 분석할 수 있게 합니다. 사람의 몸이 비록 죽는다고 해도 영혼은 죽지 않습니다. 대개 항구적으로 존재하여 소멸하지 않습니다.[41]

그는 추론을 하고 밝게 분별하는 일은 결코 몸에 의지하지 않으며, 그 영명함은 독자적으로 존립하는 것으로 이해하였다. 따라서 몸은 비록 죽어서 형체가 흩어지더라도 영혼은 다시 움직일 수 있다고 여겼다. 나아가 사람의 혼만이 육체의 주인이 되어 우리의 의지가 따르거나 그만두는 것에 따를 수 있다고 하였다. 이것은 인간만이 선 또는 악을 선택하여 따르거나 그칠 수 있는 자유의지를 가진다고 이해하는 것이다. 여기에서 천주는 다만 인간의 행위의 결과로서 그 선

41) 위의 책, 같은 곳, 124쪽, "上品名曰, 靈魂, 卽人魂也. 此兼生魂覺魂. 能扶人長養, 及使人知覺物情, 而又使之能推論事物, 明辨理義." 토마스 아퀴나스는 『신학대전』에서 인간 영혼의 창조와 불멸성에 대하여 다음과 같이 말하였다. "인간 영혼은 질료에서 이끌어지는 것이 아닌 이상 부모들의 영혼에서 유래될 수 없다. 그리고 그것들은 또한 영적인 존재들로부터 유래될 수도 없다. 왜냐하면 그것이 창조되거나 생성되는데, 후자의 경우 변화(mutatio)를 초래한다. 그런데 이것은 불변하는 영적 존재들에게 있어서 불가능하다. 창조행위(creatio)란 가능존재에서 현실존재를 이끌어내는 것을 의미하지 않는다. 창조행위는 아무것도 존재하지 않는 상황에서 존재를 산출(ens producere)하는 행위이다. 오로지 무한자이며 완전자(ens infinitum et perfectum)인 신만이 창조할 수 있다. 따라서 인간 영혼은 신에 의해 직접적으로(immediate) 창조될 수밖에 없다. … 인간 영혼은 소멸할 수 없다. 물질적 존재들이 소멸함에 따라, 그것들의 형상은 우유적으로 소멸한다. 다시 말해 물질적 생명체들의 죽음에서 그것들의 영혼은 우유적으로 소멸한다. 질료에서 이끌어지지 않은 인간 영혼은 이와 같은 우유적 방식으로 소멸할 수 없다. 그런데 인간 영혼은 그 자체로서도 소멸할 수 없다. 왜냐하면 그것은 질료로부터 완전히 자유롭기 때문이다. 결과적으로 불변하는 인간 영혼은 지속적으로 존재한다."(장국, 「토마스 아퀴나스의 형이상학적 인간 이해」(『중세영문학』 10, 2002), 30-38쪽. ; 『신학대전』 I, q.90, a.3)

또는 악에 대하여 인과응보의 원리에 따라 사사로움 없이 상벌을 행하는 존재이다. 이와 관련하여 마테오 리치는 "만약 영혼이 몸의 마침으로 인하여 사라진다면 천주께서 어떻게 이들에게 상이나 벌을 주실 수 있겠습니까?"[42]라고 말하여, 천주가 내리는 상벌이 실효성을 가지기 위해서는 반드시 영혼이 사후에도 소멸하지 않고 남아 있어야 한다는 전제조건이 필요한 것으로 보았다. 이처럼 그에게서 영혼불멸설은 천주가 상벌을 통하여 인간을 통어하는 권능과 긴밀하게 연관되어 있다.

천주교에서는 악에 빠지는 것을 경계하고 기도와 선행을 행하도록 권장하기 위해 천당지옥설에 대하여 언급하였다. 마테오 리치는 최초에 지옥이 존재하게 되었던 이유를 다음과 같이 설명하였다.

> 옛날에 천주는 하늘과 땅을 창조하고 바로 여러 신들도 창조하였습니다. 이 가운데 거대한 신이 하나 있었는데 루시퍼(Lucifer)라고 불렀습니다. 그는 스스로 영명하게 여기면서 '나는 천주와 동등하다고 할 만하다'고 오만하게 말했습니다. 천주는 분노하여 그 추종자 수만의 신을 함께 마귀로 변하게 하여 그들을 지옥에 떨어뜨렸습니다. 이때부터 하늘과 땅에 비로소 마귀가 생기고 지옥이 생기게 되었습니다.[43]

천주가 지옥을 만들어 놓게 된 것은 최초에는 신 가운데 오만하게 행동하는 신에 대한 벌을 받는 공간의 필요성에서 그 이유를 찾을 수 있다는 것이다. 『천주실의』에서는 천당과 지옥에 관한 설을 제시한

---

42) 위의 책, 146쪽, "若魂因身終而滅, 天主安得而賞罰之哉?"

43) 위의 책, 191쪽, "昔者天主化生天地, 卽化生諸神之彙, 其間有一鉅神, 名謂輅齊拂兒, 其視己如是靈明, 使傲然曰, '吾可謂與天主同等矣'. 天主怒而幷其從者數萬神, 變爲魔鬼, 降置之於地獄."

취지를 "그리스도교가 말하는 천당과 지옥(에 관한 설)은 이로움과 해로움을 분명하게 드러내어 사람들을 의로움으로 이끄는 데 편리하게 하기 위한 것입니다"[44]라고 말하였다. 이 말은 사람들에게 이로운 것과 해로운 것을 보여주어 천주에 대한 신앙으로 이끌어가기 위한 것이 천당지옥설을 세운 이유라고 보는 것이다.

마테오 리치는 천당과 지옥이 사람들이 살았을 때 행동에 대한 선악의 응보로서 상과 벌을 집행하는 처소로서의 의미를 가지는 것을 이렇게 말하였다. 그에 따르면, 대개 세상의 상벌은 대체로 공정함이 지극하지 못한데, 만약 죽고 나서 천당과 지옥으로 사람들의 행동에 대한 응보를 돌려주지 못하면 (하느님의 판결도) 사사로움을 피하지 못한다[45]는 것이다. 이처럼 천당지옥설은 선행이나 악행을 하는 자들을 이끌어가기 위한 수단이 되는 것이다. 마테오 리치는 사람들을 이끌어 덕행으로 인도하려고 하면서 덕성의 장점만 열거해서는 별 효과가 없고 지옥의 고통과 천당의 즐거움을 극적으로 대비시켜 이들을 유도해야 귀를 기울일 것이다[46]고 강조하였다. 요컨대, 마테오 리치는 영혼불멸설과 천당지옥설을 사후 사람에게 주는 상벌을 통하여 천주가 살아 있는 사람들이 덕과 선을 행하기를 권장하는 수단으로 이해하고 있다.

마테오 리치는 다른 한편 태극과 리에 대해서 비판적인 시각을 가지고 천주와 비교하였다. 그는 성리학의 궁극적 우주본체로서 태극에 대하여 천주와 동등한 지위를 결코 가지지 못하는 것으로 언급하였

44) 위의 책, 310쪽, "吾言天堂地獄, 利害明揭, 利以引人于義."

45) 위의 책, 329쪽, "夫世之賞罰, 大畧未能盡公, 若不待身後以天堂地獄, 還各行之當然, 則不免乎私焉."

46) 위의 책, 305쪽, "惟先怵惕之以地獄之苦, 誘導之以天堂之樂, 將必傾耳欲聽."

다. 그는 주돈이가 말한 '무극이면서 태극이다[無極而太極]'라고 한 「태극도」는 단지 짝수와 홀수의 형상 취한 것이라고 보았으며, 이러한 형상은 개체에 존재하는 것이라고 보아, 태극은 하늘과 땅의 실체를 창조하지 못하는 것을 알 수 있다[47]고 하였다. 나아가 그는 사물을 실체와 속성으로 존재론적으로 구별하는 기준으로 볼 때, 태극과 리는 실체로서 자립자가 아니라 속성으로서 의뢰자라고 이해하였다. 이러한 시각에서 그는 태극이 단지 리로 해석되면 그 태극은 천지만물의 근원이 될 수 없으며, 리 역시 속성이기 때문에 스스로 자립할 수 없으므로 어떻게 다른 사물을 존재케 할 수 있는 근원이 될 수 있겠는가?[48]라고 반문하였다. 또한 마테오 리치는 리가 속성이며 의뢰자라는 점에서 이성과 지각능력을 가지지 않기 때문에 이성과 지각을 낳을 수 없다고 보았다. 여기에서 그가 바라보는 리는 결국 사물의 속성이자 성질로서의 조리(條理)로 이해하는 것이다.

요컨대, 마테오 리치에서 천주는 사물의 최고 소이연으로서 시공간의 한계를 초월한 무한성을 가지는 존재로 이해되었다. 또한 천주는 유일신의 의미와 함께 사물을 제작 안양(安養)하는 근원적 존재로 이해된다. 동시에 이것은 자립적인 존재로 의존적인 리를 그 속성으로 가지고 있다고 할 수 있다. 뿐만 아니라 천주는 사물에 성분으로 내재해 있기도 하다. 나아가 천당과 지옥, 영혼불멸과 같은 수단을 통하여 사람들을 제어하여 덕행을 실천하도록 하는 권능을 가진 자이기도 하다. 천주는 사람들에게 상벌을 통하여 권면하고 경계하기도 하고, 때로는

47) 송영배 외 역, 『천주실의』 상권, 83쪽, "吾視夫無極而太極之圖, 不過取奇偶之象言, 而其象何在? 太極非生天地之實, 可知已."

48) 위의 책, 같은 곳, 87쪽, "若太極者, 止解之以所謂理, 則不能爲天地萬物之原矣. 蓋理亦依賴之類, 自不能立, 曷立他物哉!"

분노를 표출하기도 하는 인격성을 가지고 있는 존재이기도 하다. 이밖에도 마테오 리치가 말하는 천주의 의미지평은 매우 포괄적이라고 할 수 있다.

6. 신후담에서 상제와 리의 상관적 의미

조선 후기의 신후담(愼後聃, 1702~1761)은 서학의 중심개념으로 제시된 마테오 리치의 천주 개념에 대하여 비판적인 시각을 제시하였다. 이 장에서는 먼저 신후담이 서학을 비판하는 의미 지평을 이루는 철학적 근거를 살펴보기로 한다. 나아가 마테오 리치가 제시한 천주의 의미지평과 비교되는 신후담의 상제와 리의 상관적 의미에 관하여 살펴봄으로써 양자 사이의 의미의 교착 관계를 고려해 보고자 한다.

신후담이 서학에 대하여 관심을 가지게 된 것은 그가 이익의 문하에 들어가 스승 이익과 서학에 대한 문답을 제기하면서부터였다. 그는 1724년 3월 21일 이익(李瀷)과의 서학에 관한 첫 번째 대화로부터 1726년의 네 번째 대화, 그리고 1728년 1월 이식(李植)과 서학에 대해 토론하기까지 서학에 대한 비판으로부터 객관적으로 유연하게 인식하기까지 일정한 과정을 거치고 있다. 신후담이 이익과 첫 번째 대화에서 세 번째 대화를 할 때까지 그는 서학에 관해서는 『직방외기(職方外紀)』만 학습하여 서학에 대한 이해가 부족한 시기였다. 하지만 1726

년 11월 이익과 네 번째 토론을 할 때에 이르러 신후담은 『천학정종(天學正宗)』, 『영언여작(靈言蠡勺)』 등을 읽고 천주의 신령한 행적, 천주 강생, 태극을 변척한 설 등에 대하여 구체적으로 비판하는 등 천주교를 체계적으로 비판하였다.[49] 이러한 흐름이 이식과 서학에 관하여 토론할 때에는 많이 완화되어 그는 천주교에 대해 전면적으로 비판하지 않고 매우 객관적이고 유연한 태도를 취하고 있다.[50] 이러한 입장의 전환은 이익이 실학적 관점을 가지고 천주교를 옹호하는 논리를 신후담에게 설득한 것이 효과를 발휘한 것으로 이해된다.

구체적으로 그는 「서학변(西學辨)」을 저술하여 성리학의 입장에서 서학의 세계관을 철저하게 비판하였다. 신후담은 『직방외기(職方外記)』, 『천주실의』, 『영언여작(靈言蠡勺)』 등을 정독하고 서학과 마테오 리치를 비판하였는데, 그 기본 논지는 서학 세계관의 부도덕함과 상제에 대한 인식의 차이를 중심으로 하고 있다. 먼저 그가 서학에서 천주를 비판한 바탕에는 천주교가 영혼불멸과 천당지옥설을 말함으로써 죽음을 싫어하는 세상 사람들의 마음을 유인하여 이익을 위하는 마음을 조장한다는 것이다. 신후담은 다음과 같이 천주교의 영혼불멸과 천당지옥설을 불교의 윤회전생과 인과응보설에 근거하는 것으로 언급하면서 그 학설들은 비판하였다.

그 이른바 정신이 불멸한다는 것은 이미 세상 사람들이 삶을 탐하고

49) 신후담이 이익과의 서학 논쟁을 하면서 이 무렵에 저술한 「서학변」에서 서학을 철저하게 비판한 것은 당시 정주학을 절대적으로 신봉하고 있던 그의 사상적 배경과 깊은 관련이 있다.(서종태, 「이익과 신후담의 서학논쟁 -「遯窩西學辨」의 '紀聞編'을 중심으로」(『교회사연구』 16, 2001), 204쪽)

50) 서종태, 위의 논문, 189-193쪽.

> 죽음을 싫어하는 마음에 적중하기에 족하고 천당지옥과 윤회응보 등의 설 또한 세상 사람들의 마음을 잡고 그들을 유혹함이 있었다. 그래서 온 세상이 휩쓸려 이에 따르게 되었다. … 서학이 처음 중국에 들어와서는 또 불교에서 잔존한 이론으로 변신하고 천주의 의탁하여 그 학설이 더욱 이치에 맞으나 요점을 말하면 또한 스스로 그 삶을 탐하여 죽음을 싫어하는 이익[利]을 위하는 마음을 덮을 수 없다. 배우는 사람은 다만 그 근원이 이익에서 나와 단연코 이단의 학문이 되는 것을 알아서 신중하게 사생(死生)으로 나의 마음을 동요시키지만 않는다면, 그 설에 이끌리는데 이르지 않을 것이다.[51)]

요컨대, 신후담에 따르면, 천주교는 천당지옥설과 영혼불멸설을 구성하여 사람들이 죽음을 미워하고 삶을 탐하는 이익을 추구하도록 유혹한다는 것이다. 이러한 학설들의 폐단을 그는 유가적인 도덕적 실천을 저해하는 것에 있다고 강조하였다. 곧, "천주교가 가르치고 배우는 까닭이 천상의 복을 구하는 데 있다면 자식으로서 부모를 섬기려 하지 않을 것이고, 신하로서 임금을 섬기려 하지 않을 것이며 나라를 다스리는 사람이 정치와 제도에 마땅히 뜻을 두지 않고, 수신하는 사람이 응대하고 말하며 행동하는 것을 살피지 않게 되어 일상의 만사가 폐기될 것이다"[52)]고 하였다. 신후담은 천주교에서 천당지옥설

51) 「西學辨」, 「靈言蠡勺」, "其所謂精神不滅者, 旣足以中世人貪生惜死之心, 而堂獄輪報等說, 又有以持世人之心, 而恐誘之故, 擧世靡然從之. … 西泰之學始入中國, 則又因佛氏之餘論, 而變而新之, 依托天主, 其說愈爲近理而要而論之, 則亦不能自掩其貪生惜死之利心. 學者但知其本源之出於利, 斷其爲異學, 而愼勿以死生動吾心, 則不至爲其說之所引取矣."

52) 「西學辨」, 「靈言蠡勺」, "今乃謂世間萬事, 難可久戀, 而惟當求天上常在之事, 則足爲子者, 不當以事親爲念. 爲臣者, 不當以事君爲心. 治國者, 不當留意於經綸制作. 修己者, 不當致察於酬酢云爲, 凡諸日用萬事, 皆可廢之."

의 이익으로 유혹하는 것이 결국은 유학의 도덕적 실천을 폐기하는 결과를 낳을 것이라는 점에서 서학을 비판하고 있다.

천주교는 기본적으로 천주가 만물과 인간을 낳으면서 모든 사물의 본성을 가지고 있으면서, 선악에 대한 상벌로 피조물인 인간을 통어하는데 반해 인간은 완전한 본성을 가지지 못함으로써 선악상벌을 받는 대상이 된다. 반면 신후담은 하늘이 사람을 낳을 때는 인의예지의 본성을 부여하고 인륜을 실천할 수 있게 하였으며, 사람은 이 본성을 확충함으로써 상천(上天)이 부여한 인륜을 이룰 수 있는 것으로 주장하였다.[53] 다시 말하면, 이것은 하늘이 인륜을 실천하는 덕성을 인간에게 부여하여 자율적인 도덕적 실천을 가능케 하였다고 주장하는 것이다. 이러한 시각은 천주교가 천주와 인간을 단절시켜 인간이 천주에 타율적으로 의지하도록 하는 데 반하여 유학의 천부인성설(天賦人性說)은 하늘과 인간을 연속시켜 인간의 자율적인 도덕적 의지와 실천가능성을 긍정한다는 점에서 구별된다.

신후담은 상제를 천주와 동일한 위상으로 놓는 마테오 리치의 견해를 비판하였다. 그는 마테오 리치가 만물을 주재하고 안양(安養)하는 천주를 상제와 같은 것으로 여기는 것을 진실을 꾸미고 허위를 숨기려는 것이라고 하였다. 다시 말하면 그에 따르면 상제는 사물을 주재하기는 하지만 제작하는 존재는 아니다.

이른바 상제는 대개 천지가 이루어진 후에 그 가운데서 만물을 주재

53) 「西學辨」, 「靈言蠡勺」, "余惟禍福修短之係於天, 其理固然, 而君子之敬天非畏此而然也. 天生斯人賦之以仁義禮智之性, 敍之以父子君臣夫婦長幼之倫. 人當充是性而盡是倫, 然後方可以無忝而得全乎上天之付畀矣."

> 하는 것으로 도(道)와 기(器)를 합하여 부르는 명칭이다. 이것은 마치 사람이 생(生)을 받고 난 다음에 곧 이 마음이 이 몸을 주재하지만, 실로 사람의 몸을 제작할 수 없는 것과 같다. 상제가 비록 천지를 주재하기는 하지만, 어찌 천지를 제작하는 이치가 있겠는가![54]

이러한 주장은 마테오 리치가 천주와 같이 상제 또한 만물을 제작하는 지위를 가진다고 보는 것에 대하여 상제가 만물을 초월하여 그것을 제작하는 위치에 있지 않다는 입장에서 마테오 리치의 관점을 비판한 것이다. 물론 신후담은 대개 상제가 하늘의 주재가 되므로 천주라는 칭호도 이치가 없는 것은 아니라[55]고 하여 상제의 주재성으로 천주라는 호칭도 가능할 수 있다는 점을 긍정하기도 하였다.

신후담은 나아가 「서학변」에서 마테오 리치가 천주와 달리 태극을 높이 받들었다는 말을 듣지 못한 것으로 비판하는 것에 대하여, 태극은 그 리는 알차지만 그 자리는 비어있으므로 상제가 하늘에 주재하면서 정해진 자리가 있는 것과 같지 않다고 언급하였다. 그에 따르면 태극은 공경을 베풀 수 있는 장소가 존재하지 않는 것으로, 이것으로 그 존재의 유무를 결정해서는 안 된다는 것이다.[56] 나아가 그는 태극을 공경하

54) 『河濱先生文集』 卷7, 「西學辨」, '天主實義', "所謂上帝, 則蓋亦天地成形之後, 主宰乎其間, 合道器而爲之名. 如人賦生之後, 方有此心, 主宰乎人身, 而固不能制作人身, 則上帝雖主宰乎天地, 而豈有制作天地之理乎!" 여기에서 주목할 부분은 마테오 리치가 이해하는 '天主'(즉, Deus)의 개념과 신후담이 이해하는 '상제' 개념에 대한 차이이다. 전자는 외재적 초월자(인격자)로서의 '창조자'를 말하지만, 후자는 '理' 혹은 '道'를 의미한다. 그래서 신후담의 존재론은 주희의 그것처럼 '태극' 내부의 내재적인 기가 작용하여 만물이 이루어지는 것이지, 외재적 초월자가 창조하는 것이 아니다.(황준연, 「조선후기 신유학과 서학의 세계관에 대한 차이점」(『범한철학』 42집, 2006), 21쪽)

55) 「西學辨」, 「靈言蠡勺」, "夫上帝爲天之主宰, 則天主之稱, 不爲無理."

56) 「西學辨」, 「天主實義」 第二篇, "夫太極者, 其理則實而其位則虛. 非若上帝之主宰乎天而有定位, 則

여 받들지 않는 이유에 대하여 다음과 같이 해명하였다.

> 지금 사람들이 요순과 공맹을 존경하는 것은 그들의 도덕이 높고 두텁기 때문이다. 그러나 아직 도덕을 높이 받드는 사람이 있다는 말은 듣지 못했는데, 이것은 도덕이 없음을 말하는 것이 아니라, 도덕은 자리가 비어있기 때문이다. 이것으로 미루어 보면 옛사람이 상제를 공경하면서도 태극을 공경했다는 말을 듣지 못한 것도 이 때문이다.[57]

인격을 가지는 구체적 인간은 존재하는 장소를 가지지만, 도덕은 구체적 형체를 가지지 않아 고정된 자리에 있지 않기 때문에 공경하고 높인다는 관념을 가질 수 없다는 것이다. 하지만 신후담에게 있어서 태극은 실리(實理)를 의미하는 것이며 음양과 떨어진 적이 없으면서도 음양에 접하면서도 음양과 섞이지도 않는 것으로 이해된다.[58] 또한 그는 태극을 수리의 관점에서 이해하기도 하였다. 그에 따르면, 수는 일(一)에서 일어나고 일은 태극이며, 일은 무(無)에서 생기고 무는 무극(無極)이라고 하였다. 이어서 그는 주돈이가 '무극이태극(無極而太極)'이라고 말한 것은 태극 밖에 별도로 무극이 있는 것을 말하는 것이 아니며 다만 이 형체가 없으나 이 도리가 있음을 말하는 것일 뿐이다. 이제 "일이 무에서 생긴다"고 말하면 이것은 별도로 무극이 있어서 태극이 말미암아 생겨나는 유래가 된다.[59] 신후담은 여기에서 태극이 일을 낳

恭敬之禮, 固無可施之處, 而太極之有無, 初不可以此而定之也."

57) 「西學辨」, 「天主實義」 第二篇, "今夫人之尊堯舜孔孟, 以其道德之高厚也. 而未聞有尊奉道德者, 非謂道德之無也. 以道德之爲虛位也. 以此推之, 則古人之敬恭上帝而未聞, 有尊奉太極者, 亦猶是也."

58) 「西學辨」, 「天主實義」 第二篇, "所謂太極者, 未嘗離乎陰陽, 但卽陰陽而不雜乎陰陽者, 是也."

59) 『河濱雜著』, 「策問三首」, "數起於一, 一者, 太極也. 一起於無, 無者, 無極也. 一而二者, 太極之生兩儀也. 二而四者, 兩儀之生四象也. 四而八者, 四象之生八卦也. 而其所謂一起於無者, 抑有語病.

는 근원이 되며 태극은 다시 무극에서 일어나는 것으로 간주하였다. 곧 태극은 무극에서 생기는 것으로 근원적인 일자가 된다는 것이다. 이렇게 태극을 존경의 대상이 아닌 음양과 사물의 생성 근원으로 보는 것은 성리학의 주지주의적인 발생론이라 할 수 있다.

뿐만 아니라 신후담은 태극의 다른 이름으로서 마테오 리치가 영각이 없기 때문에 의존적 존재일 수밖에 없는 것으로 이해하는 리를 반대로 만물을 발생시키고 기르는 근원적 존재로 평가하였다. 그는 근원적 생성자로서 리의 특성을 이렇게 언급하였다.

> 리와 사물이 처음부터 자르듯이 분리되어 두 가지인 적은 없었다. 그러나 만약 이것 때문에 리가 사물 밖에 있지 않다고 말하면 안 될 것이 없으나, 만약 이 사물에 앞서서 이 사물이 되는 리가 없다고 말한다면 이른바 사물이 어디로부터 나오겠는가? … 이 리는 충만하게 만물을 발생시키고 기르면서 조금도 그침이 없다. 그래서 이 천지 이전에 또 하나의 천지가 있었고, 이 천지 이후에 또 하나의 천지가 있게 된다.[60]

여기에서 신후담은 사물과 분리되어 있지 않고 내재해 있으면서도 사물에 앞서서 사물을 낳는 존재라고 하여 리를 사물의 생성론적 존재근거로 규정하고 있다. 곧 리는 하빈에 의하면 이른바 사물의 근원이며 사물의 존재근거이다. 다만 사물에 내재하는 근거이므로 사물 밖에 따로 있지 않다는 것이다."[61] 결국 신후담은 마테오 리치가 천주

愚按周濂溪所謂無極而太極云者, 非謂太極之外, 別有無極也. 只言其無此形而有此道理耳. 今若曰一起於無, 則是別有無極爲太極之所由起也."

60)『河濱先生文集』卷7,「西學辨」, '天主實義 二篇', "理與物初未嘗判然離絶而爲兩事, 今若以此而謂理之不外於物, 則無不可. 而若謂無此物之先未有爲此物之理, 則所謂物者, 何自而出乎! … 斯理也, 充滿發育, 未嘗停息, 故此天地前, 亦有一天地, 此天地後, 亦有一天地."

와 동일한 위상을 가진 것으로 언급한 상제가 주재성은 가지지만, 만물을 제작하는 지위에 있지 않다고 하여 그 지위를 끌어내린 반면, 의존자로 규정한 리는 반대로 만물을 발생시켜 기르는 근원이자 사물의 근거로서 그 위상을 높이고 있다. 신후담은 이처럼 마테오 리치가 제작자와 의존자로 위계지운 상제와 리의 위치를 전도시키고 있다.

신후담은 천지만물이 생겨나는 것은 기에 의지해 있으며, 기가 천지만물을 낳는 근거가 되는 것을 리로 규정하였다. 그는 또한 리가 기를 낳는 것은 물[水]이 달무리를 낳는 것과 같다고 하여 기를 리에서 발생하는 것으로까지 주장하였다. 이어서 그는 만물이 처음과 끝을 이루면서 지속적으로 이어지는 것은 리가 다함이 없고 이에 따라 기도 다하지 않는데 이유가 있으며, 이것이 만물이 끝없이 이어지는 기틀이라고 보았다.[62]

여기에서 한걸음 나아가 신후담에 있어서 만물을 발생시키는 근원적 존재인 리는 인간에 내재하면서 도덕적 본성의 의미로 전환되어 인간이 자율적인 도덕적 존재로서 실천적 능력을 발휘하는 근거가 된다. 그는 불이 사물을 비출 때는 방원곡직의 형체에 따라 그림자를 이루는 것처럼, 리가 사람에게 부여될 때는 혼명청탁의 기에 따라 성(性)이 된다[63]고 보았다. 여기에서 말하는 성은 성리학에서 기질지성(氣質之性)을 뜻한다. 또한 신후담은 리를 진실무망의 성(誠)으로 해석하

---

61) 최동희, 「河濱 愼後聃의 西學批判에 나타난 上帝와 天主」(『아카데미논총』 14, 1986), 115쪽.

62) 『河濱雜著』, 「至理」, "天地萬物之所以生者, 非氣耶. 氣之所以生天地萬物者, 非理耶. 理之生氣, 猶水之生暈也. 氣之生萬物, 猶暈之滋也. 有水則有暈, 有暈則有滋者, 固也. 有理則有氣, 有氣則有萬物者, 全矣. 萬物須於氣, 氣須於理, 理無窮故 氣亦不匱. 此萬物之終而後始, 始而後終, 元元相仍之機也."

63) 『河濱雜著』, 「雅言」, "火之燭物, 方圓曲直, 隨形而爲影, 理之賦人, 昏明清濁, 因氣而成性."

면서 이 '성'을 성인이 혼융하게 갖추고 있는 리라고 보았다.

> 비록 성이 바로 리이고, 리가 바로 성이지만, 천지와 성인의 도는 틈이 없이 합하기 때문에 순일불이(純一不貳)한 천도는 바로 성인이 혼융하게 온전히 갖추고 있는 리이고, 성인이 혼융하게 갖추고 있는 것은 바로 하늘의 순일불이한 것이다. 그래서 화육생성이 성에 근원하는 것은 또한 동정운위(動靜云爲)가 리에서 발하는 것과 같고, 동정운위가 리에서 발하는 것은 마찬가지로 화육생성이 성에 근원하는 것과 같다.[64]

신후담은 여기에서 순수하여 단절되지 않는 천도의 성과 성인의 동정운위의 리를 동일한 이법으로 간주하고 있다. 그에게서 이러한 성과 리의 연속성은 그대로 인간의 윤리 도덕적 원리로 연장되고 있다.

성인의 동정주선(動靜周旋)하는 행동은 모두 일본전체(一本全體)의 리에서 발하는 것이다. 그래서 임금을 섬기고 부모를 섬기는 데 충과 효의 차이가 있으나, 이 리는 충과 효에 관통해 있다고 보았다. 이것은 제신(悌信)도 마찬가지이다. 그는 온갖 일에 드러난 대소정조(大小精粗)의 모든 일이 쓰임이 각각 다르지만, 그 모이는 곳은 또한 하나의 리로 관통하였다. 그러므로 관통한다고 한 것은 실로 리로 말하는 것이 아니겠는가?[65]라고 하였다. 그는 하나의 총체적인 일리(一理)가 여

---

64) 『河濱雜著』, 「疑四首」, "雖然誠便是理也, 理便是誠也. 而天地聖人之道, 脗合無間, 故天道之純一不貳者. 卽聖人渾融全具之理也. 聖道之渾融全具者, 卽天之純一不貳之也. 而化育生成之源於誠, 亦猶動靜云爲之發於理也. 動靜云爲之於理, 亦猶化育生成之源於誠也."

65) 『河濱雜著』, 「疑四首」, "今夫聖人之日用云爲, 皆發於渾然在中之理也. 聖人之動靜周旋, 皆發於一本全體之理也. 故事君事親有忠孝之不同, 而是理則貫於忠與孝也. 敬長交友有悌信之不同而是理則貫於悌與信也. 凡諸精粗大小見於萬事之間者, 用各不同而語其總會處, 則亦可以一理貫之矣. 然則貫之云者, 果非以理而言之乎!"

러 사회적 관계를 규정하는 인륜에 두루 통해 있음을 강조하였다.

이처럼 신후담은 태극과 리를 성과 인륜을 매개로 하여 도덕적 실천 문제에 연속하여 이해함으로써 천주교의 인격적 천주와 피조물의 주종적 관계와 구별되는 인성론을 제시하고 있다. 나아가 이러한 태극과 리에 대한 이해는 성리학적 배경을 가진다는 점에서 이후의 다산의 상제관과도 구별되는 입장이라고 하겠다. 바로 이점이 신후담이 서학을 집중적으로 비판하는 주요한 이론적 근거가 되었다고 할 수 있다.

7. 『천주실의』와 신후담의 천주와 리의 지평교착

본론에서 천주교가 중국에 전래되던 시기에 데우스(Deus)를 중국어로 번역하는 과정에서 발생한 논쟁과 함께 천주와 상제의 상관적 의미, 그리고 리와 기가 내포하고 있는 의미 연관성을 마테오 리치와 신후담의 견해를 중심으로 검토해 보았다. 이제 본 결론에서는 이들의 견해가 내포하고 있는 의미들이 어떻게 상호 교착하고 있는가를 정리보기로 한다.

천주 개념에 대하여 마테오 리치와 신후담의 견해가 어떻게 교착하는 것으로 이해하였는가? 먼저 마테오 리치에서 천주는 유일신적 자립성을 가지는 존재로서 인격적 특성 또한 내포하고 있다. 이것은 상제와 동일한 의미를 가지는 것으로 이해되는 반면, 리는 이 자립적 존재에 부속해 있는 성질로서 의존자이다. 또한 천주는 만물을 제작하고 낳는 근원으로서 원초적인 소이연이기도 하다.

다음으로 상제 개념에 대해서 마테오 리치는 상제는 천주와 동등한 위상을 가지는 것으로 유일신적 의미와 함께 사물을 제작 안양(安養)하는 근원적 존재로 이해된다. 동시에 이것은 자립적인 존재로 의존적인 리를 그 속성으로 가지고 있다고 할 수 있다. 이에 비하여 신후담에서 상제는 사물을 주재하기는 하지만, 어디까지나 천지가 이루어지고 난 후에 사물을 단순히 주재하기는 하지만, 사물을 제작하는 근원적 산출자로서 그리고 마테오 리치가 말하는 자립자의 의미는 가지지 않는다. 신후담에 있어서 상제는 마테오 리치와 반대로 리에 부속하여 사물 현상을 조리지우는 주재성을 가지는 것으로 이해된다.

그러면 마테오 리치와 신후담이 태극과 리기에 대한 해석은 상호간 어떻게 의미 지평을 제시하고 있는가를 요약해 보기로 한다. 먼저 마테오 리치에서 리는 영각(靈覺)을 가지지 못하는 존재로서 천주에 의해 제작되어 일반 사물과 하등 다를 것이 없는 의존적인 존재로 이해된다. 그에게서 리는 바로 상제 또는 천주에 의존해서만 존재할 수 있는 개별적 사물의 속성과 같은 것이다.

반면 신후담에게 있어서 리는 어떠한 위상을 가지는가? 신후담에서 리는 기를 낳고 기는 다시 만물을 낳음으로써, 만물을 낳아 기르는 근원이며 사물의 근거로서의 위상을 가지고 있다. 그는 리가 사물과 분리되지 않고 내재해 있으면서도 그에 앞서 사물을 낳는 존재로 보아 사물의 근원적인 존재근거로 규정하였다. 또한 신후담에서 리와 상제 사이의 관계는 리가 사물을 생성시키는 근거가 되는 존재라면, 상제는 사물을 단순하게 주재하는 의존자로서의 특성을 가지는 것으로 해석되고 있다. 이처럼 신후담에서 리는 상제에 대하여 마테오 리치의 해석과는 반대의 위상을 가진다. 곧 신후담은 마테오 리치가 제작자와 의존자로 위계지운 리와 상제와 지위를 완전히 전도시켜 리를 사물의 존재근거로 상제를 리에 의존하여 만물을 주재하는 것으로 이해하였다.

신후담은 태극과 리를 성(性)과 인륜을 매개로 하여 도덕적 실천 문제에 연속하여 이해함으로써 천주교의 인격적 천주와 피조물의 주종적 관계와 구별되는 형이상학과 인성론을 제시하였다. 그에게서 태극의 리는 어떤 인격적 특성을 가지는 것이 아닌 이법적 근원이자 법칙의 의미를 가진다. 이러한 태극과 리에 대한 이해는 정주 성리학적 배경을 가진다는 점에서 이후의 다산의 상제관과도 구별되는 입장이다. 바로 이점이 신후담이 사물을 낳아 기르는 인격적 주재안양자로서 천주를 중심에 두는 마테오 리치를 중심으로 하는 서학을 집중적으로 비판하는 주요한 근거가 되었다.

이렇게 볼 때, 결론적으로 신후담은 서학과의 만남에서 자신의 성리학적 태극이기론의 개념적 분석을 통해 『천주실의』의 천주를 중심으로 하는 수직적 초월적 세계관에 대하여 상대적 의미의 차이점을 제시함으로써 동서사상 간의 지평융합에 이르기 이전 지평교착의 수준에서 천주교의 세계관에 대한 비판적인 이론적 대응을 했다고 평가할 수 있다.

【참고문헌】

『河濱先生全集』, 「西學辨」

『神學大全』

『天主實義』

『與猶堂全書』, 「春秋考徵」, 「尙書古訓」, 「中庸自箴」, 「論語古今註」

『天道教經典』 東經大全 「論學文」, 「布德文」

에머리히 코레트 저, 신귀현 옮김, 『해석학』, 서울: 종로서적, 1993.

Gadamer, H.G., 임홍배 역, 『진리와 방법』, 서울: 문학동네, 2012

요한네스 힐쉬베르거 저, 강성위 옮김, 『서양철학사』, 대구: 이문출판사, 2003

마테오 리치 지음, 송영배 외 옮김, 『천주실의』, 서울대 출판문화원, 2013.

강영안, 「스피노자의 신 또는 자연」, 『서강인문논총』 4, 서강대 인문과학연구소, 1995.

김선희, 「천학의 지평과 지향」, 『시대와 철학』 20, 한국철학사상연구회, 2009.

박남희, 「가다머의 지평융합 비판」, 연세대 대학원 박사학위논문, 2003.

서종태, 「이익과 신후담의 서학논쟁 –「遯窩西學辨」의 '紀聞編'을 중심으로」, 『교회사연구』 16, 한국교회사연구소, 2001.

안성호, 「17세기 초 마테오 리치의 천주실의와 19세기 제임스 레그의 중국유교경전 영어번역에서 사용된 용어 '상제(上帝)'간의 신학적 연속성」, 『한국기독교와 역사』 32, 한국기독교역사연구소, 2010.

안종수, 「마테오 리치의 이기관」, 『철학논총』 60, 새한철학회, 2010.

양명수, 「『천주실의』의 천주와 성리학의 리의 차이」, 『철학사상』 31, 서울대 철학사상연구소, 2009

이경원, 「한국 근대종교에 나타난 天의 인격성 고찰」, 『한국종교사연구』 7, 한국종교사학회, 1996.

장건익, 「토마스 아퀴나스의 참여론」, 『연세학술논집』 40, 연세대 대학원 총학생회, 2004.

장욱, 「토마스 아퀴나스의 형이상학적 인간 이해」, 『중세영문학』 10, 중세영문학연구회, 2002.

___, 『토마스 아퀴나스의 철학』, 서울: 동과서, 2003.

정백수, 「한중일 언어권의 Deus, God의 수용과 크리스트교의 전개」, 『아시아문화연구』 20, 경원대학교 아시아문화연구소, 2010.

최기복, 「천주교회의 유교제례 금령과 다산의 상제례관」, 『교회사연구』 39, 한국교회사연구소, 2012.

최동희, 「하빈 신후담의 서학비판에 나타난 상제와 천주」, 『아카데미논총』 14, 세계평화교수협의회, 1986.
황준연, 「조선후기 신유학과 서학의 세계관에 대한 차이점」, 『범한철학』 42, 범한철학회, 2006.
Metaphysica / Aristotle ; translated by W. D. Ross. New York : Random House, 1960.

V. 부록

천주교와 동양사상의 만남

양일모, 이봉규 역주

【부록 1】

후칸사이 하비안의 『파제우자』

양일모 역주

일러두기

* 海老沢有道 校注, 「破提宇子」(일본사상대계 25 『キリシタン書·排耶書』, 岩波書店. 1970)을 저본으로 번역하였다.
* 현대 일본어 번역인 海老沢有道, 「破提宇子」(동양문고 14, 『南蠻寺興廢記·邪教大意·妙貞問答·破提宇子』, 平凡社, 1965)를 참조하였다.

Fucan Fabian(1565~1621) : 승려, 수도사.

1583년 교토에서 어머니와 함께 세례를 받음.
1586년 예수회에 입회 수도사가 됨.
1605년 호교론을 주장한 『묘정문답』을 저술.
1606년 하야시 라잔과 논쟁. 지구구체설, 지동설을 주장.
1608년 기독교 탈퇴.
1614년 기독교 박해에 협력.
1620년 파제우자 저술.

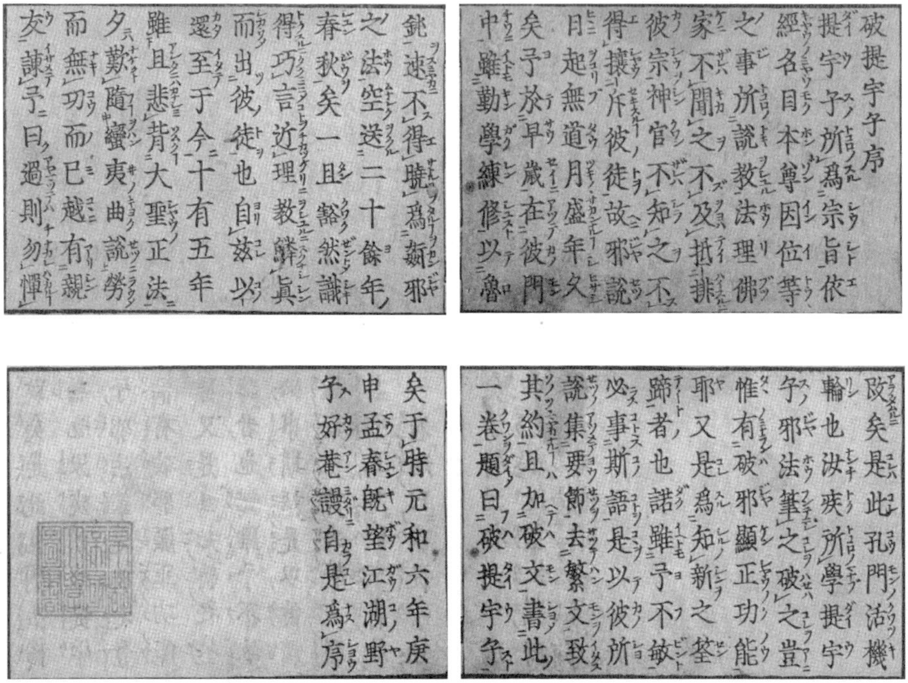
破提宇子序
提宇子所爲宗旨依經名目本尊因位等之事所說教法理佛家不聞之不及抵排彼宗神官不知之不得據斥彼徒故邪說日起無道月盛年久矣予於早歲在彼門中雖勤學練修以魯鈍速不得曉爲姦邪之法空送二十餘年春秋矣一旦豁然識得巧言近理教辭眞而出彼徒也自茲以還至于今十有五年雖且悲背大聖正法夕歎隨蠻夷曲說勞而無功而已越有親友諫予曰過則勿憚改矣是此孔門活機輪也汝疾所學提宇子邪法筆之破之豈惟有破邪顯正功能耶又是爲知新之鑒蹄者也諸雖予不敏必事斯語是以彼所說集要節去繁文致其約且加破文書此一卷題曰破提宇子矣于時元和六年庚申孟春既望江湖野子好菴識自是爲序

파제우자 서문. 일본 교토대학 귀중자료 디지털 아카이브 제공.

파제우자 서문[1]

데우스[2]가 종지로 삼고 있는 기본 경전과 명칭, 본존과 수행 과정상의 지위[3] 등에 관한 일 및 설교하는 법리는 불교와 비교해서 논의해야 한다. 그렇게 하지 않으면 그 종파를 배척할 수 없다. 신관(神官)[4]이 그것을 모르고 있어 그들의 무리를 배척하지 못한다. 그래서 잘못된 주장이 날마다 일어나고 도리에 어긋난 말이 달마다 많아진 지 오래되었다. 나는 젊었을 때 그들의 문중에 들어가 열심히 공부하고 수련하였지만 어리석어서 그것이 간사한 법문이라는 것을 깨닫지 못하고 20여 년의 세월을 헛되이 보냈다.[5] 어느 날 교활한 말이 그럴듯하지만 가르침에 참됨이 거의 없다는 것을 활연히 깨닫고 나서 그

---

1) 하비안의 이 서문은 교토대학 부속도서관 판본에만 수록되어 있다. 서문은 순한문체이며, 본론은 한문과 가나(일본어)가 섞여 있는 문체이다.

2) 원문은 '提宇子'. 'Desus'의 음역. 기독교의 신을 지칭하는 용어이며, 원문에서는 데우스를 믿는 신도를 가리키기도 한다.

3) 원문은 '因位'. 불교에서 수행의 결과 도달하기까지의 과정을 원인으로 간주하고 있으므로, 인위는 다음 단계에 도달하기 이전의 단계를 말한다.

4) 신사(神社)에 봉직하는 사람.

5) 하비안은 1586년 예수회가 나가사키에 설립한 신학교(collegio)에 들어가 수도사가 되었다가 1608년경에 기독교 신앙을 버렸다.

들의 무리에서 나오게 되었다. 그때부터 지금까지 15년이 되었다. 아침에는 위대한 성인의 올바른 가르침을 배신한 것을 슬퍼하면서 저녁에는 오랑캐의 왜곡된 학설에 따른 것을 한탄했지만, 힘만 들고 성과가 없었을 뿐이다.

어떤 친구가 나에게 다음과 같이 권했다. "잘못한 일이 있으면 고치는 것을 꺼리지 말아야 한다.[6] 이는 공자 문하에서 살아있는 중요한 가르침이다. 네가 빨리 데우스의 사악한 법문을 배운 것을 기록하고 비판한다면, 잘못을 비판하고 올바름을 드러내는 공로가 될 뿐만 아니라 새로운 것을 알 수 있도록 안내하는 길잡이가 될 것이다." 나는 승낙했다. 비록 내가 재주는 없지만 반드시 이 말을 따르고자 했다. 그래서 그들의 학설에서 중요한 구절을 모으면서 번잡한 내용은 제거하고 요점만 다루고자 했다. 또 비판의 글을 덧붙여 이 책 한 권을 쓰고 '파제우자'라고 제목을 달았다. 원화(元和) 6년[7] 경신년 정월 16일, 강호의 야인 호암(好菴)[8]이 멋대로 서문을 짓다.

---

6) 『논어』「안연」.

7) 1620년.

8) 후칸사이 하비안(不干斎巴鼻庵) 자신을 가리킨다.

본문

1단[9)]

무릇 데우스 문파에서는 처음 입문하는 사람에 대해 7단계의 법문이 있다. 첫 번째 단계의 설명에서는 천지만상으로써 창조주[10)]를 알고 사계의 변화가 때를 잃지 않는 것으로써 세상을 다스리는 손[11)]을 안다. 예를 들면 어떤 가옥의 전각(殿閣)을 보면 재주 있는 장인이 있다는 것을 알고, 집안에 벽서[12)]가 있어 그 취지에 따라 집안을 다스리고 있는 것을 보면 반드시 주인이 있다는 것을 아는 것은 상식적인 일이다. 그렇다면 하늘도 없고 땅도 없고 하나의 사물도 없는 텅 빈 때가 있었다. 하늘과 땅이 나타나 하늘에서는 해와 달과 별이 빛을 내어 밝게 빛나고 동에서 뜨고 서로 지는 때를 어기지 않고, 땅에서는 온갖 초목이 나와 꽃이 날리고 잎이 지는 때를 어기지 않으니, 이는 창조주가

---

9) '1단'은 원본에는 없으나, 문맥상 역자가 부가한 것이다.

10) 원문은 '能造ノ主'.

11) 원문은 '治手'.

12) 일본의 무로마치, 센고쿠 시대에 결정된 사항 혹은 준수할 사항 등을 기록한 글을 벽에다 붙인 것을 벽서(壁書)라고 불렀다.

없으면 있을 수 없는 일이다. 이러한 창조주를 Ds[13]라고 한다.

논박해서 말했다. 이것이 어찌 진기한 일일까? 여러 학자들 가운데 이러한 주장을 하지 않는 자가 어디에 있겠는가? "천지보다 앞서 있는 사물은 형체가 없고 본래 적막하여 만상의 주인이 될 수 있고 사계절이 바뀌어도 시들지 않는다"[14]라고 한다. "하늘이 어찌 말하겠는가? 사계절이 옮겨가고 온갖 사물이 살아간다"[15]라고도 한다. 이밖에 불교의 가르침에서는 성주괴공(成住壞空)[16]의 순서로 이러한 주장을 논하고, 신도(神道)에서는 천신 7대, 지신 5대로 신의 세계를 구분한다. 그 중에서도 천신 7대의 처음에 국상립존(國常立尊), 국협퇴존(國狹槌尊), 풍짐정존(豊斟渟尊) 등 삼신이 계셔서 천지를 개벽하셨다. 항상 입회하여 나라를 다스리시기 때문에 국상립의 존귀한 분이라고 받들어 말한다. 어찌 데우스 종파만이 천지개벽의 주인을 알고 있는 듯이 장황하게 이러한 주장을 설하는 것일까? 말이 많은 자는 품격이 적다. 그러자 입을 닫았다.

데우스 문도가 말했다. 이 데우스(기호)는 인피니이토[17]라고 해서 처음도 끝도 없고, 스피리츄알 스스탄샤[18]라고 해서 색과 형체가 없는 실체, 옴니포텐테[19]라고 해서 만사형통, 사피엔티이시모[20]라고 해

---

13) D와 S를 조합하여 만든 기호이다.

14) 중국 양(梁)나라의 선혜대사(善慧大士) 어록, 『오등회원(五燈會元)』 권2.

15) 『논어』 「양화」.

16) 일체의 세계나 모든 만물이 인연에 따라 이루어지고(成), 얼마동안 머물러 있고(住), 점차로 부서지고(壞), 마침내 사라져버린다(空)는 네 가지 과정의 모습이다.

17) 포르투갈어 Infinito의 음역, 무한의 의미.

18) 포르투갈어 Spiritual sustancia의 음역, 영적 실체의 의미.

19) 포르투갈어 Omnopotente의 음역, 전능의 의미.

20) 포르투갈어 Sapientissimo의 음역, 최상의 지혜라는 의미.

서 더할 나위 없는 지혜의 근원, 제스티시모[21]라고 하여 대헌법의 근원, 미제리코디시모[22]라고 하여 대자대비의 근원, 그밖에 모든 선과 덕의 근원이다. 불교의 신은 모두 인간이므로 이러한 덕의를 갖추고 계시지 않고 생사를 넘어서지 못하므로 어찌 천지의 제작자가 될 수 있다고 할 수 있을까?

논박해서 말했다. 불신(佛神)을 인간으로만 보는 것은 배우지 못한 자의 잘못된 견해이다. 데우스에 걸맞은 생각이기도 하다. 무릇 모든 부처는 법신·보신·응신의 삼신으로 나타난다. 중생을 구제하기 위해 변신한 여래는 중생을 구제하고 이익을 주기 위한 방편으로 팔상(八相)으로 나타나지만, 법신의 여래는 시작이 없는 영원으로부터 본래부터 상주하는 부처이기 때문에 말로서 표현할 수 없는 심원한 도리이며 옳다고도 그르다고도, 손댈 수도 없는 법성과 법신의 본불(本佛)이다. 그러므로 경전에 "여래는 상주하며 변하지 않는다"[23]라고도 설한다. 인간이라고만 생각하는 것은 어리석은 범부이다. 또한 신도 인간이라고 말하는 것은 앞에서도 마찬가지로 배우지 못한 것이다. 입에 담기도 황송하다. 신에게는 본지수적(本地垂迹)[24]으로 불리시는 것이 있다. 예를 들면 천만대자재(天滿大自在) 천신은 본지로서는 대자대비의 관세음으로 계시지만, 빛을 온화하게 하여 속세와 관계하실 적에는[25]

---

21) 포르투갈어 Justissimo의 음역, 정의의 의미.

22) 포르투갈어 Misericordissimo의 음역, 최고의 사랑이라는 의미

23) 『대반열반경』 제9권. "如來常住 無有變易."

24) 본지인 보살이 중생의 능력에 맞춘 형태로 이 세상에 출현한다는 이론. 일본에서는 신도의 여러 신들을 수적이라고 하는 신불 습합사상이 가마쿠라시대로 전개되었다.

25) 중생을 구제하기 위해 번뇌의 속세와 같은 모습으로 나타나 중생과 인연을 맺는다는 것. 본지수적 사상이 발생하는 이유이기도 하다. 『노자』 화광동진(和光同塵)의 불교적 해석임.

스가(菅) 승상[26]으로 나타나 기타노(北野)에 자취를 드러내시어 백왕을 진호하는 신으로 받들어지신다. 어떤 대사원이나 종묘의 신이라도 이러한 섭리가 없겠는가? 덧붙여서 국상립존이라고 받들어 모시는 신에 대해, 천지가 아직 개벽하지 않아 한 사람도 있기 이전부터 신으로서 계시는 것을 인간이라고 말할 수 있을까? 말할 것도 없다. 말할 것도 없다. 아는 것을 안다고 하고 알지 못하는 것을 알지 못한다고 해야 한다. 신이라고 말하는 것은 지성(至聖)의 공자라 할지라도 "천하 사람들이 목욕재계하고 옷을 갖추어 제사를 받들어 모시면 양양히 그 머리 위에 있는 듯이 그 좌우에 있는 듯이 계신다"[27]라고 말씀하였다. 장님이 뱀을 무서워하지 않듯이 데우스 문도가 입으로 뭔가를 말하는 것이 염려스럽구나, 염려스럽구나. 정말로 혀가 뽑힐 업을 불러올 자들이다. 일본은 신국(神國)이며 동쪽으로 전해진 이법에 의하여 불교의 나라라고 할 수 있다. 그러므로 불교의 신을 매도하는 데우스는 앞으로의 세상을 기다릴 것도 없이 현세에도 당장에 불신의 벌, 신도(神道)의 벌을 받게 될 것이다. 이름도 모르는 사람들을 다 헤아릴 수 없다. 보라! 보라! 분고(豊後)[28]의 오토모 소린[29]이 불교의 신에 귀의하고 있을 때는 구주에 위엄을 부리고 이름을 세상에 날렸지만, 데우스의 신도가 되고 나서는 무운도 갑자기 다하고 장자인 요시무네(義統)와 함께 휴가(日向)[30]에 진출하여 시마즈[31]와 싸우다가 미미카와(耳川) 전투

---

26) 스가하라노 미치자네(菅原道眞, 845~903), 헤안시대의 관리, 학자, 문인. 시문에 뛰어났으며 후세 천만천신으로 받들어졌다.

27) 『중용』 제16장.

28) 큐슈의 오이타현(大分縣) 지역에 있었던 고대 일본의 봉건국.

29) 오토모 소린(大友宗麟, 1530~1587), 센고쿠시대 분고(豊後)의 영주. 이름은 義鎭. 1578년에 세례를 받았으며 세례명은 프란시스코이다.

에서 크게 패하여 의지할 사람도 없이 홀몸이 되어 간신히 고향으로 돌아왔다. 그 뒤에는 가문이 점차로 쇠퇴하여 오늘에 이르러서는 누대의 번영한 호족이었지만 자손이 있는지 없는지도 알 수 없는 모양이다. 또 셋쓰국의 관리 고니시[32]도 데우스의 신도였기 때문에 불신의 가호가 없고 도리에 어긋난 미츠나리[33]의 모반에 가담하였다가 큰길에 끌려 다니며 목이 잘렸고, 일족이 모두 끊어져 자손이 남아 있지 않다. 다카야마 우콘[34]도 데우스 종파의 주요 인물이었는데 그 자손은 어디에 있는가? 아카시 가몬[35]도 데우스 종파가 되어 집안이 흩어지고 몸을 망쳤다. 교토에서 기쿄야(桔梗屋) 쥬안[36]이라고 하는 자의 일족, 이즈미(和泉) 남쪽 나루에서는 히비야(日比屋) 일당[37]이 상인이면서 데우스의 손 큰 시주들이었지만, 이들 일족의 대부분은 좋은 종말을 맞이하지 못했다. 이들 자손들이 지금 어디에 있을까? 이는 모두 눈앞에서 여러 사람들이 알고 있는 일이다. 이러한 말을 듣고서도 불

30) 현재 미야자키현.

31) 시마즈 요시히사(志摩津義久). 센고쿠 시대 시마즈의 영주.

32) 고니시 유키나가(小西行長). 세례명은 아우구스티노, 세키가하라 전투에서 패하여 그리스도 신자로서 자결을 피하여 스스로 포로가 되어 가모가와하라(加茂河原)에서 참수를 당하였다. 셋쓰국(攝津國)은 오사카 북부와 효고현 남동부에 있었던 고대 일본의 봉건국이다.

33) 이시다 미쓰나리(石田三成). 모모야마시대의 무사, 다이묘. 도요토미의 가신. 도요토미가 죽은 뒤 도쿠가와 타도를 위해 군대를 일으켰지만 세키가하라 전투에서 패하여 처형을 당했다.

34) 다카야마 우콘(高山右近). 센고쿠 시대 무인이며 당시 대표적인 기독교 다이묘였다. 1563년, 10살 때 세례를 받았으며 세례명은 유스토.

35) 아카시 가몬(明石掃部). 센고쿠 시대의 무인. 원래 이름은 아카시 다케노리(明石全登). 1595년에 세례를 받았으며 세례명은 존.

36) 하시모토 다헤에(橋本多兵衛). 1619년 부인과 함께 순교함.

37) 히비야 료케이(日比屋了珪). 오사카 사카이(堺) 지역의 대상인이며 기독교 신자이다. 그는 디오고라는 세례명을 갖고 있었으며 자신의 집을 교회에 제공하여 예배를 보았다.

신을 인간이라고 한다. 이는 석가모니가 쟁반대왕(淨飯大王)을 아버지로 마야부인을 어머니로 해서 탄생하신 모습을 드러내시다가 학림(鶴林)[38]에 입멸하시고, 하치반대보살[39]이 중애천황[40]을 아버지로 신공황후를 어머니로 해서 태어나신 것에 대해 인간이라고 생각하는 것과 같다. 그렇다면 요셉을 아버지로 하고 산타 마리아를 어머니로 해서 데우스의 본존 예수 그리스도가 탄생했다고 말한다면, 이야말로 인간 세상의 이야기이다. 이쪽에서는 사람을 천지의 주인이라고 하지 않는 법이다.

데우스 문도가 말했다. 예수 그리스도도 인위(因位)의 모습이 원래 인간이며 신도에서 말하는 수적불(垂迹佛)의 인위와 다르지 않다면, 이 부분은 서로 잠시 보류하기로 한다. 신의 본지도 부처라고 한다면 더 이상 논의할 것이 없다. 법성과 법신의 모습과 데우스를 비교해서 보자. 데우스는 앞에서 말한 것과 같이 모든 선과 덕의 근원이다. 법성은 무지(無智) 또는 무덕(無德)이라고 설한다. 그렇다면 무지 또는 무덕으로부터 어떻게 이 천지만상을 만들 것인가? 게다가 본래 근원에 지와 덕이 없다면, 오늘 우리들이 갖고 있는 지려와 분별은 어떻게 생겨날 수 있는가?

논박해서 말했다. 데우스 문도는 진리를 잘 알지 못한다. 법성이 무지무덕이라고 듣고서는 옳지 않다고 생각해서 이를 거부한다. 데우스에게는 지덕이 있다고 듣고서는 옳다고 생각해서 이를 받아들인다. 잠깐 기다리시오. 내가 당신들에게 진리를 설명해 주겠다. 먼저 무라

---

38) 석가가 열반에 든 사라수나무의 숲.

39) 하치반(八番) 신은 일본의 무운(武運)의 신이다. 하치반 대보살(大菩薩)은 신도와 불교의 습합으로 인해 하치반신에게 보살의 이름을 붙인 것이다.

40) 중애천황(仲愛天皇). 일본의 14대 천황 츄아이 텐노(仲哀天皇)이다.

는 한 글자에는 불가사의(不可思議)의 의미가 있다. "무라는 글자는 철로 된 관문으로 천만 겹 둘렀으니 누가 이 글자를 뽑아 저쪽으로 치울 수 있을까"라고 하니, 무라는 한 글자도 데우스 같은 사람이 알 수 있는 뜻이 아니다. 그래 무지 또한 무덕이라는 단어도 글자 그대로와 같다고 하자. 무지와 무덕이야말로 진실이다. 데우스를 유지와 유덕이라고 한다면 혼란스러울 뿐이다. 대체로 지혜 있는 곳에는 증오와 선택이 있을 수밖에 없다. 증오와 선택은 인간의 성향이다. 증오를 가진 데우스라면 더불어 논하기에는 부족하다. 더구나 이런 이치에 관해서는 나중에 다시 가르쳐야 할 것이다. 그렇다면 "법성은 대해와 같아서 옳고 그름이 있다고 말할 수 없다"라고 하는 것이야말로 진실이다. 더구나 데우스는 유덕이라고 하면서 이를 자랑한다. 이는 또한 아무것도 모르는 범부의 주장이다. "상덕은 덕이 아니며 그러므로 덕이 있다"[41]라고 사람에게도 말하는데, 데우스에게 이러한 덕이 있다고 하는 것은 도리어 말도 되지 않는 이야기이다. 노자가 말하는 이(夷)－색깔이 없음, 희(希)－소리가 없음, 미(微)－형체가 없음－이라는 세 글자를 들어보면[42], "이 세 가지는 더 이상 논할 수 없다." 이 세 가지는 볼 수도 없고 들을 수도 없고 잡을 수도 없고 말로도 표현할 수 없고 기록하여 전할 수도 없다고 하는 것이야말로 옳은 말이다. 데우스에게 지혜와 분별이 있기 때문에 법성보다 우월하다고 하는 것은 웃을 일도 못된다. 허령불매한[43] 리(理)를 당신은 알 수 없는 것이다.

데우스 문도는 또 말했다. 본원에 지덕이 없으면 어떻게 인간에게

41) 『노자』 38장.

42) 『노자』 14장.

43) 『대학장구』 주자의 주석.

있는 지려와 만물에 갖춰져 있는 덕의는 어디서 나오는 것일까? 이러한 이치로 볼 때, 본원에 지려가 갖추어져 있어야 할 것이다.

논박해서 말했다. 버들은 푸르고 꽃은 붉다.[44] 이것은 자연의 도리이다. 버들의 뿌리를 파보아도 푸르지 않고, 꽃나무는 꺾어보아도 붉지 않겠지만, 스스로 그러한 자연의 현상이다. "해마다 피는구나, 요시노의 산벚나무, 나무를 잘라보라 꽃이 있는가." 뿌리에 없어도 가지에 나오는 것은 일상적인 이치이다. "도는 하나를 낳고 하나는 둘을 낳고 둘은 셋을 낳고 셋은 만물을 낳는다."[45] 허령불매의 본원으로부터 음양이 생기고, 청탁동정의 기가 갖추어져 하늘과 땅, 사람과 함께 만물이 생겨난다. 우리들의 지려분별, 새와 짐승의 날고 울고 달리고 으르렁거리는 것, 초목의 개화와 쇠락 이 모든 것은 음과 양 두 기의 전변과 청탁동정에 따른다. 고금왕래의 모든 성현은 이러한 이치를 서술하지 않음이 없다. 공자를 넘고 노자보다 뛰어난 데우스일 수는 없다. 칡과 등나무가 얽히듯이 어지러운 이야기는 잘라버려야 한다.

2단

데우스 문도가 말했다. 데우스는 현재와 미래 두 세를 지배하는 주인이요 상벌의 근원이다. 그렇다면 주님이 있어도 현재의 선악의 업에 의해서 미래에 상벌을 받아야 하는 자가 누구인지 알아야 한다.

---

44) "秋至山寒水冷, 春來柳綠花紅."(『五燈會元』 권8). 봄날의 화사한 전경을 묘사하는 용어이며, 선불교에서는 자연을 있는 그대로 볼 수 있는 경지를 말한다.

45) 『노자』 42장.

색과 형체를 지닌 모든 사물, 즉 사람과 가축, 풀과 나무는 모두 끝이 있으며, 태우면 회가 되고 묻으면 흙이 된다. 죽은 뒤에도 살아남아 고통과 즐거움을 받는 자가 누구인지 가르쳐야 한다. 그렇다면 정혼(精魂)에는 몇 가지 종류가 있다. 먼저 초목의 정혼은 아니마 베제타티바[46]라고 한다. 아니마 베제타티바는 나고 자라고 번성하고 쇠락하며 꽃이 피고 잎이 떨어지는 작용만 갖추고 있는 생명이라는 뜻이다. 또 짐승의 정혼은 아니마 센시티바[47]라고 한다. 아니마 센시티바는 나고 성장하는 작용뿐만 아니라 지각운동 등의 작용을 갖추고 있는 생명이다. 예를 들면 참새가 매를 보면 자신의 적이라는 것을 알고, 배고픔과 목마름, 아픔과 가려움을 아는 생명이다. 앞의 두 아니마가 형상으로부터 나온 것으로 형상에만 해당하는 작용을 하는 생명이라고 한다면, 형상의 4대 구성물[48]로 돌아가게 되면 그때는 소멸하는 운명의 뿌리가 된다. 그런데 인간의 마음은 아니마 라쇼날[49]이라고 한다. 라쇼날이라고 하는 아니마는 앞의 두 아니마의 작용뿐만 아니라 시비를 분별하는 라쇼날 아니마라고 한다. 라쇼날 아니마는 형상으로부터 나온 것이 아니라 도리어 형상을 제어하는 스피리츄얼 서스탄샤[50]라고 하는 무색무형의 실체이다. 형상으로부터 나온 것이 아닌 도리는 (다음과 같다). 인간도 형상을 가지고 있으므로, 배고픔과 목마름, 추위와 더위를 느끼는 것은 금수와 다르지 않다. 그렇지만 배가 고플 때에 먹고 싶은 욕망이 있지만, 이때에 먹는 것이 치욕이라고 생각할 때는

46) 중세 스콜라 신학에서 말하는 anima vegetativa, 즉 생혼(生魂)을 말한다.

47) anima sensitiva, 즉 각혼(恪魂).

48) 흙, 물, 불, 바람을 말함. 서양고대철학의 4대설.

49) anima racional, 즉 이성혼(理性魂).

50) spiritual substance.

죽어도 먹지 않는다. 또 전쟁터에서 몸을 빼고자 생각하지만 도망가서 뒷손가락질을 받기보다는 의리를 생각해서 싫어하는 몸으로도 스스로 적과 싸우다가 죽는다. 이것을 보더라도 아니마 라쇼날은 형상으로부터 나온 것이 아니며, 데우스로부터 일신의 주인으로 만들어졌다고 하는 것이 분명하다. 그러므로 감각적 신체와는 아주 다른 아니마 라쇼날이기 때문에 감각적 신체와 더불어 소멸하지 않고, 다음 생에 살아남아 현세의 업에 따라 영원한 고락을 받게 된다. 좋은 곳은 파라이조[51]라고 해서 하늘에 있고, 나쁜 곳은 인페르노[52]라고 해서 땅속에 있다.

논박해서 말했다. 앞에서 3가지 아니마를 들어서 하나하나 이름을 붙이고 각각 설명했다. 그 중에서도 인간의 아니마는 라쇼날이라고 하여 감각적 신체에서 나오지 않고, 데우스로부터 특별히 만들어져 현세의 업에 따라 후생에서 고락을 받게 된다고 했다. 아 애통하다, 데우스 문도는 진리를 모르는구나. 아 슬프다, 일본의 범부가 이러한 이단에 혹하게 되다니. 내가 진리를 설하여 너에게 들려주겠다. 모든 만물에는 사(事)와 리(理)의 두 측면이 있다. 이 일이 있으면 이 이치가 없을 수 없으니 이러한 이치를 하늘로부터 부여된 명(命)이라고 한다. 천차만별의 사물이 있다고 하더라도 이러한 리(理)는 둘도 아니고 셋도 아니고 오직 하나의 이치이다. 작용의 차이는 하나하나의 일에 따른다. 한결같은 비(一味之雨)는 이치이며 온갖 차이의 기(器)는 일이다. 예를 들면, 하늘에서 비가 세차게 내리면 여러 가지 그릇[器]를 내어 비를 받는다. 빗물에는 길고 짧거나 모나거나 둥근 모양이 없고, 향기

51) 포르투갈어 paraoso, 천국의 뜻.

52) 포르투갈어 inferno, 지옥의 뜻.

나 냄새가 없고, 맑고 탁한 차이도 없고, 달고 쓴 맛의 차이도 없지만, 모나거나 둥글고, 다섯 가지 맛, 향내와 냄새, 맑고 탁한 것은 모두 그릇이 모나거나 둥글고, 좋거나 나쁘고, 깨끗하거나 더러운 것에 그대로 맡긴다. 그렇다면 하늘로부터 부여받은 명도 역시 이와 같다. 기질의 청탁(淸濁)과 후박(厚薄)의 차이로 인해 작용도 같지 않다. 어찌 베제타티바, 센시티바, 라쇼날 등으로 이 이치를 각각 나누겠는가? 특히 인간의 마음을 아니마 라쇼날이라고 보고 이는 각별한 것이므로 신체의 욕망을 제어할 수 있다는 것을 궁극적인 이치로 보아 여러 다른 학파가 이것을 모른다고 생각하고 있다. 정말로 극도로 좁은 견해이다.

유가에서는 기질의 욕망을 인심(人心)이라고 하며 의리를 생각하는 것을 도심(道心)이라고 한다. 이점에서는 유가의 문하에서 최선이요 완미하므로, 데우스 문도와 이적의 곡설이 미칠 수 없다. "인심은 오직 위태하고 도심은 오직 은미하다"[53]라고 하는 것이 이러한 뜻이다. 한편 불법에서는 심(心)·의(意)·식(識) 세 가지를 들어서 상세하게 논하고 있다. 일념(一念)도 일어나지 않은 곳은 심왕(心王)[54]이 움직이지 않은 묘체이다. 일념의 사욕이 일어나면 의(意)이다. 그리고 녹색과 붉은색으로 세분해서 생각하는 것이 식이다. 예를 들면, 같은 불이지만 불(火), 불꽃(熖), 불길(熾) 등 세 가지가 있는 것과 같다. 그렇다면 이 정도로 여러 학파에서 다 말하고 있는 뜻을 모르고 신기한 얼굴로 아니마 센시티바, 아니마 라쇼날 등등 중국 사람의 잠꼬대 같은 말을 해서 어리석은 사람을 속이는 것은 부당한 일이다. 더구나 아니마 라쇼날에 대해서는 현생의 업에 의해 후생에서 데우스로부터 고락을 얻게

53) 『서경』「대우모」; 「중용장구 서」.

54) 불교에서 말하는 의식과 작용의 본체.

된다고 한다. 그러한 무도한 일을 저지르는 것을 데우스라고 할 수 있을까? 군주라도 비난받을 일이다. 하나라의 우임금은 즉위하신 뒤 죄인을 보고서는 수레에서 내려 울면서 "요순시대의 사람들은 요순의 마음으로 자기의 마음을 삼았다. 과인이 군주가 되고서는 백성들은 각자 자신의 마음을 마음으로 삼고 있으니 과인은 이를 슬퍼한다"라고 자책하셨다. 상나라의 탕왕은 7년의 큰 가뭄을 당하여 백성이 힘들어할 때, 태사(太史)에게 점을 치게 하고 그가 "당연히 사람으로 하여금 기도하게 해야 한다"라고 보고하자, "이는 모두 내가 죄를 지어서 일어난 천재이며 백성의 잘못이 아니다"라고 생각하시고 스스로 희생이 되고자 하여 장식이 없는 수레를 백마가 끌게 하고[55] 몸소 흰 띠풀을 목에 걸고 희생물이 되어 상림(桑林)의 들판에서 기도하였다. 여섯 가지 일로 자책하면서 "정치가 절도에 맞지 않았는가, 백성이 직분을 잃었는가, 궁실이 너무 높은가, 여자를 너무 만난 것인가, 뇌물이 행해지는가, 남을 중상하는 사람이 너무 많은가"라고 말했다. 말이 끝나기도 전에 사방 수 천리에 걸쳐 큰 비가 내렸다. 또 장산(莊山)의 금으로 화폐를 주조하여 백성들의 생명을 구원했다. 이런 이야기가 전기에 기록되어 있다.[56] 군주라도 성현의 군주는 이와 같다. 그런데 데우스는 누가 부탁하고 누가 고용한 것도 아닌데 갠지스강의 모래와 같이 많은 사람을 만들고 지옥에 떨어뜨리고 하루 한 달뿐만 아니라 영원한 고통에 빠뜨려 거듭 고통스럽게 한다. 대자대비의 데우스라고 할 수 있는가. 대자대비라는 것은 고통에서 건져내고 즐거움을 주는 것을 말하는 것이다.

---

55) 이는 장례식에 사용하는 마차와 말이다.

56) 우임금과 탕임금의 고사는 『설원(說苑)』 「군도(君道)」에 실려 있다.

3단

데우스 문도가 말했다. 데우스는 스피리츄얼 서스탄샤이며 무색무형의 실체이며, 한순간도 천지의 어디에도 충만하게 계시지 않은 적이 없지만, 특별히 위광을 드러내고 선인에게 안락을 주시기 위해서 파라이조라는 극락세계를 제천(諸天)의 위에 만드셨다. 최초에 인간보다 먼저 안조[57]라는 무한한 천인을 만들고 지금까지 존체를 드러내지 않으셨다. 위에 계시는 한 사람의 지위를 바라서는 안 된다는 하늘의 계율을 정하시고, 이 하늘의 계율을 지키면 그 공덕에 의해 데우스의 존체를 경배하여 영원한 즐거움을 다할 수 있다. 만약 계율을 지키지 아니하면 인페르노라는 온갖 고통이 가득한 지옥에 떨어진다. 혹독한 추위와 더위의 고통을 준다는 뜻이다. 천사들을 만들고 나서 일각도 지나지 않았는데 무수한 천사 가운데 루시퍼[58]라는 천사가 자신의 좋은 점을 뽐내며 "나는 데우스이다. 나를 숭배하라"고 권하였다. 저 무수한 천사 가운데 3분의 1은 루시퍼에 동의하고 대부분은 동의하지 않았다. 여기에서 데우스는 루시퍼를 비롯하여 그에게 동의한 3분의 1의 천사를 하계에 쫓아 인페르노에 빠트리셨다. 이는 곧 천사가 오만한 잘못으로 인한 것으로서 지아부[59]라는 텐구(天狗)가 된 것이다.

논박해서 말했다. 너희 데우스 문도가 여기에서 설하는 것은 모두

57) 원문은 '安女', 포르투갈어 anjo의 음역으로 천사의 뜻이다.

58) Lucifer. 죄를 지어 지옥에 떨어진 천사의 이름. 이사야 14장 12절, 누가복음 10장 18절 참조.

59) 포르투갈어 Diabo는 악마의 뜻이다. 일본에서 텐구로 의역되었다. 텐구는 일본의 민간 신앙에서 전래되고 있는 신 혹은 요괴이며, 붉은 얼굴로서 코가 크며 날개가 있어 하늘을 날아다닌다고 한다.

자승자박이다. 먼저 데우스가 어디에도 편재해 계시다고 하는 것은 진여법성의 본분(本分)[60]이 천지에 가득차고 육합에 가득차다는 이치를 엿듣고서 말하는 것과 같다. 비슷한 것은 비슷하지만 옳은 것이 지금 더 이상 옳지 않은 것은 이러한 것을 말한다. 그리고 너희는 데우스가 사피엔치이시모이며 과거 현재 미래 삼세를 통달하는 지혜라고 말하지 않았는가. 그렇다면 저 안조를 만들어 그들이 곧장 잘못에 빠져들게 될 것을 모를 리가 없었다. 몰랐다고 한다면 삼세를 통달하는 지혜라고 하는 것은 헛소리이다. 또한 알고서도 안조를 만들었다면 최고의 탐욕이다. 만사형통한 데우스라면 어찌 안조가 잘못에 빠져들지 않도록 만들지 않았는가? 잘못에 빠져들게 그대로 방치하는 것은 자못 하늘의 악마를 만들어 놓은 것이다. 무용한 텐구를 만들어 놓고 방해를 하도록 한 것은 도대체 무슨 일인가? 데우스가 하늘의 악마를 잘못 만든 것인가? 안조는 다만 천지만상을 만들면서 나온 지저깨비로서 맹렬한 불에 지피기 위한 것인가? 대소할 뿐이다.

4단

데우스 문도가 말했다. 데우스는 천지의 삼라만상을 만드시고 만물의 영장으로서 인간을 만드신 자이다. 다만 인간을 최초로부터 이와 같이 무수한 숫자로 만든 것은 아니다. 아담(남편)과 하와(부인) 부부 두 사람을 만드시고 온갖 뛰어난 지혜와 분별을 주시고 파라이조−테레알[61]이라는 지상의 극락세계에 거주하게 하셨다. 파라이조−테

60) 언어와 사고를 넘어선 제일원리에 해당하는 본래의 심성.

레알이라는 곳은 춥지도 덥지도 않아 모든 고통으로부터 벗어난 장소이다. 아담과 하와는 여기에 살고 있는 동안은 가난과 병의 고통도 없이 뜻 가는대로 만족하며 온갖 힘든 일이 따르지 않았다. 여기에서 데우스는 또 하나의 계율을 아담과 하와에게 내리셨다. 모든 초목의 열매를 먹더라도 마산[62]이라는 과실을 먹지 말아야 한다. 이 계율을 지키기만 하면 아담과 하와의 일은 말할 것도 없고 자자손손에 이르기까지 늙지도 죽지도 않고 모든 일이 마음먹은 대로 이루어지고 일정한 때가 되면 또 상천의 파라이조에 올라갈 수 있다. 다만 계율을 깨트리는 사람이라면 파라이조-테레알에서 추방되어 죽음과 병의 고통을 비롯한 온갖 고통을 몸소 받게 되고, 상천의 파라이조에도 올라갈 수 없다. 결국 인페르노인 지옥에 떨어져야 한다는 뜻이다.

저 루시퍼라는 텐구가 상천의 위계를 빼앗기게 되는 것을 질투하여 파라이조-테레알에 잠입하여 아내인 하와에게 "왜 이 마산의 열매를 먹지 않아야 할까? 이는 삼세를 알 수 있는 지혜의 열매로서 이것을 먹으면 데우스와 같이 되므로 인간으로 하여금 데우스와 같이 되지 못하도록 계율을 내리신 것이다"라고 권유하자, 하와가 이것을 먹었다. 남편인 아담도 같이 먹고서 하늘의 계율을 어겼기 때문에 파라이조-테레알에서 추방되었고, 지금 그 자손인 우리들에 이르기까지도 죽음과 고통을 비롯하여 여기에 간난이 지극하고 또한 인페르노에 떨어질 몸이 된 것이다.

논박해서 말했다. 올바른 이치에 어긋난다고 하더라도 처음의 1단과 2단까지는 약간은 점잖았지만 3단부터 여기까지는 얕은 곳에서 깊

---

61) 포르투갈어 paraiso terreal, 지상의 천국을 말한다.

62) 포르투갈어 maçã, 선악과를 말한다.

은 곳으로 들어가는 것이 아니라 점점 천박해졌다. 여기서부터 앞으로는 추측할 수 있다. 먼저 생각해 보시오. 하늘의 계율이라는 그 이름은 귀한 것 같지만, 계율의 품격이 있어야 하는데 마산의 열매라는 곶감과 같은 음식을 먹지 말라고 하니 정말로 최고의 웃음거리이다. 노파를 속이고 우는 아이를 달래는데 적절할 것이다. 천상의 과일을 얻을지 지옥에 떨어질지 하는 대사가 걸려있는 인연이 되기에 곶감은 적절하지 못하다. 오계, 십계, 여러 종파의 각종 계율 가운데 곶감을 경계한다는 것은 들은 적이 없다.[63] 옛날 꿀벌 집에서 신도가 되어 이 마산의 이야기를 듣고서 데우스의 곶감 이야기라고 이름을 붙인 것은 당연한 일이다.

그리고 또 여러 신과 부처가 악마를 항복시키는 뜻을 드러내기 위해서 해탈당상(解脫幢相)[64]의 옷을 입고 활과 검을 찬 모습으로 바꿔서 보이시고 도움의 손을 뻗치신다고 들었다. 웬일인가, 데우스는 악마 루시퍼를 만들어두기조차 하였고, 악마가 아담과 하와를 속일 때는 도움을 주지 않고 그들을 잘못에 빠져들게 하고 이를 보고서도 웃는 것 같았다. 곶감을 먹자 곧장 파라이조-테레알로부터 추방하고, 아담과 하와뿐만 아니라 모든 인간을 지옥으로 보낸다는 것은 데우스가 할 적절한 생각일까? 정말로 이치에 맞는 일일까? 결국 데우스는 아담

63) 오계: 불교에서 재가 신도가 지켜야 하는 다섯 가지 계율. 즉 불살생, 불투도, 불사음, 불망어, 불음주. 십계: 사미승이 지켜야 할 열 가지 계율, 즉 오계의 다섯 항목과 더불어, 부도식향만(不塗飾香鬘, 장식하거나 향유를 바르지 말 것), 불가무관청(不歌舞觀聽, 노래와 춤을 보고 듣지 말 것), 부좌고광대상(不坐高廣大床, 높고 큰 평상에 앉지 말 것), 불비시식계(不非時食, 때가 아니면 먹지 말 것), 불축금은보(不蓄金銀寶, 금은 보화를 쌓아두지 말 것)이다.

64) 원문의 '解脫同相'은 '解脫幢相'의 잘못. 해탈당상은 불교에서 승려가 입는 법의(法衣)이다.

이 계율을 어길 것을 몰랐을까? 몰랐다고 한다면 삼세를 통달하는 지혜가 되지 못하고, 알았다면 자비를 베풀어 잘못에 빠지지 않는 방책을 아담과 하와에게 가르쳐야 했다. 하여간 데우스 문도의 주장은 꾸며낸 이야기이므로 불합리한 일뿐이다.

5단

데우스 문도가 말했다. 앞에서 말한 아담과 하와가 잘못을 저지른 뒤 죽음과 병의 고통을 비롯하여 뜻대로 되지 않고 만족하지 못하는 것을 보고, 특히 죽은 뒤에 인페르노에 떨어질 수밖에 없는 고난을 돌아보고, 콘트리산[65]이라는 후회를 하고서 지금 생의 일은 그대로 두고 자신의 몸뿐만 아니라 잘못을 후회하고 슬퍼하는 자들의 후생을 도와주고자, 가고 머물고 앉아있고 누워있는 동안[66] 하늘을 우러러보고 땅에 엎드려 이것을 기도하였다. 데우스는 대자대비로 도움을 주고자 생각하시고, 또 올바른 법도[67]로 보아 응분의 잘못을 없애달라고 청하였다. 그렇지만 인간의 유한한 몸으로서는 잘못을 없앨 수 있을 정도에 상당하는 일을 할 수 없었다. 그래서 아담과 이브의 잘못은 무한한 잘못이 되었다. 예를 들면, 같은 손으로 사람의 얼굴을 쳤다 하더라도 상대의 경중에 따라 그 잘못에 크고 작음이 있다. 나보다 후배인 자를 때렸다면 때려도 고통에 빠지지는 않는다. 같은 연배

---

65) 포르투갈어 contriçã. 완전한 참회를 말한다.

66) 원문은 '行住坐臥'. 불교에서 항상 계율을 지켜야 한다는 의미.

67) 원문은 '憲法'.

를 쳤다면 반격을 당한다. 선배이거나 혹은 국왕과 같은 사람을 쳤다면, 그 잘못은 중죄가 되고 자손과 후손에 이르기까지 엄벌에 처해지는 것과 같다. 무한한 데우스에 대해 범한 잘못이라면 끝도 없이 잘못을 없애기 위해 노력해도 불가능할 것이다. 유한한 몸을 가진 인간이 잘못을 없애는 일은 불가능하다. 이를 그대로 방치해 두면 데우스는 전능하시다라는 뜻이 또한 드러나지 않기 때문에, 만사형통하신 점에서 자비와 올바른 법도 두 가지를 빠트리지 않았다. 데우스는 인간의 모습을 받으시고 인간의 잘못을 없애는 일을 완성하시겠다고 아담과 하와에게 성스러운 약속[68]을 하시고, 아담과 하와는 이를 받아서 자손에게 전하고 930세까지 살다가 마침내 죽었다.

논박해서 말했다. 이것은 평소 사람들의 속담에서 말하는 "잘라서 잇는 목공"이다. 일을 좋아하더라도 없는 것만 못하다.[69] 잇는 일이 옳다고 하더라도 이런 일은 본래 일이 없는 것보다 못하다. 예를 들면, 좋은 목재로 사이에 맞추기 위해 그것을 잘라 다섯 칸의 대들보로 보내고자 하는데, 짧으면 또 이어 목재를 버리지 않는 것도 목공의 훌륭한 능력이지만, 긴 것을 짧게 잘라버리는 엉뚱한 일은 언어도단이다. 데우스는 선한 길로 갈 수 있도록 만들지 못하고 나중에 다시 수선하고자 한 것은 목공의 일과 다르지 않다. 누가 고용해서 시킨 것도 아닌데 섣불리 인간을 만들다가 잘못 만들고, 지금 우리 몸을 이렇게 많은 고통으로 가득하게 하는 것은 고맙지 않은 계획이다. 이러한 이치를 변함없이 감사하게 생각하는 데우스의 신도는 바보라

68) 원문은 天約.

69) 선종어록에 자주 사용되는 말로서 무사무위의 경지를 목표로 할 때 설령 좋은 일이라도 하나도 없는 편이 낫다는 뜻이다.

고 말할 것도 없다. 그리고 너희가 또 앞에서 잘못은 상대의 경중에 따르기 때문에 무한한 데우스에 대하여 범한 잘못이라면 잘못도 무한한 중범이 되어 유한한 인간이 잘못을 없애는 일은 불가능하다고 말한 것은 의심스럽다. 곶감 하나를 먹은 잘못도 데우스에 대해 범하면 무한한 잘못이 된다면, 어떻게 또 데우스에 대해 참회하는 마음이 있어 회개하며 8천 번이나 애를 태우며 피눈물을 울어대는 선업도 무한한 선근(善根)이 될 수 없는 것인가? 데우스는 사람의 악을 조장하고 사람의 선을 파괴하는 주님인가? 또한 악은 데우스로 인해서 증가하고 선은 데우스에 대해 소멸하는 것인가? 이 두 가지 이치 가운데 너희는 반드시 한 가지에 처할 것이다. 이러한 이치를 하나하나 논한다면 천지를 종이로 하고 초목을 붓으로 해서 써나가더라도 다하지 못할 것이다. 나는 일단 한 가지 모서리를 들었으니, 지혜로운 자는 세 가지를 들어 답할 것이다.[70]

6단

데우스 문도가 말했다. 앞에서 설명한 데우스가 세상에 나온 일을 보자면, 천지가 개벽한 이래로 오천 년을 거쳐 시저로 불리는 황제[71]가 다스리는 시대에 유다야국 가운데 베들레헴이라는 곳에서 탄생하셨다. 모친은 산타 마리아요 부친은 요셉이라고 한다. 다만 산타 마리아도 요셉도 버진[72]이었으며 평생 결혼한 일이 없지만, 잉태하여 탄

70)『논어』「술이」.

71) 누가복음 2장 1절. 아우구스트.

신하셨다. 그런데 어떻게 데우스가 세상에 나온 일을 알 수 있을까 하면, 먼저 산타 마리아는 평생 결혼하지 않은 덕이 있을 뿐만 아니라 수많은 선행을 갖추고 계시고 독송과 묵상을 게을리 하지 않으셨다. 때로는 묵상하면서 창을 향해 마음을 맑게 하고 계셨다. 저녁 무렵 홀연히 안조(천사)가 찾아와 무릎을 꿇고 합장하여 "아베 그라티아 플레나 도니누스 데쿰"[73]이라고 말하였다. 이 말의 의미는 데우스의 은총이 가득하신 마리아에게 경의를 표하며 주님은 몸과 함께 계신다는 뜻이다.[74] 이때부터 임신하시고 열 달이 지나 이 베들레헴에서 밤이 깊은 때에 마구간에서 탄생하시자, 천인이 하늘에서 내려와 음악을 연주하고 신기한 향이 사방에 가득했다.[75] 이때 경사스런 징조가 일어나고 데우스가 세상에 나오셨다. 여기 세상에 나온 주님을 예수 그리스도라고 부르고 경배했다. 세상에 계시는 33년 동안 중생에게 좋은 도리를 가르치시셨다. 귀하신 몸이 데우스로서 계시다고 선언했기 때문에[76], 유대인이라는 자들의 무리가 이 말을 듣고 마법이라고 말하고, 권력자에게 신고하고 비난하고 때렸으며, 마침내 크루즈[77]라는 기둥에 걸어 두었다. 인간을 위해 죄를 없애고 선업을 생겨나게 한 공덕은 아담과 하와의 잘못을 없애는 것이었으며, 33세의 나이에 입멸하셨다. 3일 만에 소생하시고 그 뒤 40일을 거쳐 승천하였다. 그로부터 모두 1600년이 지났다.

---

72) 포르투갈어 virgen, 동정(童貞)의 뜻이다.

73) Ave, Gratia Plena, Dominus teccum.

74) 누가복음 1장 28절.

75) 누가복음 2장 13-14절.

76) 요한복음 10장 22-30절.

77) 포르투갈어 Cruz, 십자가의 뜻이다.

논박해서 말했다. 데우스가 세상에 나와 천지개벽으로부터 대체로 5000년에 이른다고 했다. 이 정도로 잘못을 없애는 것이 늦은 것은 하늘과 땅이 너무 멀기 때문에 먼데서 오느라 길에서 시간을 보낸 것인가? 아니면 여행 준비하는데 세월이 흘러간 것인가? 오천 년 동안 잘못을 없애는 구원이 없었다면, 세상의 인간이 지옥에 떨어진 숫자는 헤아릴 수 없을 정도로 많을 것이다. 얼마나 많은 사람들이 마치 비가 내리는 듯이 지옥에 떨어지는데, 이것을 보면서 슬프다고 생각하지 않고 오천 년 동안 중생제도의 방편에 마음을 기울이지 않았다면 이를 자비의 주님이라고 말할 수 있는가? 이것을 보면 데우스의 가르침은 모두 꾸며낸 일이라는 것이 분명하다. 또한 연수에 관해서도 매우 의심스럽다. 천지가 개벽한 이래 오천 년 만에 예수 그리스도가 세상에 나왔다고 한다. 세상에 나온 이래로 또 1600년이 되니 합하면 6600년이다. 중국과 일본에서 전래된 기록과 비교해 보면 연수가 매우 짧다. 데우스의 천지는 이 천지 밖에 다시 또 별도의 천지가 만들어진 것인가? 의심스럽구나, 의심스럽구나!

또 요셉과 산타 마리아는 일생 결혼하지 않은 선한 사람이며 이들을 부모로 하여 예수 그리스도가 탄생하셨다고 한다. 이것이 어찌 지극한 선이라고 할 수 있는가? 부부는 유별하며 각각의 사람들이 결혼하는 것은 인간의 윤상이다. 윤상에 반하는 것은 오히려 악이다. 악이라는 것은 도리에 벗어나는 것이다. 만약 천하 사람들이 모두 결혼할 뜻이 없으면 국가와 향리는 인종이 끊어져 멸망할 수밖에 없다. 그런 때에는 상도(常道)가 선하고 그 밖은 선하지 않다는 것이 명백하다. 또한 예수 그리스도가 천지의 주인이라고 스스로 말했기 때문에 유대인 무리가 마법이라고 말하며 권력자에게 신고하고 그를 기둥에 걸어 목숨을 끊게 하였다고 한다. 당연히 이렇게 되어야 한다. 시경에 "도끼자루를 깎자, 도끼자루를 깎자, 그 법칙이 멀리 있지 않구나"[78]라고 한다. 지금 눈앞의 일본에서 너희 데우스의 가르침은 성인의 도리에 어긋나는 마법이므로 현명한 군주께서 이를 퇴치하고자 생각하시고, 백성도 또한 이를 싫어하여 고소하고 목을 자르고 기둥에 걸고 혹은 태워 죽인다. 선현과 후현 정치는 모두 부절을 맞추는 것과 같다. 너희 데우스의 가르침이 사법(邪法)이라는 것은 나중에 또 하나하나 밝힐 것이다. 그리고 부활하여 승천하였다고 설하는 것은 존귀한 이야기 같지만 근본부터 사법이므로 모두 마법과 환술이다. 깨달음 앞의 시비는 시비 모두 옳다. 미혹 앞의 시비는 시비 모두 잘못이다. 정법(正法) 앞의 시비는 모두 바르다. 마법 앞의 시비는 시비 모두 마술이니, 어찌 의심하고 주저할 것인가?

7단

데우스 문도가 말했다. 앞의 여섯 단은 이 종파의 가르침의 요점이다. 조금씩 납득할 수 있으면 세례를 받을 수 있다. 세례를 받은 뒤에는 10개의 만다멘트[79]라는 10개의 법도를 지켜야 한다. 첫째 데우스 한 몸을 모든 일에서 최고로 경배해야 한다. 둘째 데우스의 이름을 걸고 공허한 맹세를 하지 말아야 한다. 셋째 도밍고[80]라고 해서 7일

78) 『시경(詩經)』, 「빈풍(豳風)」, 〈벌가(伐柯)〉.

79) 포르투갈어 Mandament, 계율을 말한다.

80) 포르투갈어 Dominggo, 주일을 말한다.

째마다 근신해야 한다. 넷째 부모에게 효도해야 한다. 다섯째 사람을 죽이지 말아야 한다. 여섯째 음란하지 말아야 한다. 일곱째 도둑질을 하지 말아야 한다. 여덟째 다름 사람을 헐뜯지 말아야 한다. 아홉째 다른 사람의 부인을 연모하지 말아야 한다. 열 번째 다른 사람의 재산을 넘보지 말아야 한다. 이 가운데 첫 번째 만다멘트, 즉 만사보다 더 데우스를 소중히 경배해야 한다는 것은, 남편보다도 부모보다도 이 데우스를 더 소중하게 받들며, 데우스의 뜻에 어긋난다면, 주인의 명령에도 따르지 않고 목숨도 아끼지 않는다는 것이다. 하물며 다른 일은 어떻겠는가.

그리고 세례를 받을 때 이름을 짓는 일이 있다. 이는 옛날에 데우스의 뜻에 맞는 선남자 선여인의 이름을 지금 각자에게 붙여서 그 선인을 존엄한 자의 중재자로 부탁하며 받들기 위해서이다. 또 소금을 맛보는 일이 있다. 소금은 맛이 없는 것에 맛을 내는 물건이다. 이와 같이 다음 생의 맛을 지금 만든다는 의식이다. 또 등불에 손을 걸도록 하는 것은 참된 빛을 찾았다는 표시이다. 그리고 "에고 테 밥티조 인 노미네 파트리제 엣필리 스피리투스산티"[81]라는 주문을 외우고 이마에 물을 뿌린다. 이 말의 뜻은 "데우스의 아버지, 데우스의 아들, 그리고 그 둘 사이의 사랑의 이름에 의하여 나는 너에게 세례를 준다"라는 의미이다. 이때 예수 그리스도의 크루즈로부터 흘러내린 피의 공덕, 이 물로 채워서, 즉 모든 더러운 죄를 씻어 없애고, 그후에 자기가 죄를 범하지 않고 죽었다면 천당에 오르는 열매를 얻는다는 것은 의심의 여지가 없다. 이러한 바우티즈모[82]를 받지 않으면 구원받을

---

81) 라틴어 Ego te baptizo in Nomine Patrise et Feili et Spiritus Sancti. '성부 성자 성령으로 씻나이다'라는 뜻이다.

수 없다.

논박해서 말했다. 만다멘트라는 10개조의 법도를 설했다. 이 10개조에서 첫 조를 제외하면 살생, 도둑, 음란, 망어, 음주 등을 하지 말라는 오계를 벗어나지 않는다. 만다멘트의 제9, 제10은 마음이 넘보는 것을 통제하는 것이다. 불음주의 계율도 모든 일에서 마음의 혼란을 통제하기 위한 것이다. 술을 마시고 뜨거운 물을 마시는 것도 마신다는 것은 다르지 않지만 술은 혼란에 이르게 하는 것이며, 연모, 탐욕 등의 사악한 바람도 술에 취하면 일어나기 때문에 이를 경계한다. 불음주의 계율은 마음을 잃게 하기 때문이다. 그리고 효행을 해야 한다고 설했다. 이는 천하의 도리이나, 너희 데우스 문도는 형식적으로 말만 하는 것으로 보인다. 이점은 나중에 다시 묻겠다.

첫 조에서 데우스의 뜻에 어긋난다면, 주인의 명령에도 따르지 않고 목숨도 아끼지 않는다고 하는 조목은 국가를 무너뜨려 빼앗고 불법(佛法)의 왕국을 소멸하고자 하는 마음이 여기에 포함되어 있다. 어찌 빨리 이러한 무리에게 손발에 재갈을 채우지 않겠는가? 대체로 지극히 좋은 가르침과 계율은 민생일용의 이륜(彝倫) 밖에서 구할 필요가 없다. 인륜은 그 품목이 번다하다고 하지만 오전(五典)[83]에 지나지 않는다. 군신, 부자, 부부, 형제, 붕우가 각각 자신의 직분을 다하면, 또 다시 무엇을 더하겠는가? 또한 이를 어지럽히는 자는 악역무도하므로 이들을 처벌하지 않을 수 없다. 군신의 직분에는 충성과 은상(恩賞)이 있고, 부자의 직분에는 효도와 자애, 부부의 직분에는 구별의 의미가 있으며, 형제의 직분은 보살핌[弟]과 사랑, 붕우의 직분은 믿음이

82) 스페인어 bautismo, 세례식의 의미.

83) 오상(五常), 즉 오륜을 말한다.

다. 이 오전의 본성을 사람에게 부여한 것은 천명(天命)의 직분이다. 그런데 너희 데우스 문도는 말한다. 데우스의 뜻에 어긋나면 군신의 충성과 의리를 버리고 효제(孝悌)의 인연도 보존하지 말하고 권하고 있다. 이보다 더한 극악한 일이 어디에 있겠는가? 데우스의 뜻에 어긋난다는 것은 데우스를 배신하고 불신에 귀의하는 것이다. 그러므로 데우스의 종지를 바꾸어 불교의 신에 귀의하라는 군주의 명령이 지극히 엄중하지만 목숨을 아끼지 않고 오형(五刑)의 죄를 받게 되더라도 이를 즐거워한다. 보라, 보라! 군주의 명령보다도 빠테렌[84]의 말을 중시하고 부모의 은혜보다도 빠테렌의 교화를 더 고마워한다.

일본은 신국(神國)이며 아마테라스 오미카미[85]으로부터 차례로 황위를 이어받으시고 우가야후키아에세즈노미고토[86]에 이르고 그 아들 진무 천황[87]이 모든 왕의 태조가 되시고, 3종의 신기(神器)[88]를 천하의 가호로 삼으신 이상 우리나라의 풍속은 모두 신도에 의하지 않은 일이 없다. 또 쇼토쿠(聖德) 태자는 권력의 화신으로 신성으로 계시므로 아마테라스 오미카미의 마음을 이어받아 우리나라의 도를 넓히기 위하여 불법을 성행하게 하신 이래로 불교의 국가가 되었다. 그런데 데우스는 때를 틈타서 일본을 모두 그들의 문도로 삼고 불법과 신도를

84) 원문은 '伴天連', 아버지 신부를 뜻하는 포르투갈어 Padre의 일본어 음역, 일본에 온 가톨릭 선교사, 사제, 신부 등을 말한다.

85) 아마테라스 오미카미(天照大神). 일본의 신화에 등장하는 일본의 최고신이며 태양신으로서 일본황실의 시조로 간주된다.

86) 우가야후키아에세즈노미고토(草葺不合尊). 일본 신화에 등장한 신이며 진무 천황의 아버지이다.

87) 진무 천황(神武). 일본의 초대 천황으로 간주되는 신화 상의 인물.

88) 황제 지위의 징표로서 야타노카가미(八咫鏡), 야사카니노마가타마(八坂瓊曲玉), 구사나기노쓰루기(草薙劍), 즉 거울, 옥, 검의 3가지 보물이다.

없애고자 한다. 신도와 불법이 있어야만 왕법(王法)도 융성한다. 왕법이 있어야만 불신의 위엄도 높일 수 있는데, 왕법을 기울게 하고 불교와 신도를 없애고 일본의 풍속을 제거하여, 데우스 문도는 우리나라의 풍속을 바꾸어 스스로 나라를 빼앗고자 하는 음모를 꾀하는 것일 수밖에 없다. 노바 히스파니아인[89] 루손은 금수에 가까운 이적의 나라이므로 군대를 파견하여 그들을 빼앗았다. 우리나라는 더할 나위 없이 용맹한 나라이므로 교리를 넓혀 천 년 뒤에도 일본을 빼앗고자 하는 뜻이 골수에 사무치고 있을 것이다. 수상하도다. 마티르[90]라고 해서 종교를 위해서는 목숨을 초개보다 더 가볍게 여기다니. 현군이 천하를 다스리는 것은 권선징악의 도리가 있다. 선을 권하는 것은 상이요 악을 징계하는 것은 벌이다. 벌은 목숨을 끊는 것보다 큰 것이 없다. 그런데도 데우스 문도는 목숨이 끊어지는 것을 두려워하지 않고 종지를 바꾸지 않으니, 실로 두려워할 일이다. 이러한 맹렬한 악이 어디에서 나온 것인지 보자면, 제1조의 만다멘트, 즉 모든 일에서 데우스를 최고로 경배해야 한다는 것에서 유래한 것이다. 이러한 사악한 법도를 넓히는 것은 오직 천마(天魔)[91]의 소행이다.

이러한 사설은 세세히 들어 군주에게 알릴 것까지도 없다. 군주께서 진실로 총명하시고 예지하신다면 하나를 들으시고도 열을 살피신 뒤에 그들의 무리를 엄하게 경계하여 퇴치하고 계시다고 들었다. 옛날 중국의 성인 군주[92]가 맹수를 물리치고 홍수를 다스려 백성의 거주를 평안하게 하신 은택보다 백배나 더 훌륭하다. 홍수와 맹수는 육

---

89) 포르투갈어 Nova Hispania, 즉 멕시코이며 당시 루손(呂宋, 필리핀)과 함께 스페인령이었다.

90) 포르투갈어 Martir, 즉 순교자를 말한다.

91) 불교에서 말하는 4 악마 중의 하나. 수행을 방해하는 마왕이다.

92) 고대 중국에서 맹수를 쫓아낸 순과 홍수를 다스린 순을 말한다.

체에 해를 끼치는 것이지만, 저들의 무리는 참을 어지럽히는 불교의 적이며 법도의 적으로서 특히 나라를 빼앗고자 하는 도둑의 무리이다. 누가 그들을 미워하지 않겠는가? 그리고 이름을 붙이고 소금을 핥게 하고 등불에다 손을 걸치게 하는 의식은 시비를 논하기에 충분하지 못하다. 이러한 바우티즈모의 세례를 받지 않은 자는 선한 사람이라고 할지라도 데우스의 구원을 받지 못한다고 한다. 이러한 이치는 이해할 수 없다. 세례를 받지 않은 자라도 선한 사람이라면 어떤 근거로 벌을 주는가? 큰 밝음은 사사롭게 비추지 않고 큰 친함은 사사로이 친하지 않는다고 한다. 이것은 우리 쪽 사람이며 이것은 내 마음에 드는 것이라고 해서 사사로운 방식을 취하는 데우스라면, 이는 모두 인간의 기질이다. 인간의 기질로 천명을 꾀한다면, 이는 정말로 무식의 극치이다.

앞에서 데우스 문도가 말하는 7단의 논의를 들어 논했다. 나는 원래 재주가 적어 논의의 답변이 참으로 천박하다. 대체로 물음에 답을 하고 답변에 물음을 제기하는 것이 보통의 법도이다. 지혜로운 자가 웃지 않기를 바란다. 다음에 또 물음과 상관없이 평소 생각하던 것을 적어 이야깃거리로 삼고자 한다.

어떤 사람이 물었다. "그 일을 하는 까닭을 보고 그 연유를 살펴보고 그가 편안히 하는 것을 보면 그 사람이 무엇을 숨기겠는가, 무엇을 숨기겠는가"[93]라고 공자가 말했다고 들었다. 그러면 데우스의 빠테렌은 평소 언행이 어떠한가? 다음과 같이 대답한다. 대체로 모든 사

93) 『논어』 「위정」.

원은 어디에 있든지 사묘의 법도가 있을 수밖에 없다. 사원의 법도는 나쁜 일은 없겠지만, 데우스의 사원에도 아침저녁에 부지런히 하는 일이 있다. 아침에 하는 일을 미사[94]라고 하며 경전을 읽는다. 또 오스띠아[95]라는 것이 있는데, 밀가루로 만든 남만[96] 전병과 비슷한 것에다가 성경의 주요 구절로 말을 하면 예수 그리스도의 진짜 살이 된다고 한다. 그리고 포도주를 은잔에 붓고 마찬가지로 성경의 구절을 말하면 예수 그리스도의 피가 된다고 말한다. 저 전병을 먹고 그리고 앞에서 말한 술을 마시는 일이 있다. 밀가루 전병이 예수 그리스도의 살이 되고 포도주가 피로 변한다는 것은 사람들이 믿기에 부족한 것이며, 또한 감사한 일이라고 생각되지 않는다.

그리고 교만한 마음은 모든 악의 근원이요 겸손은 모든 선의 기초이다. 겸손을 근본으로 하라고 사람들에게 권하지만, 타고난 국가의 습성인지 그들의 교만은 천마도 미칠 수 없다. 이러한 교만심으로 인해 다른 교파의 빠테렌과 위세를 다투면서 싸우고 논쟁하는 일은 세속인이 무색할 만큼 보기에도 거북하다는 것은 생각도 할 수 없을 정도이다. 그 밖에 마카오[97]에서는 교리로 논쟁을 하는 데 이르렀다. 이는 7, 8년 이전의 일이라고 전해 들었다. 발렌틴 카발요라[98]라는 빠테렌의 총사제가 방망이를 옆에 차고 선두에 서서 다른 사원으로 달려가고, 이르만[99]과 같은 사원의 사람들이 도구를 들고 서로 먼저 가고

---

94) 라틴어 Missa.

95) 라틴어 Ostia, 미사에 사용하는 빵과 포도주의 형상으로 바쳐지는 봉헌물을 말한다.

96) 남만(南蠻) 남쪽에서 온 오랑캐라는 의미이다. 에도시대에 포르투칼, 스페인 등 무역을 위해 동아시아 지역에 나타난 서양인들을 지칭하던 용어이다.

97) 원문은 '天川'.

98) Valenti de Carvalho, 1611년에 일본예수회를 총괄하는 역할을 맡았다.

자 하면서 다른 수도원으로 밀려가 높은 지붕 위로 올라가고 철포를 쏘기까지 한다고 한다. 출가한 사람들로서 이러한 행동은 적절하지 못한 것으로 생각된다.

또 어떤 사람이 물었다. 남만인과 일본인과의 교제는 사원 내에서 어떠한가?

다음과 같이 대답한다. 그것도 앞의 이야기로부터 추측할 수 있다. 교만한 자들이므로 일본인을 사람이라고 생각하지 않는다. 그래서 일본인도 역시 이것을 그냥 넘어가지 않아 실제로 교류가 잘 되는 일이 없다. 게다가 일본에 거주하는 빠테렌, 이르만 등의 비용은 남만의 제왕[100]이 계속해서 보내주므로 일본인은 아무래도 자신들 마음에 들 수 없다. 앞으로는 일본인을 빠테렌으로 할 수는 없다고 해서 모두 즐겁게 생각하지 않는다. 마음에 들지 않는다는 것은 어떤 기분인지 추측해주기 바란다. 일본을 노려보면서, 나라사람들이 뭐라고 하든, 자기 나라 편에 서고자 하는 것으로 생각해주기 바란다.

어떤 사람이 물었다. 모든 데우스는 욕심이 없고 자비를 기본으로 삼고 있다고 들었다. 사실인가?

다음과 같이 대답한다. 무욕과 탐욕의 경계가 없다. 가장을 착취하고 금은에 눈이 먼 일이 그들로부터 시작되었다. 가령 어떤 주인은 계율과 법을 잘 지켜 선한 사람이라고 칭찬받지만, 가난한 사람에게는 적당히 대한다. 신앙심이 없고 파계한 자라도 부유하다면 그를 대접하고, 큰 시주라도 집안이 쇠락하게 되면 본 적도 없는 것처럼 대한다. 그리고 자비롭고 베푸는 것을 근본으로 한다고 하지만 모두 명리(名利)를 위

---

99) Irmão, 포루투갈어로서 형제들 혹은 같은 교회의 신자를 말한다.

100) 로마 교황을 말한다.

해 기특하게 여겨서 문도로 만들기 위한 것으로 생각된다.

어떤 사람이 물었다. 데우스의 빠테렌은 다른 것은 그냥 두더라도 음란한 일은 잘 끊는다고 하는데 어떠한가.

다음과 같이 대답한다. 이것은 사람에 따라 그럴 수 있다. 사람에 따라서 구별이 될 것이다. 일본에서는 아직 부끄러워하는 일이 있어 이런 일도 10분의 1 정도이지만, 루손, 남만, 노바 이스파냐[101] 등에서는 삼명(三冥)을 거역한다고[102] 다른 사람이 말하는 것을 들었다. 특히 클레리고[103]라는 빠테렌 등은 결혼한 여자에게 아이를 낳게 했다고 한다. 다만 아이를 가지는 것은 명분에 따라서는 본래의 뜻이라고 말할 수 있다. 빠테렌이란 아버지라는 말이므로 아이가 없으면 말의 뜻이 성립하기 어렵기 때문일 것이다.

어떤 사람이 물었다. 데우스의 콘피상[104]이라는 것은 어떤 인연인가.

다음과 같이 대답한다. 그렇다. 예수 그리스도가 세상에 있을 때 베드로[105]라는 첫 번째 제자에게 "네가 세상에서 사해줄 허물을 나는 하늘에서도 사해줄 것이다"[106]라고 약속했기 때문에 콘피상이라는 것이 시작했다고 한다. 그렇다면 콘피상을 할 때에는 아무도 가까이 오

101) Nova Espana.

102) 삼명(三冥)은 의미 불명. 수명을 상중하로 나누거나 천명(天命), 숙명(宿命), 음명(陰命)을 의미하는 삼명(三命)의 잘못이라고 한다면, 본문의 내용은 주어진 생명을 보전하지 못할 정도로 나쁜 행동이라는 의미로 해석될 수 있다. 혹은 부처의 자유자재한 지혜 혹은 인도의 3베다를 의미하는 삼명(三明)의 오자라고 한다면, 부처님의 가르침에 어긋나다 혹은 베다의 가르침을 어긴다 등으로 해석할 수 있다.

103) 포르투갈어 Clerigo, 성직자라는 뜻이다.

104) 포르투갈어 Confissão, 고해, 고백의 뜻이다.

105) Pedro, 그리스도의 12제자 가운데 한 사람.

106) 요한복음 10장 23절.

게 하지 않고, 오직 나와 빠테렌 둘이 서로 마주하여 산적·해적 등의 일을 말하고, 혹은 아버지를 살해하고 어머니를 살해하는 오역죄[107], 국가를 무너지게 하는 모반·반역 등의 대죄라도 남김없이 참회한다. 빠테렌이 이것을 듣고 용서하면, 그 죄가 소멸된다고 한다. 그렇다면 이는 마법이다. 국가를 전복시킬 정도의 큰 죄조차도 빠테렌이 듣고 용서하면 그 죄가 소멸된다고 가르치는 것은 전적으로 잘못을 저지르고서도 고통스럽지 않을 것이라고 널리 알리는 것과 같은 일이다. 이로서 보자면 빠테렌은 도적의 기둥이며 모반과 살해의 도사라고 말해야 할 것이다. 어쨌든 이상한 종지로 보인다.

어떤 사람이 물었다. 데우스의 종지는 기적이 많고 특히 마티르라고 하는 종교의 진리를 위해 목숨을 버리는 일뿐만 아니라 기이한 일이 많다고 한다. 사실 여부는 어떠한가?

다음과 같이 대답한다. 그렇다. 어떤 일도 들으면 천균(千鈞)[108]보다 무겁고 직접 보면 한 냥보다 가볍다는 것이 보통이다. 저 무리가 심오한 것처럼 말하지만 그렇지 않다. 나도 19살 때 출가하여 저들의 사원에서 22~3년 동안 수행을 거치고 사람들에게 손꼽힐 정도가 되었지만, 무엇이라도 기적 같은 것은 하나도 본 적이 없다. 또한 마티르라도 어떠한 기적을 보지 못했다. 모든 새로운 종지를 세울 때는 옳고 그름을 바로잡는 시조를 박해하는 경향이 있다. 예를 들면 고조(高祖) 니치렌(日蓮)[109] 성인은 네 번의 큰 환란과 헤아릴 수 없을 만큼의

---

107) 오역죄(五逆罪). 불교에서 말하는 다섯 가지 큰 죄. 오무간업(五無間業)이라고도 한다. 즉 아버지를 죽임, 어머니를 죽임, 아라한을 죽임, 승가의 화합을 깨뜨림, 부처의 몸에 피를 나게 함이다.

108) 고대 도량형의 단위.

109) 가마쿠라시대의 승려, 가마쿠라 불교의 13종 가운데 니치렌종의 시조.

작은 환란이 있었다. 종교적 진리를 위해 부침하는 동안 가마쿠라(鎌倉)에서 사가미의 관리(相模守)[110]가 고조의 목을 자르라고 명령을 내려서 그를 깔개 위로 끌고왔다. 이윽고 칼잡이가 예리한 칼을 들어서 뒤로 돌렸다가 큰 칼을 휘두르자 신령한 빛이 고조를 둘러싸고, 칼날이 부서지자 칼잡이는 눈이 뒤집히고 코피를 흘리며 땅바닥에 쓰러졌다. 그 밖에 궁중에도 전광과 같은 빛이 비치고 신령한 꿈과 같은 기적이 일어나고 성인은 보살의 화신으로 모습을 나타냈다. 사가미의 관리도 놀라서 사형을 멈추셨다. 더 자세한 것은 전기에 기록되어 있다. 그러한 기적이 있고 널리 전파되어 정법이라는 것을 철저하게 하여야, 혼탁한 세상인 지금의 말세에도 사람들이 모두 우러러보고 머리를 굽힌다. 사악한 교리를 넓히고 있는 빠테렌을 처형하더라도 기적도 상서도 보이지 않았다. 다만 7, 8년 전에 일인 것 같은데 어떤 사람에게 다음과 같은 이야기를 들었다. 나가사키에서 빠테렌이 처형을 당하는데 웅크리고 앉아 있던 여러 명의 빠테렌과 신도들은 결국 기적이 있을 것이라 생각하고 마음속으로 바라고 있었다. 좌병위부(左兵衛府)의 관리 하세가와 후지히로[111]가 대관(代官)의 임무를 맡아 나가사키에 있었는데, 그들 무리가 어린이들과 같다는 것을 잘 알고 있었기 때문에 그들을 속이고자 어린이가 갖고 노는 연과 같은 물건을 준비하여 그 위에 초를 발라 불을 붙였다. 어두워진 뒤에 줄을 당겨 바람에 날리고 이나사[112]라는 곳에서 나가사키 쪽으로 들어올렸다. 빠

110) 사가미노카미(相模守)는 일본의 율령제 국가 시대의 도카이도(동해도) 지역의 국가이다. 곧 사가미노카미는 그 지도자를 말한다.

111) 하세가와 후지히로(長谷川藤廣, 1567~1617). 전국시대부터 에도시대 전기까지 무사, 에도 막부에서는 1606년부터 1614년까지 나가사키 봉행(奉行)을 맡았다.

112) 이나사(稻佐)는 나가사키 항구의 북쪽이다.

테렌과 문도들은 "와서 저것을 보라. 말하지 않았던가. 흰 구름 한 덩어리가 길게 뻗치고 하늘로부터 광명이 내리셨다"라고 소리를 질렀다. 하세가와는 몰래 웃으면서 모르는 체하고 있었지만, 점차 이 일이 알려지자 그들은 속은 것을 원통하게 생각하면서 불만을 가졌지만 단념하게 되었다. 그런 일을 마티르의 기적이라고 할 수 있는지 모르겠다. 그 밖에 특별히 신기한 일은 본 적도 들은 적도 없다.

어떤 사람이 말했다. 이와 같이 데우스의 종지를 숨김없이 드러내면 틀림없이 그들 무리가 심히 미워할 것이다.

다음과 같이 대답한다. 말씀하신 것과 같이 이 일은 그렇게 추측해도 될 것이다. 처음에 사원에서 나왔을 때, 우연히 길에서 그들을 만났는데 뭐라고 말해도 분별없는 소리라고 생각했다. 그들 종파가 없는 곳으로 가고자 나라(奈良)에 가서 머물고 있었을 때, 운이 나빴던지 바로 그때 오쿠보 이와미[113]가 그 지역에 대관으로 재직하고 있었을 줄이야. 그 아래의 관리가 데우스 문도였으므로 우리들의 일을 빠테렌에게 신고하여 어두운 곳에서 두들겨 패기라도 하라고 말했다. 그렇게 하는 것이 좋겠다고 신고하는 자가 있었기 때문에, 위험한 나라에는 거주하지 않는다 했으니[114] 하물며 자신이 위험한 곳을 물러나지 않을 수 없다고 생각하여 기즈가와(木津川)에서 배를 타고 히라가타[115]로 올라가 추큐(中宮)라는 마을로 가서 잠시 동안 숨어 있었다. 그 이후로 미행을 당하고 있다고 들었지만, 과연 잘 다스려지는 시대에는 마음대로 오래된 원망이 실현되기는 어려운지라 그런 일도 없었

113) 오쿠보 이와미(大久保石見). 1603년부터 10년 간 좌도(佐渡)에 봉행했다.

114) 위험한 나라에는 들어가지 않고 어지러운 나라에는 거하지 않는다. 『논어』「태백」

115) 히라가타(枚方). 현재 오사카부의 히라가타시.

다. 도루(融)의 가요[116]인가. "가을밤에 긴긴 이야기가 좋구나. 자, 이제 먼저 바닷물이나 길어야지." 노인의 노래에 맞춰 도움이 안 되는 긴 이야기로 밤을 지새웠다. 이러한 일을 이야기하자면, 가을의 천 날 밤을 하룻밤과 같이 말하더라도 할 말은 남아 있고 날이 밝아질 것이다. 모든 일은 추측해보기 바란다.

원화 6년 경신년 맹춘
하비안이 쓰다.

116) 도루(融)는 일본의 대표적 가면극인 노우(能)의 작품이다. 바닷물을 긷는 물통을 멘 노인과 승려가 대화하는 내용이며, 노인은 사가천황(嵯峨天皇) 12번째 아들 니나모토의 도루(源融)를 섬긴 대신의 망령이라고 한다.

【부록 2】

하야시 라잔의 『배야소』

양일모 역주

일러두기

* 海老沢有道 외 校注, 「排耶蘇」(일본사상대계 25 『キリシタン書·排耶書』, 岩波書店, 1970)을 저본으로 번역하였다.

하야시 라잔(林羅山, 1583~1657)
일본 에도시대의 유학자. 라잔은 호(號), 자(字)는 자신(子信)

1583년 교토에서 출생
1604년 에도시대 초기의 성리학자인 후지와라 세이카(藤原惺窩, 1561~1619)에게 배움
1606년 후칸사이 하비안과 논쟁. 지구구체설과 지동설 비판
1607년 출가하여 도춘(道春)이라는 법명 사용
2대 쇼군 도쿠가와 히데타다에게 경전을 가르침
1624년 3대 쇼군 도쿠가와 이에미쓰의 스승이 됨

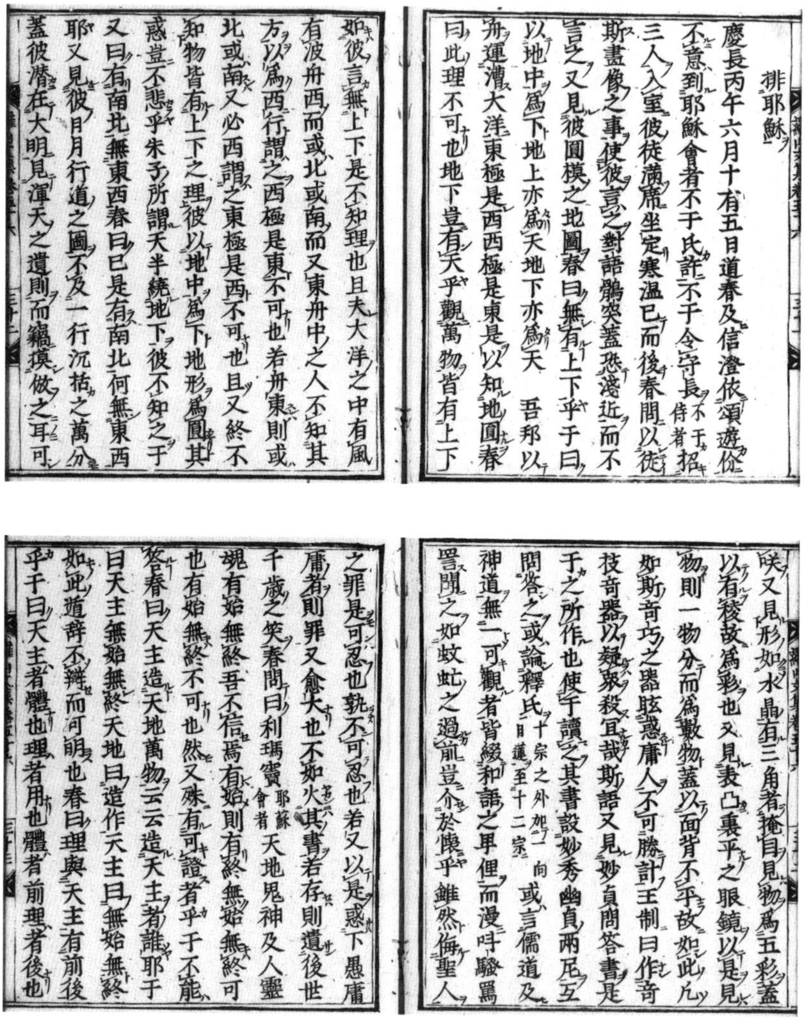
排耶蘇

慶長丙午六月十有五日道春及信澄依須遊伇不意到耶蘇會者不干氏許不干令守長侍者招三人入室彼徒滿席坐定寒温已而後春問以徒斯畫像之事使彼言之對語鶻突蓋恐淺近而不言之又見彼圓模之地圖春曰無有上下乎干曰以地中爲下地上亦爲天地下亦爲天　吾邦以舟運漕大洋東極是西西極是東是以知地圓春曰此理不可也地下豈有天乎觀萬物皆有上下如彼言無上下是不知理也且夫大洋之中有風有波舟西而或北或南而又東舟中之人不知其方以爲西行謂之西極是東不可也若舟東則或北或南又必西謂之東極是西不可也且又終不知物皆有上下之理彼以地中爲下地形爲圓其惑豈不悲乎朱子所謂天半繞地下彼不知之干又曰有南北無東西春曰已是有南北何無東西耶又見彼月行道之圖不及一行沉括之萬分蓋彼潜在大明見渾天之遺則而竊摸倣之耳可咲又見形如水晶有三角者掩目見物爲五彩蓋以有稜故爲彩也又見表凸裏平之眼鏡以是見物則一物分而爲數物蓋以面背不平故如此凡如斯奇巧之器眩惑庸人不可勝計王制曰作奇技奇器以疑衆殺宜哉斯語又見妙貞問答書是干之所作也使干讀之其書設妙秀幽貞兩尼互問答之或論釋氏十宗之外加一向日蓮至十二宗或言儒道及神道無一可觀者皆綴和語之卑俚而漫呼驗罵詈闢之如蚊虻之過前豈介於懐乎雖然侮聖人之罪是可忍也孰不可忍也若又以是惑下愚庸庸者則罪又愈大也不如火其書若存則遺後世千歲之笑春問曰利瑪竇耶蘇會者天地鬼神及人靈魂有始無終吾不信焉有始則有終無始無終可也有始無終不可也然又殊有可證者乎干不能答春曰天主造天地萬物云云造天主者誰耶干曰天主無始無終天地曰造作天主曰無始無終如此遁辭不辯而可明也春曰理與天主有前後乎干曰天主者體也理者用也體者前理者後也

배야소, 일본 국문학연구자료관 신일본고전적종합데이터베이스 제공

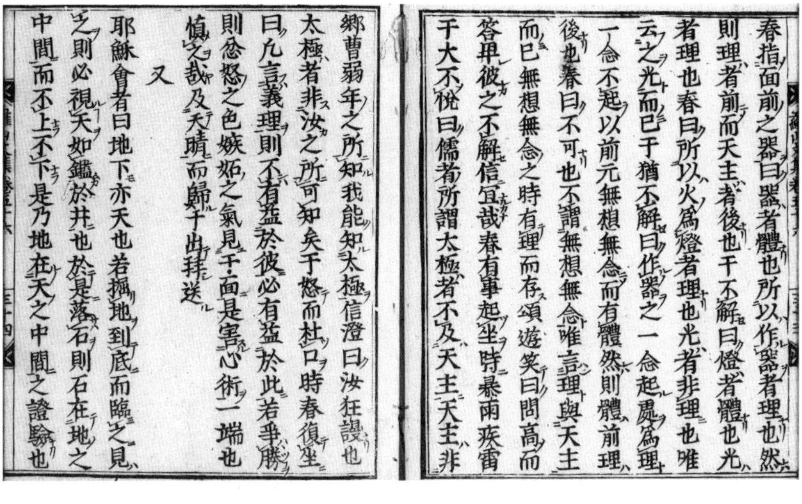

春指面前之器曰器者體也所以作器者理也然則理者前而天主者後也干不解曰燈者體也光者理也春曰所以火爲燈者理也光者非理也唯云之光而已干猶不解曰作器之一念起處爲理一念不起以前元無想無念而有體然則體前理後也春曰不可也不謂無想無念唯言理與天主而已無想無念之時有理而存須遊笑曰問高而答卑彼之不解信宜哉春有事起坐時暴雨疾雷干大不悦曰儒者所謂太極者不及天主天主非鄉曹弱年之所知我能知太極信澄曰汝狂誕也太極者非汝之所可知矣干怒而杜口時春復坐曰凡言義理則不有益於彼必有益於此若爭勝則忿怒之色嫉妬之氣見于面是害心術一端也愼之哉及天晴而歸于出拜送

又

耶穌會者曰地下亦天也若掘地到底而臨之見之則必視天如鑑於井也於是落石則石在地之中間而不上不下是乃地在天之中間之證驗也

余曰我觀天地之間無一物不有上下彼以中爲下何足知物各有上下之理乎若有人問隕石止何處必曰落所落耳何不上不下之有

又

耶穌者曰天圓也地亦圓也余謂有動有靜有方圓物皆然天地爲甚動者圓靜者方其理如茲若如彼言則何有方圓與動靜乎雖然非默識心通者不易言也

以上慶長年中少壯之時所作也

儺文

儺雖近於戯而古之禮也故聖人猶朝服而立於阼階記於周禮載於漢志見於歷代之史集不可勝數也　我國昔神世既雖有驅鬼之故事然權輿于文武帝慶雲三年以降每歲行以爲恒出于國史具于江家之次第其朝廷儀式未及論焉民間除夕到今所行者挿杠谷樹於門戸壁間此國諺所謂比比良木是也其葉有稜角如刺蓋禦邪鬼也又爆豆撒之屋内唱曰鬼兮外福兮内古人

배야소, 일본 국문학연구자료관 신일본고전적종합데이터베이스 제공

排耶蘇

그리스도를 배격함

慶長丙午六月十有五日，道春及信澄，依頌遊价，不意到耶蘇會者不干氏許．不干令守長【不干侍者】招三人入室，彼徒滿席，坐定寒溫已，而後春問以徒斯畫像之事，使彼言之．對語鶻突，蓋恐淺近而不言之．又見彼圓模之地圖，春曰："無有上下乎" 干曰："以地中爲下，地上亦爲天，地下亦爲天．吾邦以舟運漕大洋，東極是西，西極是東，是以知地圓．" 春曰："此理不可也．地下豈有天乎? 觀萬物皆有上下，如彼言無上下，是不知理也．且夫大洋之中，有風有派，舟西而或北或南而又東，舟中之人不知其方，以爲西行，謂之西極是東，不可也．若舟東則或北或南又必西，謂之東極是西，不可也．且又終不知物皆有上下之理，彼以地中爲下地形爲圓，其惑豈不悲乎? 朱子所謂天半繞地下，彼不知之．" 干又曰："有南北無東西．" 春曰："已是有南北，何無東西耶?" 又見彼日月行道之圖，不及一行・沈括之萬分，蓋彼潛在大明，見渾天之遺則而竊模倣之耳，可笑．

경장(慶長) 병오년[1] 6월15일 도슌(道春)[2]과 노부즈미(信澄)[3]는 쇼유(頌遊)[4]의 중개로, 뜻하지 않게 예수회[5] 수도사인 후칸(不干)[6]씨의 처소에 이르렀다. 후칸은 모리나가(守長) 【후칸의 시종】를 시켜 세 사람을 방으로 들어오게 하였는데, 그의 사도들이 자리에 꽉 차 있었다. 자리를 잡고 인사를 마치고 나서 내가 천주[徒斯]의 초상화를 가지고 물으면서 그에게 설명해보게 하였다. 대답이 애매모호하였는데, 천박할까 두려워서 말을 하지 않는 것이었다. 또 구형의 표면에 그려진 지도를 그에게서 발견하고, 슌이 물었다: "위와 아래가 없는가?" 칸(干)[7]이 말

1) 경장(慶長) 병오년: 慶長은 1596년에서 1615년까지 사용되었던 연호. 이 시기 천황은 고요제이(後陽成)와 고미즈노(後水尾)였고, 에도막부의 쇼군은 도쿠가와 이에야스(德川家康)와 도쿠가와 히데타다(德川秀忠)였다. 병오년은 1606년이다.

2) 도슌(道春): 하야시 라잔(林羅山)의 법호(法號).

3) 노부즈미(信澄): 하야시 라잔(林羅山)의 동생. 1585~1636.

4) 쇼유(頌遊): 마츠나가 테이도쿠(松永貞德)의 별칭. 1571~1654. 에도시대 전기의 俳人, 歌人이자 歌學者. 이름은 勝熊으로 長頭丸, 逍遊軒, 延陀丸, 保童坊, 松友, 頌遊 등의 별칭이 있다. 어머니는 후지와라 세이카(藤原惺窩)의 누이이고, 아들은 주자학자 마쓰나가 세기고(松永尺五)이다. 데이몬 하이카이(貞門俳諧)의 창시자이며 기타무라 기긴(北村季吟) 등의 제자를 배출하였다. 가집으로 『逍遊愚抄』를, 하이카이의 법식에 대해 『御傘』을 남겼다.

5) 예수회[耶蘇會]: 1540년 성 이그나티우스 데 로욜라(Ignatius de Loyola)가 프란치스코 하비에르(Francisco Xavier) 등과 함께 파리에서 창설한 가톨릭 남자 수도회. 예수회의 일본 전교는 1549년 프란치스고 하비에르가 인도를 거쳐 일본인 안지로(弥次郎)의 안내로 가고시마(鹿兒島)에 들어와 포교하면서 시작되었다. 중국 전교는 아시아 지역 선교를 관장하였던 알렉산드로 발리냐노(Alexandro Valignano, 1537~1606)가 1579년 미켈레 루지에리(Michele Ruggieri, 1543~1607)를 마카오로 파견하면서 시작되었고, 또 1583년 마테오 리치 등이 자오칭(肇慶)에 정착하여 활동하면서 본격화되었다.

6) 후칸(不干): 후칸사이 하비안(不干斎巴鼻庵). 1565~1621. 에도시대 초기 일본인 예수회 선교사. 大德寺의 선승으로 惠俊으로 불리었다가 1583년 천주교로 개종하여 1586년 예수회 수사가 되었고, 1605년 『妙貞問答』을 지어 신도, 유교, 불교 등을 비판하였다. 이후 배교하여 1620년 「破提宇子」를 지어 그리스도교를 비판하고, 도쿠가와 막부의 그리스도교 탄압에 협력하였다. 『平家物語』와 『佛法』을 편찬하기도 하였다. 하야시 라잔과 만나 논쟁할 당시 하비안은 교토의 남만지(南蠻寺)에 머무르고 있었다. 따라서 하비안의 처소는 이 절을 가리킨다.

하였다: "대지의 중심을 바닥으로 삼으면 대지의 위도 하늘이고 대지의 아래도 하늘이다. 우리나라가 대양에서 배로 물건을 운송할 때는 동쪽 끝이 서쪽이고 서쪽 끝이 동쪽이다. 이로써 대지가 둥글다는 것을 안다."

숀이 말하였다: "이것은 이치상 있을 수 없다. 대지 아래에 어찌 하늘이 있겠는가? 만물을 살펴보면 모두 위와 아래가 있다. 그쪽에서 위와 아래가 없다고 하는 것은 이치를 모르는 것이다. 게다가 저 대양 한복판에는 바람과 파도가 있기 때문에, 배가 서쪽으로 향해 가더라도 어떤 경우는 북쪽으로 또는 남쪽으로 가다가 다시 동쪽으로 가게 된다. 그러나 배 안에 있는 사람들은 그 방향을 모르고 서쪽으로 간다고 생각한다. 그러한 것을 서쪽 끝은 동쪽이라고 말하면, 맞지 않다. 설령 배로 동쪽을 향해 가더라도, 더러 북쪽으로 또는 남쪽으로 가다가 또 다시 서쪽으로 가게 된다. 그러한 것을 두고 동쪽 끝은 서쪽이라고 말하면 맞지 않다. 게다가 사물에는 모두 위와 아래가 있다는 이치를 끝내 모르고, 그가 대지의 중심을 바닥으로 알고 대지의 형태가 구형이라고 생각하니, 그 미혹된 것이 어찌 슬프지 않겠는가? 주자가 이른바 '하늘의 반절이 대지 아래를 둘러싸고 있다'[8]고 한 말을 그쪽은 모르고 있다."

칸이 또 말하였다: "남과 북은 동서는 없다." 숀이 말하였다: "남과 북이 이미 있는데 동과 서가 어찌 없겠는가?" 또 해와 달이 궤도를 운행하는 저쪽의 그림을 보았는데, 일행(一行)[9]과 심괄(沈括)[10]에 만분의

---

7) 칸(干): 하야시 라잔이 후칸사이 하비안을 줄여 적은 호칭이다.

8) 하늘의 반절이 …둘러싸고 있다: 『성리대전』 권26 「천지(天地)」; 『논어집주』 권2 「위정」 "爲政以德, 譬如北辰居其所而衆星共之"의 주 등에 나온다. 『논어집주』에는 "天圓而動, 包乎地外. 地方而靜, 處乎天中. 故天形半覆地上半繞地下, 左旋不息"이라고 되어 있다.

일도 미치지 못하였다. 대개 저들이 명나라에 몰래 머무를 때 전해지고 있던 혼천(渾天)의 법식을 보고 취해서 모방한 것이니 가소롭다.

又見形如水晶有三角者, 掩目見物爲五彩, 蓋以有稜故爲彩也. 又見表凸裏平之眼境, 以是見物, 則一物分而爲數物, 蓋以面背不平故如此. 凡如斯奇巧之器, 眩惑庸人, 不可勝計. 「王制」曰“作奇技・奇器以疑衆, 殺”, 宜哉斯語. 又見『妙貞問答』書, 是干之所作也. 使干讀之, 其書設妙秀・幽貞兩尼, 互問答之, 或論釋氏【十宗之外, 加一向日蓮, 至十二宗.】, 或言儒道及神道, 無一可觀者, 皆綴和語之卑俚, 而漫叫騷罵詈, 聞之如蚊虻之過前, 豈介於懷乎? 雖然侮聖人之罪, 是可忍也, 孰不可忍也? 若又以是惑下愚庸庸者, 則罪又有大也, 不如火其書, 若存則遺後世千歲之笑.

또한 삼각형으로 된 수정 모양의 물건(프리즘)을 보았는데, 한쪽 눈을 가리고 보면 사물이 오색으로 보였다. 대개 모가 나 있었기 때문에 오색이 되었던 것이다. 또한 표면이 볼록 튀어나오고 속은 평평한 안경을 보았는데 이것으로 사물을 보면 한 사물이 여러 개로 보였다. 대개 앞뒷면이 평평하지 않기 때문에 이와 같이 보이는 것이다. 무릇 이와 같이 기묘한 기물로 평범한 사람들을 현혹시키는 것을 일일이 다 셀 수 없었다. 『예기(禮記)』「왕제(王制)」에 “기묘한 기예와 기이한 기물을 만들어 대중을 현혹시키면 사형에 처한다”[11]라고 하였는

9) 일행(一行): 673~727. 당대 승려이자 천문학자. 『대연력(大衍曆)』을 편정하였다.

10) 심괄(沈括): 1031~1095. 자는 존중(存中), 호는 몽계장인(夢溪丈人). 북송대 관료이자 학자. 『몽계필담(夢溪筆談)』을 지었다. 위박(衛朴)이 『대연력(大衍曆)』을 수정하여 『봉원력(奉元曆)』을 편찬하도록 도왔고, 자신은 『십이기력(十二氣曆)』을 제시하기도 하였다.

11) 「왕제(王制)」에는 “음란한 음악[淫聲], 이상한 복장[異服], 기묘한 기예[奇技], 기이한 기구

데, 이 말이 옳다.

또한 『묘정문답(妙貞問答)』이란 서적을 보았는데, 이것은 칸이 지은 것이었다. 칸을 시켜 읽어보게 하였는데, 그 책에서 묘수(妙秀)와 유정(幽貞) 두 수녀가 서로 문답하게 설정해놓았다. 석씨(釋氏) 【십종(十宗) 이외에 잇코(一向)[12]와 니치렌(日蓮)[13]을 추가하여 십이종에 이르렀다.】를 논하기도 하고, 유교와 신도를 논하기도 하였는데, 볼 만한 것은 하나도 없고, 모두 비속한 일본어를 엮어서 멋대로 지껄이며 비방하는 것이었다. 들으면 마치 모기가 앞을 지나가는 것 같았다. 어찌 마음에 걸릴 것이 있겠는가? 그렇지만 성인(聖人)을 모독한 죄, 이것을 차마 할 수 있다면, 어느 것인들 하지 못하겠는가? 또한 이것을 가지고 어리석고 용렬한 자들을 현혹시킨다면 죄는 더욱 큰 것이어서, 그 책을 불태우는 것만 못하다. 만일 책이 보전되면 후세에 영원한 웃음거리를 남기게 될 것이다.

春問曰: "利瑪竇【耶蘇會者】天地・鬼神及人靈魂有始無終, 吾不信焉. 有始則有終, 無始無終, 可也. 有始無終, 不可也. 然又殊有可證者乎?" 干不能答. 春曰: "天主造天地萬物云云, 造天主者誰耶?" 干曰: "天主無始無終. 天地曰造作, 天主曰無始無終. 如此遁辭, 不辯而可明也." 春曰: "理與天主有前後乎?" 干曰: "天主者體也. 理者用也. 體者前, 理者後也." 春指面前之器曰: "器者體也, 所以作器者理也. 然則理者前, 而天主者後也." 干不解曰: "燈者體也, 光者理也." 春曰: "所以火爲燈者理也, 光者非理也, 唯云之光而

[奇器] 등을 만들어 대중을 현혹시키면 사형에 처한다[作淫聲・異服・奇技・奇器, 以疑衆, 殺.]"라고 하였다.

12) 잇코(一向): 가마쿠라시대 정토종의 승려 잇코 슌쇼(一向俊聖)가 창시한 불교 종파.

13) 니치렌(日蓮): 가마쿠라시대 승려 니치렌(日蓮, 1222~1282)이 창시한 불교 종파. 일련정종(日蓮正宗)으로 불리기도 한다.

已." 干不解曰: "作器之一念起處爲理, 一念不起以前, 元無想無念而有體. 然則體前理後也." 春曰: "不可也. 不謂無想無念, 唯言理與天主而已. 無想無念之時, 有理而存." 松遊笑曰: "問高而答卑, 彼之不解, 信宜哉."

순이 물었다: "마테오 리치【예수회 수도사이다.】의 천지, 귀신 그리고 사람의 영혼은 시작은 있지만 끝이 없다는 주장을 나는 믿지 않는다. 시작이 있으면 끝이 있으니, 시작도 없고 끝도 없는 것은 가능하지만 시작은 있는데 끝이 없다는 것은 가능하지 않다. 그렇지만 또 특별하게 증명할 수 있는 것이 있는가?" 칸이 대답하지 못하였다. 순이 말하였다: "천주가 천지만물을 창조했다고 하는데, 천주를 창조한 것은 누구인가?" 칸이 말하였다: "천주는 시작도 없고 끝도 없다. 천지는 창조하여 만든다고 하면서, 천주는 시작도 없고 끝도 없다고 하니, 이렇게 '회피하는 말[遁辭]'은 분석해 보지 않아도 분명하다." 순이 말하였다: "리(理)와 천주 사이에 선후가 있는가?" 칸이 말하였다: "천주는 체(體)이다. 리는 용(用)이다. 체가 먼저 있고 리가 뒤에 있다." 순이 면전의 기물을 가리키며 말하였다: "기물은 체이다. 기물을 만드는 소이(所以)가 리이다. 그렇다면 리가 먼저 있고 천주는 뒤에 있는 것이다." 칸이 이해하지 못하고 말하였다: "등은 체이고, 빛은 리이다." 순이 말하였다: "불이 등이 되는 소이가 리이지, 빛이 리가 아니다. 다만 그것을 (리에 비유하여) 빛이라고 말할 뿐이다." 칸이 이해하지 못하고 말하였다: "기물을 만들려는 한 생각이 일어나는 곳이 리가 된다. 한 생각도 일어나기 이전에는 원래 아무런 생각도 없이 체가 있을 뿐이다. 그렇다면 체가 먼저 있고 리가 뒤에 있는 것이다." 순이 말하였다: "그렇게 말해서는 안 된다. 아무런 생각도 없는 것을 말하는 것이 아니

다. 오직 리와 천주를 말할 뿐이다. 아무런 생각도 없을 때에도 리가 보존되어 있다." 쇼유(松遊)가 웃으면서 말하였다: "질문의 수준이 높은데 답변은 수준이 낮으니, 저쪽이 이해하지 못하는 것도 참으로 당연하다."

春有事起坐, 時暴雨疾雷. 干大不悅曰: "儒者所謂太極者不及天主, 天主非鄕曹弱年之所知, 我能知太極." 信澄曰: "汝狂謾也, 太極者, 非汝之所可知矣." 干怒而杜口. 時春復坐曰: "凡言義理, 則不有益於彼, 必有益於此. 若爭勝, 則忿怒之色嫉妬之氣見于面, 是害心術一端也. 愼之哉." 及天晴而歸, 干出拜送.

슌이 일이 있어 자리에서 일어났는데, 때마침 폭우가 쏟아지고 번개가 쳤다. 칸이 매우 불쾌해 하면서 말하였다: "유자(儒者)가 말하는 태극은 천주에 미치지 못한다. 천주는 시골친구들이나 젊은이들이 알 바가 아니다. 나는 태극을 잘 안다." 노부즈미가 말하였다: "너는 속이고 감추고 있다. 태극은 네가 알 수 있는 바가 아니다." 칸이 화가 나서 말문을 닫았다. 그때 슌이 다시 자리에 앉으면서 말하였다: "무릇 의리를 말하면, 저쪽에 유익함이 있지 않으면 반드시 이쪽에 유익함이 있다. 그렇지 않고 만약 이기기를 다툰다면 분노하고 질투하는 기색이 얼굴에 나타난다. 이것은 마음을 해치는 하나의 실마리가 되니 조심해야 한다." 하늘이 개이자 돌아왔는데, 칸이 인사를 하고 전송하였다.

又

耶蘇會者曰地下亦天也, 若掘地到底而臨之見之, 則必視天如鑑於井也.

於是落石, 則石在地之中間, 而不上不下, 是乃地在天之中間之證驗也. 余曰我觀天地之間, 無一物不有上下, 彼以中爲下, 何足知物各有上下之理乎? 若有人問隕石止何處, 必曰落所落耳, 何不上不下之有?

또 한 가지

예수회 수도사는 말한다. 대지의 아래도 또한 하늘이다. 만일 땅을 바닥까지 파 이르러 거기에서 보면 틀림없이 우물에 비추어 보는 것과 같이 하늘을 볼 것이다. 이때 돌을 떨어뜨리면 돌은 대지의 중간에서 내려가지도 올라가지도 않는다. 이것이 곧 지구가 하늘의 중간에 있다는 증거이다. 나는 말한다. 내가 보건대, 천지 사이에 어떤 것도 위와 아래가 없는 것이 없다. 저들은 중앙을 아래로 여기고 있는데 사물에는 각각 위와 아래가 있다는 이치를 어떻게 알 수 있겠는가? 만일 어떤 사람이 운석이 어느 곳에 멈추는가라고 묻는다면, 반드시 떨어지는 곳에 떨어진다고 말할 것이다. 어찌 오르고 내리지 않는 것이 있겠는가?

又

耶蘇者曰天圓地亦圓也. 余謂有動有靜有方圓, 物皆然, 天地爲甚. 動者圓靜者方, 其理如玆, 若如彼言, 則何有方圓與動靜乎? 雖然, 非默識心通者, 不易言也.

또 한 가지

예수회 사람은 말한다. 하늘이 둥글고 대지도 둥글다. 내가 생각하기에 움직이는 것이 있고 정지해 있는 것이 있으며 방정한 것과 둥근 것이 있는 것은 사물들이 모두 그렇고, 하늘과 대지는 더욱 그렇다. 움직이는 것은 둥글고 정지해 있는 것이 방정함은 그 이치가 이와 같다. 저들의 말대로라면 방정한 것과 둥근 것, 그리고 움직이는 것과 정지해 있는 것이 어떻게 있겠는가? 비록 그렇지만 묵묵히 간파하고 마음에서 통하는 이가 아니라면 말하기 쉽지 않다.

【부록 3】

이익의 「천주실의(天主實義) 발문」

이봉규 역주

일러두기

* 이 글은 李瀷(1682~1763)이 『천주실의』를 읽고 자신의 소감을 적은 것이다. 조선에서 『천주실의』에 대하여 학문적으로 응답한 최초의 글이다. 이익의 이 글은 이후 安鼎福(1721~1791), 南漢朝(1744~1809) 등 남인계 학자들에게 반향을 불러 일으켰다. 이익의 본관은 驪州, 자는 自新, 호는 星湖이다. 이익의 문하에서 윤동규, 안정복, 이병휴, 권철신, 이기양 등 근기남인의 많은 학자들이 배출되어, 성호학파 또는 근기남인학파로 불리는 조선후기 학맥의 한 조류를 형성하였다. 저본은 서울대학교 규장각 소장본(奎15699) 『星湖先生全集』을 사용하였다.
이 글은 『星湖先生全集』 권55에 실려 있다.

跋天主實義

천주실의(天主實義) 발문

天主實義者, 利瑪竇之所述也. 瑪竇卽歐羅巴人, 距中國八萬餘里, 自丑闢以來, 未有與通也. 皇明萬曆年間, 與耶蘇會朋友陽瑪諾·艾儒略·畢方濟·熊三拔·龐迪我等數人, 航海來賓, 三年始達. 其學, 專以天主爲尊, 天主者, 卽儒家之上帝, 而其敬事畏信, 卽如佛氏之釋迦也; 以天堂地獄爲懲勸, 以周流導化爲耶蘇, 耶蘇者西國救世之稱也. 自[1]言耶蘇之名, 亦自中古起, 淳樸漸漓, 聖賢化去, 從欲日衆, 循理日稀, 於是天主大發自悲, 親來救世, 擇貞女爲母, 無所交感託胎, 降生於如德亞國, 名爲耶蘇, 躬自立訓, 弘化于西土三十三年, 復昇歸天, 其敎遂流及歐羅巴諸國.

『천주실의』는 마테오 리치가 지은 것이다. 리치는 유럽인이다. 중국과 팔만여리 떨어진 곳으로 개벽 이래 아직까지 교류하지 않았다. 명 만력(萬曆: 1573~1619)[2] 년간에 예수회 소속 동료인 엠마나누엘 디아

1) '自'는 '其'의 오자인 듯하다. 황덕일의 문집 『공백당집(拱白堂集)』 권7, 「삼가략(三家略)」에 성호의 발문 일부가 인용되어 있는데 그곳에는 '其'로 되어 있다.

2) 만력(萬曆): 명(明) 신종(神宗)의 연호. 1573~1620.

즈(Emmananuel Diaz, 1574~1659, 陽瑪諾)[3], 율리우스 알레니(Julius Aleni, 艾儒略)[4], 사바티노 드 우리시스(Sabatino de Urisis, 熊三拔)[5], 프랑스와 삼비아시(Francois Sambiasi, 畢方濟)[6], 디아쿠스 드 판토하(Diacus de Pantoja, 龐迪我)[7] 등 여러 사람과 배로 건너와 3년 만에 도착하였다. 그 학문은 오직 천주를 신앙한다. 천주는 곧 유가에서의 상제(上帝)인데, 그들의 신앙은 불교도들이 석가를 신앙하는 것과 똑같다. 천당과 지옥으로 징계하고 권유하며, 사방으로 돌아다니면서 선교하는 것을 예수의 사업으로 삼는다. 예수는 서양의 구세자를 가리킨다. 저들의 말에 따르면, 예수라

---

3) 엠마뉴엘 디아즈(Emmanuel Diaz, 陽瑪諾): 원명은 마누엘 디아즈(Manuel Dias)이다. 1574~1659. 포르투갈 출신 예수회 선교사. 1610년 중국에 와서 전교하였고 1659년 杭州에서 별세하였다. 저서에 『聖經直解』, 『天主聖教十誡直詮』(上卷), 『天主聖教十誡直詮』(下卷), 『代疑論』, 『景教碑詮』, 『聖若瑟法行實』, 『聖若瑟禱文』, 『天神禱文』, 『輕世金書』, 『默想書考』, 『避罪指南』, 『天問略』 등이 있다. 『천문략』에서 처음 망원경을 소개하였다.

4) 율리우스 알레니(Julius Aleni, 艾儒略): 1582~1649. 이탈리아 출신 선교사. 1610년 중국에 와서 전교하였고, 1649년 福州에서 사망하였다. 『西學凡』, 『性學粗述』, 『職方外紀』, 『幾何要法』을 지었다. 徐光啓는 『崇禎曆書』에 『幾何要法』을 수록하였다.

5) 사바티노 드 우리시스(Sabatino de Urisis, 熊三拔): 1575~1620. 이탈리아 출신 예수회 선교로 1606년 중국에 와서 전교하다 1620년 마카오에서 별세하였다. 마테오 리치를 따라 중국어를 익히고 사업을 도왔다. 1611년 龐迪我와 함께 청 정부에서 역법을 수정하는 사업에 참여하였다. 저서로 『簡平儀說』(1권), 『泰西水法』(6권), 『表度說』(1권) 등이 있다.

6) 프랑스와 삼비아시(P. Francois Sambiasi, 畢方濟): 1582~1649. 프란치스코 삼비아시(Francesco Sambiasi)로도 불린다. 이탈리아 출신 예수회 선교사로 1610년 마카오에 1613년 북경에 들어와 선교하다 1649년 廣州에서 별세하였다. 저서로 『畢方濟奏折』, 『靈言蠡勺』(삼비아시 구술, 서광계 기록), 『睡答』, 『畵答』(뒤의 두 저서는 『睡畵二答』으로 묶여 편찬됨, 李之藻가 서문을 씀) 등이 있다.

7) 디에고 드 판토하(Diego de Pantoja, 龐迪我): 1571~1618. 스페인 출신 예수회 선교사로 1599년 마카오에, 1601년 마테오 리치와 북경에 와서 전교하였다, 1618년 마카오에서 별세하였다. 1611년 우리시스(熊三拔)와 함께 청정부의 역법 개정사업에 참여하였다. 저서로 『七克』, 『辯揭』, 『龐子遺詮』, 『受難始末』 등이 있다.

는 말은 중고시대부터 생겨난 것이다. 순박한 풍속이 점차 없어지고 성현들이 떠나가자 욕심을 따르는 것은 날로 많아지는 반면 이치를 따르는 것은 날로 희미해졌다. 이때 천주가 크게 자비심을 내어 몸소 세상에 와 구제하였는데, 처녀[貞女]를 어머니로 삼고 교섭 없이 수태하여 이스라엘[如德亞國]에서 태어났으며, 이름을 예수라고 하였다. 예수는 몸소 가르침을 세워 서양에서 33년 동안 교화를 편 뒤 다시 하늘로 올라갔다. 그의 가르침이 드디어 유럽의 여러 나라에 퍼졌다.

蓋天下之大州五, 中有亞細亞, 西有歐羅巴, 卽今中國乃亞細亞中十分居一, 而如德亞亦其西邊一國也. 耶蘇之世, 上距一千有六百有三年, 而瑪竇至中國, 其朋友皆高準碧瞳, 方巾青袍, 初守童身, 不曾有婚, 朝廷官之不拜, 惟日給大官之俸, 習中國語, 讀中國書, 至著書數十種, 其仰觀俯察, 推筭授時之妙, 中國未始有也. 彼絶域外臣, 越溟海, 而與學士大夫遊, 學士大夫莫不斂衽崇奉稱先生而不敢抗, 其亦豪傑之士也.

대개 세계에서 큰 대륙이 5곳으로 중앙에 아시아가 있고 서쪽에 유럽이 있다. 지금의 중국은 곧 아시아 대륙 가운데 1/10을 차지하고, 이스라엘은 또한 아시아 서쪽에 있는 나라이다. 예수의 시대는 위로 1603년이나 떨어진 시대이지만, 마테오 리치가 중국에 이를 때 그 동료들은 모두 준수한 용모에 푸른 눈을 하였고 사각건에 푸른 도포를 입고 처음부터 동정의 몸을 지켜 결혼하지 않았으며 조정의 관원에게도 배례하지 않고 그저 매일 대관의 봉록을 받으며 중국어를 익히고 중국의 서적들을 읽어서 수십 종의 저서를 내는 데 이르렀다. 천문과 지리를 관찰하여 책력을 계산하는 기술의 뛰어남이 중국에는 이제껏 없었던 수준이었다. 저들은 교역이 없던 지역의 외방의 신료로서 바다를 건너와 학사, 대부와 교류하였는데, 학사와 대부들 어느 누구도 옷깃을 여미며 '선생'이라고 받들어 칭송하지 않는 이가 없었고 함부로 맞서지 않았으니, 저들 역시 호걸의 선비였던 것이다.

然其所以斥竺乾之教者至矣, 猶未覺畢竟同歸於幻妄也. 其書云, "西國古有閉他臥剌者, 痛細民爲惡無忌, 作爲輪廻之說. 君子斷之曰, '其意美, 其爲言未免玷缺', 其說遂泯. 彼時此語, 忽漏外國, 釋氏圖立新門, 承此輪廻. 漢明帝聞西方有敎, 遣使往求, 使者半道誤致身毒之國, 取傳中華. 其或有能記前世事者, 魔鬼誑人之致, 是因佛敎入中國之後耳. 萬方生死, 古今所同, 而佛氏之外, 未有記前世一事也."

그러나 그들 기독교에서 불교를 배척하는 것은 지당하지만, 그럼에도 기독교 역시 결국 똑같이 환망(幻妄)으로 돌아간다는 것을 깨닫지 못한다. 그들의 책에 이렇게 말하고 있다. "서양에 피타고라스라는 사람이 있었는데, 인민이 거리낌 없이 악을 저지르는 것을 가슴 아프게 생각하여 윤회설을 만들었다. 군자는 '그 의도는 아름답지만, 그 말은 결함을 면치 못하였다'고 단언하였다. 그러자 그 설이 드디어 없어졌는데, 그 당시 이 말이 외국으로 새나가 불교가 새로운 이론을 세울 때 이 윤회설을 수용하였다. 한(漢) 명제(明帝) 때 서방에 가르침이 있다는 것을 듣고 사신을 파견하여 찾게 하였다. 사신이 중도에 길을 잘못 들어 신독(身毒)국[8]에 이르렀고, 거기서 불교를 가져와 중국에 전하였다. 전생의 일을 기억할 수 있는 것은 마귀가 사람을 꾀

8) 신독(身毒)국: 연독(捐毒)이라고도 하며 인도의 음역어다.

여서 한 짓으로 불교가 중국에 들어온 이후의 일이다. 어느 지역이나 어느 시대나 죽고 사는 것은 같은데 불교를 빼고는 아무도 전생의 일을 기억하는 것이 없다."

中國先儒, 亦有此等說, 唯以古今不同爲證世之牿者, 猶瞠焉以爲疑也. 今以八紘之表, 同堪虛實, 尤可著見之也. 但中國自漢帝以前, 死而還生者, 幷無天堂地獄之可證, 則何獨輪廻爲非, 而天堂地獄爲是也? 若天主慈悲下民, 現幻於寰界間, 或相告語, 一如人之施敎, 則億萬邦域, 可慈可悲者何限, 而一天主遍行提警, 得無勞乎? 自歐羅巴以東, 其不聞歐羅巴之敎者, 又何無天主現迹, 不似歐羅巴之種種靈異耶? 然則其種種靈異, 亦安知夫不在於魔鬼套中耶?

중국의 전대 유자(儒者)들도 이런 말을 했었다. 다만 고금의 차이로 시대적 한계를 증험하는 사람은 오히려 눈이 휘둥그레져서 의심을 갖는다. 오늘날 천지 사방에 실상을 함께 하고 있으니 더욱 명확히 볼 수 있다. 다만 중국은 한대(漢代) 이전부터 죽었다가 살아난 자 중에 천당과 지옥을 증명할 만한 이는 전혀 없었다. 그렇다면 어찌 유독 윤회설만 잘못이고 천당지옥설은 옳은 것이겠는가? 만일 천주가 인민들에 대하여 자비심을 품어서 세상에 형상을 빌어 내려와 마치 사람들이 가르침을 베푸는 것처럼 서로 말해주었다면, 수많은 나라 곳곳에 자비를 베풀어야 하는 사람이 어찌 한량이 있겠는가마는, 한결같이 천주가 두루 다니면서 깨우친다면 너무 고생스럽지 않겠는가? 유럽 동쪽으로 유럽의 기독교를 들어보지 못했던 사람들에게는 어찌하여 천주가 현현한 자취가 유럽의 각종 괴이한 현상과 비슷하지 않음이 없겠는가? 또한 기독교가 마귀의 울타리 속에 있지 않은 줄을 어떻게 알겠는가?

抑又思之, 鬼神者陰道也, 人者陽道也. 民生極熾, 而神迹寖微, 理卽然也. 以一日言, 則夜爲陰, 晝爲陽, 故神見於夜, 而人作於晝. 推之於一元之大, 亦有是也. 其始未及生民, 先有神理, 逮夫民降之後, 率多恍惚靈怪之事, 或於傳記可驗. 五帝三王之間, 其迹有昭昭然不可誣. 善者福, 淫者禍, 勸焉則趨, 懲焉則懼, 其見於詩書許多文字, 定非幻語虛設, 將有必然之應矣.

생각해보면, 귀신은 음도(陰道)의 영역이요, 인간은 양도(陽道)의 영역이다. 인간이 매우 번성하면서, 귀신의 자취가 쇠미해지는 것은 이치상 당연한 것이다. 하루를 가지고 말해보면, 밤은 음이 되고 낮은 양이 된다. 그러므로 귀신은 밤에 나타나고, 인간은 낮에 활동한다. 우주의 역사 전체로 미루어보아도 또한 그러하다. 태초 인간이 생기기 전에, 먼저 귀신의 이치가 있었다. 인간이 생겨난 뒤 신이한 기적이 많이 있었다. 이것은 전해오는 기록들에서 살펴볼 수 있다. 오제와 삼왕 시대에 그 흔적들이 명확하여 속일 수 없다. 선한 사람은 복을 받았고 음악한 사람이 화를 당하였으며, 권유하면 따랐고, 징계하면 두려워하였다. 『시(詩)』와 『상서(尙書)』의 많은 글에서 보이는 것은 결코 가상으로 꾸민 이야기가 아니요 반드시 그런 감응이 있었던 것이다.

以今論之, 方當亭午之世, 鬼神之理, 亦已遠矣. 人遂委曲解之曰, "古所謂降祥降殃, 特以理推言, 初非一符於事也. 殊不知古人亦據實以發之耳. 何以明之? 「金縢」聖人之書也, 其禱也欲使先靈擇其才藝而備使役, 則定非有是理而無是應之謂也. 使今俗卒然聽之, 豈非疑駭之甚耶?

지금 시대로 말하자면, 하루 중 한낮에 해당하는 시기여서 귀신의 이치는 이미 멀어졌다. 사람들은 그래서 곡해하여 말하기를, "옛날에 이른바 상서를 내리고 재앙을 내린다는 것은 다만 이치로 유추해서 한 말이지 처음부터 한 가지라도 사실과 부합한 것은 아니었다"라고 한다. 이것은 옛사람 또한 사실에 근거해서 말하였음을 전혀 모르는 것이다. 무엇으로 그렇다는 것을 밝히는가? 「금등(金縢)」[9]은 성인의 글이다. 주공의 기도는 조상의 신령들이 재주가 있는 자신을 택해서 부리도록 하려는 것이었으니, 그런 이치만 있고 실제의 감응은 없었음을 말하는 것이 결코 아니다. 만약 지금의 경험으로 갑자기 들으면 어찌 심히 의심스럽고 해괴한 일이 아니겠는가?

以是究之, 西國風化之所由者, 亦略可識取矣. 意者, 西國之俗, 亦駸駸渝變, 其吉凶報應之間, 漸不尊信. 於是有天主經之教, 其始不過中國詩書之云, 憫其猶不率也, 則濟之以天堂地獄之說, 流傳至今. 其後來種種靈異之迹, 不過彼所謂魔鬼誑人之致也.

이런 방식으로 살펴보면, 서양의 풍속이 변해온 것을 대략 논의해 볼 수 있다. 생각건대, 서양의 풍속도 어느덧 변해가서 길흉의 인과응보에 대하여 점점 불신하게 되었을 것이다. 이때 『천주경(天主經: 성경)』의 가르침이 나왔고, 처음에는 중국의 『시』와 『상서』에서 말하는 수

9) 『금등(金縢)』: 『상서(尙書)』 편명. 이 편은 주(周) 무왕(武王)이 병으로 눕자 그의 아우 주공(周公)이 사당에 가서 조상들에게 자신을 죽게 하고 무왕을 살려달라고 기도하였으며, 그 결과 무왕이 완쾌되었다는 것을 기록하고 있다.

준에 불과하였을 것이다. 그렇게 해도 사람들이 여전히 따르지 않는 것에 대하여 안타깝게 여겨 천당지옥의 설을 만들어 다스리던 것이 오늘날까지 전해졌던 것이다. 후대에 보이는 다양한 기적들은 이른바 마귀가 사람을 꾀인 소치에 불과할 따름이다.

蓋中國言其實迹, 迹泯而愚者不信, 西國言其幻迹, 迹眩而迷者愈惑, 其勢然也. 惟魔鬼之所以如此者, 亦由天主之教, 已痼人心故也. 如佛法入中國, 然後中國之死而復生者, 能記天堂地獄及前世之事者也. 彼西士之無理不窮, 無幽不通, 而尙不離於膠漆盆, 惜哉!

(「天主實義辨」, 『星湖續集』 권15, 39ㄱ~ 42ㄴ ; 『星湖全書』 2책, 1260상ㄱ~1261하ㄴ)

대개 중국은 그 실제의 자취를 말하였었는데, 그 자취가 없어지면서 어리석은 사람들이 믿지 않게 되었고, 서양에서는 가상으로 꾸민 자취를 말하였는데 그 자취에 현혹되어 어리석은 사람들이 더욱 의혹을 갖게 되었던 것이니, 추세가 그러한 것이다. 오직 마귀가 이와 같이 하였던 것은 또한 천주교가 이미 사람의 마음을 병들게 하였기 때문이다. 그것은 불교가 중국에 들어온 이후로 중국에서 죽었다가 도로 살아난 사람들이 천당과 지옥 그리고 전생의 일을 기억할 수 있었던 것과 마찬가지다. 저 서방의 선비들은 궁구하지 않은 이치가 없어, 모르는 것이 없는데, 그래도 여전히 고착된 소견에서 벗어나지 못하고 있으니, 애석한 일이다.

【부록 4】

남한조의 「성호 이익의 〈천주실의발〉에 대하여 의문점을 논함」 (李星湖瀷天主實義跋辨疑)

이봉규 역주

일러두기

* 이 글은 南漢朝(1744~1809)가 성호 이익이 지은 「跋天主實義」 가운데 두 대목에 대하여 자신의 의문을 제기하고 비판한 것이다. 남한조의 본관은 宜寧, 자는 宗伯, 호는 損齋이다. 李象靖에게 수학하였고, 安鼎福 등 근기 남인 학자들과 교류하면서 영남에서 퇴계학파의 학맥을 이었다. 이 글은 『損齋集』 卷12에 나온다. 저본은 국립도서관 소장본(한46-가61) 『損齋先生文集』을 사용하였다.

李星湖瀷天主實義跋辨疑

성호 이익의 「천주실의발」에 대하여 의문점을 논함

星湖李丈, 博雅明通, 論西學迷謬之弊, 往往切中其肯綮, 第於其中有一二不能無疑者, 試竊論之.

성호 이익 선생은 넓은 학식과 단아한 인품으로 문제를 명료하게 간파하는 분이어서 서학(西學)의 미혹되고 잘못된 폐단을 논한 것이 대목마다 절실하게 그 핵심처에 적중하였다. 다만 그 말들 가운데 한두 곳에 의문이 없을 수 없어 삼가 논의해 보겠다.

其曰"彼所謂天主, 卽儒家之上帝也"[1], 儒家所謂上帝, 以理之主宰而言也, 無情意無造作, 而能爲萬化根本也. 彼所謂天主, 以氣之靈神而言也, 有情意有造作, 而糚出許多伎倆也. 是以儒家之祭祀鬼神本乎理, 昭事上帝之

1) 이익의 「발천주실의(跋天主實義)」에는 '天主者, 卽儒家之上帝'로 되어 있다.

義也. 彼之天堂地獄專主靈神, 崇奉天主之術也. 其公私誠僞之分, 奚啻氷炭薰蕕之相反哉!

성호 선생의 글에 “저들이 말하는 천주는 곧 유가의 상제(上帝)이다”라고 하였다. 그러나 유가에서 말하는 상제는 리가 만물을 주재함을 의미하는 것으로 마음을 두거나 의도함이 없고 또한 짓고 만드는 작용도 없지만, 모든 변화의 근본이 된다. 저들이 말하는 천주는 기(氣)의 영험하고 신묘한 측면을 의미하는 것으로 마음을 두고 의도하면서 짓고 만들어 수많은 기술을 펼쳐내는 것을 말한다. 그러므로 유가에서 귀신에게 제사함은 리에 근본을 두는데 상제를 밝게 섬기는 의리이다. 저들의 천당과 지옥은 오로지 영험하고 신묘함을 위주로 삼는데 천주를 숭앙하고 받드는 술수이다. 공과 사, 그리고 진실과 거짓으로 분별됨이 어찌 얼음과 불 또는 향초와 악초가 서로 상반되는 정도일 뿐이겠는가!

其曰“西國之俗, 亦駸駸渝變, 於是有『天主經』之教, 其始不過如中國『詩』·『書』之云, 而憫其猶不率, 則爲天堂地獄之說以濟之”2), 其爲西國推原分解之意至矣. 然『詩』·『書』之言, 皆聖人躬行心得之餘, 發爲文辭, 以垂訓萬世, 非爲世俗之漸變而設是言而教戒之也. 吉凶禍福之理, 亦天道之自然類應, 如栽之必培傾之必覆, 非爲頑愚之不率教而立是說而驅率之也. 余未見『天主經』, 不知爲說如何, 而不過以自私之術, 假爲善之名, 託之於莫尊之天, 以誘脅齊氓耳. 然則其說之淺陋矯誣甚矣, 以之而配無私執中之經, 以之而擬惠

2) 이익의 「발천주실의(跋天主實義)」에는 ‘西國之俗, 亦駸駸渝變, 其吉凶報應之間, 漸不尊信. 於是有天主經之教, 其始不過中國詩書之云, 憫其猶不率也, 則濟之以天堂地獄之說’로 되어 있다.

迪從逆之訓, 其比擬之不倫, 豈特天壤之相遠哉!

성호 선생의 글에 "서양[西國]의 풍속도 어느덧 변해가자, 그에 따라 『천주경(天主經: 성경)』의 가르침이 나왔다. 처음에는 중국의 『시』와 『상서』에서 말하는 수준에 불과하였을 것이지만, 그렇게 해도 사람들이 따르지 않음을 근심하고 안타깝게 여겨 천당지옥의 설을 만들어 다스렸다"[3]라고 하였다. 서양 풍속에 대해 원인을 추론하여 해명해주는 뜻이 지극하다. 그러나 『시』와 『상서』의 말은 모두 성인이 몸소 실천하고 마음에서 얻은 일부로 글로 지어 드러내서 만대에 가르침을 준 것이지, 세상의 풍속이 점점 변하기 때문에 그런 말을 지어서 가르치고 경계한 것이 아니다. 길흉화복의 이치는 또한 천도가 자연스럽게 그 유형에 맞게 응한 것이 마치 북돋우면 자라나고 뒤엎으면 반드시 전복되는 것과 같은 것이지, 가르침을 따르지 않은 완악한 무리들 때문에 이런 이야기를 만들어서 몰아서 따르게 한 것이 아니다. 내가 아직 『천주경(天主經: 성경)』을 접하지 못하여 그 설이 어떤 내용인지 모르지만, 사익을 위한 술수로 선을 행한다는 명예를 가장하고 가장 존귀한 하늘에 의탁하여 무지한 백성들을 유혹하고 겁박하는 것에 불과한 것이다. 그러므로 그 설은 매우 천박하고 거짓된 것이다. 그것을 사사로움 없이 중(中)을 잡는 경전(經傳)에 짝지우고, 그것을 '선도(善道)를 따르면 길하게 되고 역행하면 흉하게 된다'는 가르

3) 이익의 「발천주실의(跋天主實義)」에서는 "서양의 풍속도 어느덧 변해가서 길흉의 인과응보에 대하여 점점 불신하게 되었을 것이다. 이때 『천주경(天主經: 성경)』의 가르침이 나왔고, 처음에는 중국의 『시(詩)』와 『상서(尙書)』에서 말하는 수준에 불과하였을 것이다. 그렇게 해도 사람들이 여전히 따르지 않는 것에 대하여 안타깝게 여겨 천당지옥의 설을 만들어 다스리던 것이 오늘날까지 전해졌던 것이다"라고 하였다.

침에 비기니, 그 비교가 맞지 않는 것이 어찌 하늘과 땅 차이일 뿐이겠는가?

大抵異學之所主者氣也, 而彼西學特其甚焉者也. 氣之爲物, 無理以主之, 則必流於邪妄. 故西士之無物不窮, 只是窮得此邪妄而已; 無幽不通, 只是通得此邪妄而已. 伎倆愈精, 邪妄愈甚, 其不離於膠漆盆中, 固其所也, 尙何慨惜之有哉! 星湖李丈, 吾黨中先輩也, 蔑學後生, 何敢有一毫訾毁之意, 而立言之不能無弊, 如上數條, 或使人眩於去就, 將不免毫差千繆之歸, 故略識所疑, 以自附於與天下共改之義. 昔安丈見鄙說辨稟而曰: "子言是矣, 吾亦覺其然矣." 安丈之學, 得之星湖, 則其廣大公平, 有自來矣. 惜生也後, 不及稟質其所疑也, 使星湖見此說, 安知不如安丈之察邇擇蕘而以爲然也!

대체로 이단의 학문이 위주로 삼는 것은 기(氣)인데, 저 서학은 특히 심한 경우이다. 기(氣)라는 것은 리가 주재함이 없으면 반드시 사악하고 망령된 곳으로 빠진다. 그러므로 서양의 선비들이 궁구하지 않은 것이 없지만 이런 사악하고 망령된 것을 궁구한 것일 뿐이다. 그들이 어두운 곳에 통하지 않은 것이 없지만 단지 이런 사악하고 망령된 것에 통달한 것일 뿐이다. 기량이 정치할수록 사악하고 망령됨은 더욱 심해지니, 그 고착된 세계에서 벗어나지 못함이 본래 그런 것이다. 어찌 분개하고 아까워할 것이 있겠는가? 성호 이익 선생은 우리 당(黨)의 선배이시니 학식이 얕은 후생으로서 어찌 감히 털끝만큼이라도 비방하려는 뜻을 가지겠는가? 그러나 논의를 전개하는 과정에 허점이 없을 수 없는 법, 위의 몇 구절과 같은 것은 채택여부와 관련하여 더러 사람들을 헷갈리게 하여, 조그만 판단의 실수가 결국 천리

만큼이나 차이가 벌어지게 되는 사태를 면치 못하게 할 것이다. 그러므로 의심나는 바를 대략 적어두어 천하와 더불어 함께 잘못을 고친다는 의리에 스스로 붙여둔다. 예전에 안정복 선생께서 내가 변론하여 올린 것을 보고, "그대의 말이 옳다. 나 또한 그렇게 느꼈다"라고 하셨다. 안정복 선생의 학문은 성호 선생에게서 얻은 것이니 그 넓고 공평함은 유서가 있는 것이다. 아쉽게도 내가 뒤에 태어나 그 의문나는 것을 직접 아뢰어 여쭈지 못하였지만, 성호 선생께서 이 설을 보셨더라면, 어찌 안정복 선생이 가까이에서 살펴 나와 같은 촌부의 설을 채택하며 옳다고 하셨던 것과 다른 견해를 취하였으리라고 장담하겠는가!

或曰: "昔謝上蔡論佛氏之言, 有曰'彼之參聽猶吾所謂致知, 彼之止觀猶吾所謂克己也.'[4] 李丈之言, 亦若是而已矣, 子何疑之深也?"

어떤 이는 말하기를, "예전 사량좌(謝良佐)가 불교의 주장을 논한 것에 '저 불교의 참청(參聽: 배움에 참여하고 가르침을 듣는 것)은 우리 유가에서 말하는 치지(致知: 이치를 궁구함)와 같고, 저 불교의 지관(止觀: 업을 야기하는 부념을 그치고 사실 그대로 보는 것)은 우리 유가에서 말하는 극기(克己: 자신의 사욕을 극복하는 것)와 같다'라고 한 말이 있다. 이익 선생의 말씀도 또한 그와 같은 것이다. 그대는 어찌 그리 의심함이 깊은가?"라고 한다.

---

4) 주희의 『회암집(晦菴集)』 권30, 「답왕상서(答王尙書)」에 "上蔡所云止觀之說恐亦是, 借彼修行之目, 以明吾進學之事, 若曰彼之參請猶吾所謂致知, 彼之止觀猶吾所謂克己也."라고 하였다.

曰: "李公之意, 果若如此, 則吾之言誠過矣. 然使吾過疑, 不過得罪於先輩, 而使其中或有一二近似, 則其爲世道害無窮矣. 嘗見李丈所著『僿說』中, 有論'文王在上, 於昭于天'之義, 曰: '聖賢凡愚之神, 其升上之際, 各以地位等級, 有高下層數.' 信斯言也, 人死而靈神果不滅矣, 靈神之所託, 各隨其人之善惡, 而果有高下之殊矣. 其論神旣如此, 則彼所謂天主, 眞以爲儒家之上帝也, 說『詩』之意如此, 則彼所謂『天主經』, 眞可以配儒家之『詩』·『書』矣. 以此證彼, 庸謬之疑益深, 子之言誠渾厚謹愼, 而有不敢從也. 於乎, 學絶道喪, 異說蜂起, 幸有大人先生, 崇正論以救之, 猶懼其難遏. 况立言一差, 流波濫觴, 尙奇好異之倫, 尤樂其便己, 鼓一世而從之, 其勢滔天, 不決不止, 吁可畏矣. 大抵近世之學, 其弊有二. 學必以自得爲貴, 道必以博取爲務. 學要自得, 故不遵先儒成說, 而硬鑿安排, 向別處走, 道務博取, 故擇不精語不詳, 指鐵爲金, 認賊爲子, 而不覺其駸駸然入於其中, 朱子所謂'或恐往遺之禽, 而反爲吾道之詬'者, 不幸而近之矣. 於乎, 可勝歎哉!"

내가 대답하였다. "이익 선생의 의도가 실로 이와 같았다면, 내 말은 정말 잘못이다. 그러나 내가 의심을 지나치게 하였다면, 선배 이익 선생에게 죄를 짓는 것에 지나지 않지만, 내 말 중에 혹 한 두 가지라도 사실에 가까운 것이 있다면, 세상의 법도[世道]에 해가 됨이 끝이 없을 것이다. 이익 선생이 지은 『사설(僿說)』 가운데 '문왕이 위에 계시니, 아 하늘에서 밝으시네'의 뜻을 논한 대목이 있음을 본 적이 있다. 거기에 '성인과 현자, 보통 사람과 어리석은 사람의 정신이 위로 올라갈 때 각각 지위와 등급에 높고 낮은 등위가 있다'라고 하였습니다. 이 말대로라면, 사람이 죽어도 영명한 정신은 실로 없어지지 않고, 영명한 정신이 의탁하는 것은 각기 그 사람의 선악 정도에 따라 실제로 높고 낮은 차이가 있게 된다. 그 정신을 논함이 이미 이와 같다면, 저들이 말하는 천주는 참으로 유가의 상제라고 여기는 것이요, 『시』의 의도를 이와 같이 해설한다면, 저들이 말하는 『천주경』은 참으로 유가의 『시』와 『상서』에 짝이 될 수 있다. 이 말로 앞의 말을 증거해 볼 때, 어리석은 나의 의심이 더욱 깊어진다. 당신의 말은 참으로 후덕하고 조심하는 것이지만, 감히 따르지 못할 바가 있다. 아, 학문이 끊어지고 도가 상실되어 이단의 설이 벌떼처럼 일어나고 있으니, 행여 대인(大人)인 선생이 있어서 바른 주장을 높여서 구제하더라도 오히려 막기 어려울까 두렵다. 더군다나 말한 것이 한 번 어긋나 그 여파가 근본에 미치면, 기이한 것을 좋아하는 무리들은 자신에 유리한 것을 더욱 즐거워하여 한 시대를 고무시켜 따르게 할 것이니, 그 세력이 하늘까지 넘쳐 막힌 것을 뚫지 않으면 멈추지 않을 것이니아 두렵다. 대체로 근세의 학문은 그 폐단에 두 가지가 있다. 학문은 반드시 자득을 귀하게 여기고, 도리는 반드시 널리 섭취하기를 힘쓰는 것이다. 학문은 자득하려고 하기 때문에 선유(先儒)의 확립된 설을 따르지 않고 억지로 뚫어 안배하면서 다른 곳을 향해 나가며, 도리는 반드시 널리 섭취하기를 힘쓰기 때문에 택하는 것이 정밀하지 않고 말이 세밀하지 않아 철을 가리켜 금이라고 하고 적을 자식이라고 오인하면서 자신도 모르는 사이에 점점 그 속으로 빠진다. 주자가 '가서 그들에게 포로가 되어 거꾸로 우리 도를 욕보이는 것이 될까 염려된다'[5]라고 말한 것에 불행하게도 가깝게 될 것이다. 아, 한탄스럽기 짝이 없지 않은가!

5) 가서 그들에게 …될까 염려된다: 이 말은 『회암집(晦菴集)』 권70, 「속대기(續大記)」에 나온다. 『회암집』에는 '吾道'가 '吾黨'으로 되어 있다.

찾아보기

(A - Z)